幼儿园教师融合教育素养与专业成长研究

祁 岩　王秀娟　闫 蓓　著

中国出版集团　现代出版社

图书在版编目（CIP）数据

幼儿园教师融合教育素养与专业成长研究/祁岩，王秀娟,闫蓓著.-- 北京:现代出版社,2024.12.
ISBN 978-7-5231-1217-5

I.G615

中国国家版本馆CIP数据核字第2024FA2610号

幼儿园教师融合教育素养与专业成长研究
主　编　祁　岩　王秀娟　闫　蓓

出 版 人　郭　婷
责任编辑　吴永静
责任印制　贾子珍
出版发行　现代出版社
地　　址　北京市安定门外安华里 504 号
邮政编码　100011
电　　话　（010）64267325
传　　真　（010）64245264
网　　址　www. 1980xd. com
印　　刷　北京四海锦诚印刷技术有限公司
开　　本　710mm × 1000mm　1/16
印　　张　13.5
字　　数　318 千字
版　　次　2025年 8 月第1版　2025年 8 月第1次印刷
书　　号　ISBN　978-7-5231-1217-5
定　　价　65.00元

前　言

融合教育强调为所有儿童，特别是有特殊教育需求的儿童，提供公平的学习机会，这对教师的素养提出了更高的要求。首先，教师需要具备对融合教育理念的深刻理解，认识到教育公平和个别化支持的重要性。融合教育不仅是简单地将特殊教育与普通教育相结合，而是一种倡导教育包容性的理念，要求教师在教学中关注每个儿童的个性化需求。幼儿园教师应掌握基础的特教知识，能够识别和评估儿童的特殊需求，并有能力制定相应的教育计划。这种对融合教育的认知素养是教师专业成长的基础，直接影响着他们在课堂中的教学策略和与儿童的互动方式。教师可以通过在线平台获取最新的教学资源、融合教育案例和学习材料，及时更新自己的知识储备。平台还提供了一个交流和互动的空间，教师可以在这里与同行分享教学经验和心得，讨论融合教育中的挑战和解决策略。这种同行间的学习与合作能够激发教师的创新意识，帮助他们在实际教学中不断改进。

本书旨在探讨当代幼儿园教师如何在融合教育环境中提升其专业素养与实践能力。融合教育的理念日益成为教育改革的核心，而幼儿园教师作为启蒙阶段的重要引导者，承担着为多样化幼儿群体提供公平教育的责任。本书通过十章内容，从基础理论、教育素养构成、教学设计、心理素质建设等多个维度，全面阐述了幼儿园教师在融合教育中的角色定位与成长路径。本书不仅为理论研究提供了丰富的参考依据，同时为一线教育工作者提供了实际操作指导，帮助他们应对融合教育中的复杂挑战。书中涵盖了教师培训、家园合作、差异化教学等内容旨在提升教师的适应能力与专业素养。

本书由咸阳秦都丝路花城幼儿园祁岩、王秀娟、西咸新区沣西新城第七幼儿园闫蓓著。具体撰写分工如下：祁岩负责第四章至第六章的撰写工作（共计10.9万字），王秀娟负责第一章至第三章的撰写工作（共计10.1万字），闫蓓负责第七章至第九章的撰写工作（共计10.8万字）。

笔者在写作本书的过程中，借鉴了许多前辈的研究成果，在此表示衷心的感谢。由于本书需要探究的层面比较深，对一些相关问题的研究可能不透彻，加之写作时间仓促，书中难免存在一定的疏漏之处，恳请前辈、同行以及广大读者斧正。

目　录

第一章　幼儿园教师融合教育的基础理论

第一节　融合教育的概念与发展

一、融合教育的内涵

融合教育是指在同一个教育体系中，尽可能地为所有幼儿，包括有特殊需求的幼儿，提供平等的学习机会和支持。这种教育理念主张通过在普通教育环境中适应幼儿的多样性，消除对有特殊需求幼儿的隔离，将他们与普通幼儿一起参与课堂学习和活动。融合教育的核心在于尊重每个幼儿的个体差异，倡导包容、平等与尊严，帮助所有幼儿在相同的社会和教育环境中实现其潜力，从而促进社会公平与教育的全面发展。

二、融合教育的特点

（一）包容性

融合教育强调所有幼儿都应在同一教育环境中获得平等的学习机会。通过消除隔离与偏见，培养幼儿对多样性的尊重，创造一个包容的学习氛围。

（二）适应性

融合教育具有极强的适应性，教师根据幼儿的不同需求，调整教学内容、方法和评估手段，确保每个幼儿都能在适应其个体能力的环境中学习。

（三）个别性

融合教育强调每个幼儿的独特性，主张通过个别化教育计划为幼儿提供个性化支持。根据幼儿的兴趣、能力和需求设计学习目标，以满足其发展潜力。

（四）协作性

融合教育的实施需要教师、家长、特殊教育专家和学校管理层的高度协作。多方共同参与、分享资源，才能更好地支持幼儿的全面发展。

（五）动态性

融合教育是一个持续动态的过程。通过不断评估和反馈，教育工作者可以实时调整教学策略，确保幼儿在学术、社交和情感方面获得平衡发展。

三、 融合教育的发展

（一）理念的逐步确立

融合教育的理念源自特殊教育的发展，它最初是为有特殊需求的幼儿提供专门的教育服务。随着时代的进步和社会对公平教育的呼声日益高涨，融合教育逐渐成为各国教育体系的核心理念之一。最早的特殊教育是通过建立专门的学校或班级，将特殊需求幼儿从普通教育中分离出来。然而，随着人们对平等与包容的认识加深，特殊教育的隔离模式开始受到质疑，融合教育的理念逐步确立，强调所有幼儿应在同一个教育环境中获得平等的学习机会。许多国家认识到，教育公平不仅仅是提供物质资源的平等分配，更重要的是确保每个幼儿无论其能力如何，都能在最适合自己的环境中发展。融合教育的核心理念在于通过创造一个包容性的环境，让每个幼儿在普通学校中得到与其需求相符的教育支持。这不仅有助于特殊需求幼儿的发展，也使普通幼儿能够在多样化的环境中成长，增强他们的社会适应能力和同理心。

随着国际社会对融合教育的重视，许多教育政策和法律逐渐倾向于这一理念。联合国教科文组织和联合国儿童基金会等国际组织积极推动融合教育的普及，将其作为全球教育发展的重要目标之一。在许多国家，融合教育已经被纳入国家教育政策体系，成为衡量教育公平与质量的重要标准之一。尤其是在发达国家，政府通过政策的制定和资金的支持，确保有特殊需求的幼儿能够进入普通学校学习，并享受与其他幼儿相同的教育资源。随着全球化进程的加快，社会对多样性和包容性的要求越来越高。融合教育不仅是一种教育理念，更是一种社会价值观的体现，它主张尊重每个幼儿的个体差异，强调每个人都应该有平等的发展机会。通过融合教育的实施，幼儿能够在一个更加包容的环境中学习和成长，不仅提升了自身的能力，还能够更好地适应多元化的社会环境。

近年来，关于个性化学习、多元智能理论等新兴教育理论的提出，为融合教育提供了理论依据。这些理论强调幼儿的个体差异性，主张教育应根据幼儿的不同需求和能力，提供有针对性教学支持。而融合教育正是这一理念的具体实践，它通过调整教学方法、内容和环境，确保每个幼儿都能获得最适合自己的学习机会。随着信息技术的普及，许多帮助特殊需求幼儿学习的辅助工具应运而生。无论是帮助听力障碍幼儿的字幕技术，还是帮助阅读障碍幼儿的语音合成技术，都为融合教育的实施提供了更多的可能性。技术的发展使得融合教育能够更广泛地覆盖不同类型的幼儿需求，并在普通教育环境中得以实现。

尽管融合教育在许多国家已经取得了显著进展，但其实施过程中仍然面临许多挑战。教师的能力、学校的资源配置、家长的理解与支持等，都是影响融合教育成效的关键因素。因此，融合教育理念的确立并不是一蹴而就的，它需要在实践中不断摸索和完善。未来，随着社会对教育公平的进一步关注，融合教育的理念将会在更多国家和地区得到推广，并为全球教育的发展做出更大的贡献。

（二）政策与法律的推动

政策与法律的推动是融合教育得以在全球范围内实施的关键因素。随着各国教育政策的不断进步，融合教育逐渐从理念走向实践，许多国家和地区相继出台了专门的法律法规，确保特殊需求幼儿能够在普通学校中获得平等的教育机会。这些法律的颁布与实施，标志着各国政府对融合教育的重视，并通过法律手段为这一教育模式提供了坚实的保障。从国际角度来看，融合教育的立法保障得益于多项国际公约和倡议的推动。尤其是《残疾人权利公约》的出台，明确了所有残疾人有权在不受歧视的环境中接受教育的基本权利。这一公约的签署和实施不仅是各国法律体系中的重要一步，也成为推动全球融合教育发展的里程碑。公约要求缔约国采取有效措施，确保残疾人能够在包括普通教育在内的所有教育体系中获得平等的学习机会。这种全球性的倡议，为各国推动融合教育的立法提供了明确的方向。

各国根据自身的国情，制定了相关的法律和政策框架，以确保融合教育的实施。在一些发达国家，融合教育的法律体系较为完善。例如，美国早在 1975 年就通过了《教育所有残疾儿童法案》（IDEA），明确规定残疾儿童有权进入普通学校接受教育，并享有个别化教育计划的支持。这一法律的出台，极大推动美国融合教育的发展，成为其他国家效仿的典范。同样，英国通过《平等法案》确保残疾幼儿在普通学校中的教育权利，进一步促进了融合教育在欧洲的普及。在发展中国家，尽管融合教育的实施面临诸多挑战，但政策和法律的推动同样起到了重要的作用。许多国家在教育改革的过程中，逐步将融合教育纳入国家教育政策中，并通过立法保障特殊需求幼儿的受教育权。例如，中国通过《中华人民共和国残疾人保障法》和《义务教育法》明确提出，残疾儿童应当进入普通学校接受义务教育，并要求学校为这些幼儿提供必要的支持和服务。这些法律法规的出台，不仅为特殊需求幼儿提供了法律保障，也推动了中国融合教育的实践与发展。

许多国家和地区还通过立法，确保高等教育、职业教育等不同层次的融合教育能够顺利实施。例如，欧盟国家在《博洛尼亚进程》的框架下，通过制定高等教育融合政策，确保有特殊需求的幼儿能够平等参与高等教育。这一政策的实施，使得越来越多的特殊需求幼儿能够在普通大学中完成学业，进一步推动了教育公平化的发展。需要强调的是，融合教育法律的推动并不仅仅是为了保障特殊需求幼儿的权利，更是为了促进教育体系的全面改革和发展。通过立法，政府不仅为特殊需求幼儿提供了必要的支持，还推动了普通教育体系的创新与变革。教师的培训、学校的资源分配、教育评价体系的改革等，都是融合教育政策中不可或缺的部分。这些措施的实施，使得普通学校能够更好地适应多样化的幼儿需求，从而提升整个教育体系的质量和包容性。

尽管融合教育的法律体系在全球范围内取得了显著进展，但其实施过程中仍然存在诸多挑战。许多国家的法律虽然规定了特殊需求幼儿的受教育权，但在实际操作中，学校资源的匮乏、教师的培训不足等问题依然阻碍了融合教育的全面落实。因此，各国在推动融合教育立法的同时，还需要进一步加强政策的执行力，确保法律条款能够在实践中得到有效落实。

（三）教师培训的强化

随着融合教育在全球范围内的推广，教师作为教育实践的主体，其能力与素质直接影响融合教育的成效。因此，各国在推动融合教育政策的同时，逐步加强了对普通教育教师的特殊教育培训，使其能够更好地应对课堂中的多样化需求。这种培训不仅包括理论知识的传授，更注重实践技能的提升，以确保教师在教学过程中能够为每个幼儿提供适当的支持。教师培训的内容从最初的普通教育理念逐渐扩展到融合教育的专门知识。教师在培训中不仅学习如何教授普通幼儿，还需要掌握与特殊需求幼儿相关的知识，包括各类特殊需求的识别、教育方法的调整、沟通技巧的运用等。这种全方位的培训帮助教师在教学中能够有效应对有特殊需求的幼儿，确保他们能够与普通幼儿一同参与学习活动，而不因其特殊需求受到歧视或忽视。

为了让教师能够更好地理解和实践融合教育理念，许多国家在教师培养过程中加入了实践环节，让未来的教师能够直接在融合教育的环境中实习，通过与特殊需求幼儿的接触和互动，积累实际教学经验。此外，一些国家还设立了专门的教师培训机构，提供针对在职教师的继续教育课程，帮助他们不断更新知识，适应不断变化的教育环境。在提升教师专业素养的同时，教师培训的重点还包括培养其多元文化理解能力和包容心态。融合教育不仅要求教师具备特殊教育的技能，更强调他们要有对多样性幼儿群体的包容与接纳。在这一过程中，教师需要学习如何尊重每个幼儿的个性差异，理解不同文化背景、学习障碍以及心理需求的幼儿，并在此基础上提供差异化的教学方法。这种意识的培养使教师能够更加自觉地为特殊需求幼儿创造包容的课堂环境。

随着教育技术的不断进步，许多国家在教师培训中增加了对信息技术的培训，特别是如何运用技术工具帮助特殊需求幼儿更好地学习。比如，教师学习如何使用辅助技术、电子学习平台、在线资源等，以帮助有听力、视力障碍或其他特殊需求的幼儿参与课堂活动。技术的应用不仅提升了教学的效率，也使教师能够为幼儿提供更加个性化的支持，从而推动了融合教育的进一步发展。融合教育的实施往往需要多方合作，不仅仅依赖于教师个人的努力，还需要与特殊教育专家、心理学家、学校管理者等共同协作。因此，教师在培训中需要学习如何与其他专业人员有效沟通，形成协同合作的教育环境。通过这样的合作，教师能够更好地为特殊需求幼儿提供全面的支持，包括心理辅导、行为管理以及个性化学习计划的制定。

过去，许多教师在面对特殊需求幼儿时可能感到无从下手，甚至存在一定的心理障碍。而通过系统的培训，教师逐渐认识到每个幼儿都是独特的个体，教育的目的不应仅仅是传授知识，更应关注幼儿的全面发展。这种理念的转变，使得教师更加主动地在教学中关注幼儿的个体需求，营造一个更加平等、包容的学习环境。尽管教师培训的强化已经取得了显著成效，但其实施过程中仍面临诸多挑战。培训资源的不足在许多发展中国家仍然是一个普遍问题。教师的培训时间有限，课程设置不够系统，培训效果难以保证。许多教师在实际教学中面临着班级规模大、幼儿需求多样化等问题，导致他们难以在短时间内掌握所有应对策略。因此，未来教师培训的强化不仅需要在政策层面上提供更多的资源支持，还需要在实践中不断优化培训内容与形式，使其更符合实际教学需求。

（四）多元化教学资源的发展

融合教育不仅要求教师具备应对多样化幼儿需求的能力，还需要丰富且多样化的教学资源，才能为所有幼儿提供有效支持。随着教育理念的进步和信息技术的快速发展，适合特殊需求幼儿的数字化学习工具和辅助设备日益普及，为融合教育提供了技术和资源上的重要保障。传统的课堂教学资源难以完全满足特殊需求幼儿的个性化要求，而现代信息技术的引入使得教育资源得到了极大扩展。借助数字化学习平台，教师可以为幼儿提供更加灵活的学习材料，幼儿可以根据自己的需求选择适合的学习进度和内容。这种个性化的学习方式使特殊需求幼儿能够在普通班级中参与课堂学习，同时获得个性化的学习支持。

对于听力、视力等方面存在障碍的幼儿，专门的辅助设备可以帮助他们克服这些障碍，从而更好地参与课堂。例如，听力障碍幼儿可以通过佩戴助听器或使用字幕技术更好地理解课堂内容，视力障碍幼儿则可以借助盲文显示器或语音合成技术获取信息。这些设备不仅提高了教学的效果，也增强了幼儿的学习信心，使他们能够更加积极地参与到学习过程中。随着在线学习平台和教育软件的兴起，融合教育不再局限于传统的教室环境。特殊需求幼儿可以通过互联网访问丰富的学习资源，包括视频教程、在线测评、互动练习等，这些资源能够根据幼儿的需求进行个性化的调整和提供，有效弥补了传统教育资源的不足。这种灵活的学习方式使得融合教育的实施更加普遍，特别是在偏远地区和资源有限的学校，数字化学习资源为特殊需求幼儿提供了更多的学习机会。

除了技术手段，多元化教学资源的发展还包括对教学材料和教学方法的创新。为了满足特殊需求幼儿的多样化学习需求，教材的编写和设计也在逐步适应融合教育的要求。例如，一些教材采用了更具视觉吸引力的设计，或者通过简单明了的语言和图像来传递信息，以帮助有阅读障碍或认知障碍的幼儿更好地理解内容。教学方法方面，教师也开始采用更为灵活的教学策略，如小组合作学习、项目式学习等，以增强课堂的互动性和参与度，让特殊需求幼儿能够融入集体学习的氛围中。融合教育不仅仅依赖于学校内的资源，社区和家庭的参与同样重要。许多融合教育项目中，家长和社区志愿者通过培训和协作，参与到幼儿的教育过程中，为特殊需求幼儿提供额外的辅导和支持。例如，家长可以帮助孩子使用特定的学习工具或辅助设备，社区资源则可以提供课外活动和社会实践机会，帮助幼儿在真实的生活情境中发展技能和自信。

虽然多元化教学资源的发展在技术上取得了显著进展，但其推广和应用仍然面临一些挑战。首先，技术设备和数字化资源的成本较高，特别是在一些资源匮乏的地区，学校和家庭可能难以承担高昂的设备费用。此外，教师的技术应用能力和专业培训不足，也限制了这些资源在教学中的有效应用。未来，融合教育资源的发展不仅需要政府和社会各界的资金支持，还需要加强对教师的培训和技术支持，确保每个幼儿都能受益于这些多样化的教学资源。

第二节　幼儿园融合教育的内涵与特征

一、 幼儿园融合教育的内涵

幼儿园融合教育指的是在幼儿教育环境中，为所有儿童，包括有特殊需求的儿童。这一理念强调通过消除对特殊儿童的隔离，将他们与普通儿童一起进行学习和活动。融合教育不仅关注知识的传授，更注重孩子在社会性、情感和心理方面的全面发展。通过在普通班级中为特殊需求儿童提供个性化的支持和适应性教学，融合教育帮助他们在幼儿园阶段与其他儿童共同成长，实现个体的潜力。

二、 幼儿园融合教育的特征

（一）个性化与适应性

在融合教育的框架下，教师们不再仅仅依赖统一的教学方式，而是根据每个儿童的具体需求和能力，制定个性化的教学计划。这一过程不仅包括对特殊需求儿童的个体化评估，还需要教师不断调整教学策略，以便适应儿童的成长变化与多样性需求。通过这种灵活的教学安排，融合教育能够确保每个孩子都能在适合他们的环境中获得最佳的学习效果。个性化教学计划的制定往往需要教师与家长、特殊教育专家等多方合作。在融合教育中，家长对孩子的了解以及专家的专业指导都是不可或缺的。教师在设计个性化教学计划时，会综合考虑这些信息，以确保计划能够真正满足儿童的需求。例如，对于有语言障碍的儿童，教师可能会增加视觉提示和肢体语言的使用，而对于有社交障碍的儿童，则会通过小组活动和协作游戏，帮助他们逐步融入集体生活。这种有针对性的教学策略，有助于消除特殊需求儿童在学习中的障碍，使他们能够更加自信地参与课堂活动。

个性化与适应性不仅体现在教学内容的调整上，也体现在教学方法的多样化上。教师们在实施融合教育时，会根据儿童的学习风格和兴趣，灵活采用不同的教学方法。例如，对于视觉学习者，教师可能会增加图画、视频等直观的教学工具，而对于动觉学习者，可能会通过肢体活动或实践操作来帮助他们更好地理解知识。通过这种多样化的教学方法，教师能够更好地激发每个孩子的学习兴趣，帮助他们在适应性环境中更好地发展。个性化与适应性还要求教师具备高度的观察能力和灵活应变的教学技巧。在融合教育的课堂上，儿童的需求可能随时发生变化，因此，教师需要及时调整教学计划，以应对这些变化。例如，一个具有注意力缺陷的孩子可能在某段时间内难以集中注意力，教师需要适时调整课堂节奏，提供短时休息或更具吸引力的任务来重新吸引儿童的注意力。这种动态调整的能力是确保个性化教学策略有效实施的重要因素。

通过个性化的支持策略，教师可以帮助特殊需求儿童更好地参与到集体活动中。例如，教师可以设计特定的合作活动，让特殊需求儿童在这些活动中与其他孩子互动，逐步提升他们的社交技能。在这些过程中，教师还可以通过观察儿童的表现，及时调整支持策略，确保每个孩子都能从中受益。这种基于个体需求的灵活支持，有助于消除特殊需求儿童与普通儿童之间的社交障碍，帮助他们更好地融入集体生活。教学环境的设计也是至关重要的。教师们需要根据儿童的特殊需求，调整教室的布置和活动空间的安排。例如，对于有自闭症倾向的儿童，教室环境可能需要相对安静，减少视觉和听觉上的干扰，而对于有运动障碍的儿童，教室空间需要更加宽敞，以便他们能够自由活动。通过对教学环境的灵活调整，融合教育为特殊需求儿童创造了一个更加适合他们学习和发展的环境。

教师的工作负担可能会因个性化教学计划的制定和实施而增加。为了确保每个孩子都能得到适当的支持，教师需要花费更多的时间进行观察、评估和调整。资源的有限性也是个性化与适应性实施过程中的一个瓶颈，尤其是在一些资源不足的幼儿园，教师可能缺乏必要的辅助设备和专业支持，难以有效实施个性化教学计划。因此，在推进融合教育的过程中，不仅需要教师的努力，还需要学校和社会各界的支持，提供更多的资源和培训机会，以确保个性化与适应性能够得到充分实施。

（二）社会性与互动性

通过将特殊需求儿童与普通儿童一起安排在同一个学习和活动环境中，融合教育为他们提供了宝贵的社交机会。在这种环境中，儿童通过相互接触、交流和合作，逐步建立起社交技能，这不仅有助于特殊需求儿童的社会性发展，也有助于普通儿童的同理心和包容意识的培养。通过共同的学习与玩耍，特殊需求儿童可以在日常互动中得到练习，提升社交能力，建立积极的情感联结。在这一时期，儿童通过与他人的互动，逐步学会如何表达自己的情感、理解他人的需求以及解决冲突。对于特殊需求儿童来说，社交互动可能会更加复杂和挑战，而融合教育为他们提供了一个真实而自然的互动环境，通过与同龄人的接触，他们有机会在实际情境中练习和发展社交技能。例如，在游戏过程中，特殊需求儿童可以学会如何分享玩具、轮流等待、解决分歧等基本的社交行为，这些都是未来社会生活中不可或缺的能力。

幼儿园的互动不仅限于简单的语言交流，还包括肢体动作、表情、合作游戏等多种形式。在这种互动中，特殊需求儿童能够逐渐感受到他人的关心与支持，增强他们的自信心和安全感。通过与同伴的互动，特殊需求儿童可以体验到被接受和包容的感觉，这对他们的情感健康发展至关重要。例如，一些自闭症儿童在与普通儿童的互动中，可能会表现出社交障碍，但通过长期的互动和陪伴，他们逐渐学会如何通过模仿和观察来理解他人的情感和行为，从而提高他们的社交适应能力。互动性不仅有助于特殊需求儿童的社会性和情感发展，还为普通儿童提供了宝贵的学习机会。在融合教育的环境中，普通儿童通过与特殊需求儿童的接触，可以更好地理解和尊重他人的差异。这种互动不仅帮助普通儿童培养出更强的同理心和社会责任感，还让他们学会如何在多样化的群体中合作与共处。例如，在合作游戏或课堂活动中，普通儿童可能需要帮助特殊需求儿童完成任务，这种过程中，他们会逐渐学会如何调整自己的沟通方式，照顾到其他同伴的需求，从而增强了他们的社交能力和团队合作意识。

社会性与互动性的培养并非自然而然的过程，而是需要有计划、有指导教学设计。在幼儿园的融合教育中，教师的引导和支持起到了重要作用。教师通过设计互动性强的活动，如小组游戏、合作任务等，创造出促进儿童互动的机会。教师还可以通过观察和引导，帮助特殊需求儿童更好地参与到集体活动中。例如，当特殊需求儿童在社交互动中遇到困难时，教师可以提供适时的帮助，如给予社交提示、鼓励表达自我或帮助解决冲突，这些干预措施有助于增强特殊需求儿童的社交信心，并帮助他们在未来的互动中更加自主。除了日常互动，家庭和社区的参与也是增强社会性与互动性的重要因素。家长在儿童的社交发展中扮演着重要角色，他们可以通过鼓励孩子与其他同伴互动、参与社交活动来增强其社交技能。此外，社区活动如公园聚会、节日庆祝等，也为儿童提供了更多与不同人群互动的机会，进一步促进了他们的社会性发展。在这种多层次的互动环境中，特殊需求儿童能够通过与不同社会角色的接触，逐渐适应多样化的社会情境，提升他们的社会交往能力。

尽管融合教育中的社会性与互动性具有诸多优势，实际操作中仍然面临一些挑战。例如，特殊需求儿童在参与互动活动时可能会遇到一些困难，如无法理解他人的行为或语言，这时需要教师和家长的耐心引导和支持。此外，班级规模的大小、教师的专业能力等因素也会影响互动性的效果。因此，在实施融合教育的过程中，需要不断优化教学策略，确保每个儿童都能够在互动中获得积极的体验。

（三）合作性与支持性

融合教育不仅仅依赖于教师的单独努力，它需要教师、家长、特殊教育专家以及其他相关人员共同合作，形成一个强有力的支持网络。通过这种多方合作，特殊需求儿童能够在日常生活中获得持续、稳定帮助，确保他们在学习和社交上都能取得进步。这种合作模式不仅增强了教育的效果，还为每个孩子创造了一个更加包容和适应的成长环境。教师在融合教育中的角色是至关重要的。他们是课堂中的直接指导者，不仅要教授课程内容，还需要时刻关注特殊需求儿童的个体需求。教师通过与家长和专家的沟通，了解每个特殊需求儿童的具体情况，并根据这些信息调整教学策略。与此同时，教师还需要在课堂上为特殊需求儿童提供适当的支持，比如通过个性化的教学计划、灵活的课堂安排等方式，帮助这些儿童更好地融入集体生活。教师与家长、专家的密切合作，是确保融合教育顺利实施的基础。

家长不仅是儿童在家庭中的主要支持者，他们对孩子的了解也为教师和专家提供了宝贵的参考信息。通过家校合作，教师可以了解儿童在家庭中的表现，从而更好地制定适应他们需求的教学计划。同时，家长的积极参与也能帮助孩子更好地适应学校生活。家长可以在家庭环境中延续学校的教育方法，与学校合作，共同推动孩子的进步。通过这种紧密的合作，家长能够为孩子的学习和社会性发展提供更多的支持与帮助。专家具备丰富的专业知识和经验，能够为教师和家长提供针对性指导。专家不仅协助评估儿童的需求，帮助制定个性化教育计划，还可以为教师提供专业培训，提升他们应对特殊需求儿童的能力。在一些复杂的情况下，特殊教育专家还可以与教师一同进入课堂，进行实时指导，确保特殊需求儿童在课堂中得到适当的支持。通过与教师和家长的密切合作，专家能够在教育过程中提供强有力的专业支持，确保教育计划的科学性和可操作性。

在融合教育环境中，不仅仅是教师、家长和专家之间的合作，其他工作人员如保育员、学校管理者等也应积极参与其中。他们通过提供后勤支持、调整环境设施等方式，为特殊需求儿童创造更加适宜的学习和生活条件。例如，保育员在日常照料中需要关注儿童的身体和情感需求，而学校管理者则需要确保资源的合理分配，为融合教育提供必要的设备和材料。通过这种全方位的合作，幼儿园的融合教育能够在多层次的支持下顺利进行。特殊需求儿童在成长过程中需要持续帮助，而这种帮助不仅仅来自学校内，还包括家庭和社区的支持。家庭中的支持性环境能够帮助儿童在学校之外继续发展他们的社交和学习技能。例如，家长可以在家中为孩子提供适当的辅导和情感支持，确保他们能够将学校中学到的知识和技能应用于日常生活中。此外，社区的参与也能为融合教育提供更多的资源和机会。通过社区组织的活动，如课外兴趣班、文化活动等，特殊需求儿童能够获得更多的社交机会，进一步提升他们的社交能力和自信心。

尽管合作性与支持性对融合教育至关重要，这种模式仍面临一些挑战。不同家庭的教育理念和期待可能存在差异，这可能会影响家校合作的效果。资源的不足也可能成为支持性合作的障碍，特别是在一些经济条件较差的地区，学校和家庭可能难以获得足够的资源来满足特殊需求儿童的需求。因此，融合教育的成功不仅依赖于教育系统内部的合作，还需要社会各界的广泛支持与资源的合理分配。

（四）灵活性与多样性

融合教育要求教师不仅要掌握传统的教学方法，还要根据每个班级、每个儿童的具体情况进行灵活调整，以应对不同儿童的多样化需求。这种教学方法和活动设计的灵活性确保了所有儿童，都能在一个适应性强的环境中成长和学习。通过针对性教学调整，教师能够为每个幼儿提供个性化的支持，促进他们的全面发展。教师不会仅仅依赖统一的课程计划，而是根据每个儿童的实际学习进度和需求，调整教学内容的难度和节奏。例如，对于学习进度较快的儿童，教师可以提供更多的挑战性任务，而对于需要更多帮助的特殊需求儿童，教师则可以放缓教学节奏，确保他们能够跟上课堂进度。融合教育能够有效避免教学内容对儿童产生压力，并确保所有儿童在合适的环境中获得充分的学习机会。

不同的儿童在学习风格和表达方式上存在差异，融合教育的灵活性体现在教师如何创造多样化的互动方式，确保每个孩子都能够积极参与课堂活动。比如，教师可以设计小组合作任务，让特殊需求儿童通过与同龄人的互动来增强社交能力，也可以通过个别辅导，帮助有特殊需求的儿童更好地理解课程内容。通过多样化的互动方式，融合教育不仅提升了儿童的参与度，还帮助他们建立了良好的同伴关系，增强了社会交往能力。同时，活动设计的灵活性和多样性也为融合教育增添了丰富的教育体验。在幼儿园的日常教学中，活动是儿童学习和发展的主要途径之一。教师在设计活动时会充分考虑每个儿童的兴趣、能力和需求，确保每个孩子都能找到适合自己的学习方式。例如，对于喜欢动手操作的孩子，教师可以设置实践类的活动，如拼图、搭建积木等，而对于更擅长语言表达的孩子，教师可以通过讲故事、角色扮演等方式来促进他们的表达能力发展。通过这种灵活且多样的活动设计，融合教育能够满足不同儿童的需求，最大限度地激发他们的学习热情。

灵活性不仅体现在教学内容和活动设计上，还体现在对特殊需求儿童的个性化支持方面。对于有特殊需求的儿童，教师需要根据他们的个体差异提供相应的辅助措施。这种灵活的支持方式确保了每个儿童都能够在融合教育的环境中得到个性化的帮助，从而提升他们的自信心和学习效果。教师需要时刻关注儿童的学习状态和情感变化，并根据实际情况及时调整教学策略。例如，当教师发现某个特殊需求儿童在集体活动中感到焦虑或困惑时，可能需要立即进行个别辅导，帮助该儿童重新融入课堂活动。这种灵活应变的教学方法，能够确保每个孩子都能在适应性的环境中获得最大程度的发展，同时避免因固定的教学模式而产生的挫折感。

灵活性与多样性并不仅限于课堂内部，它还延展至与家庭和社区的互动中。教师可以根据儿童在家庭中的表现，与家长共同制定适应性的家庭支持计划，帮助孩子在家庭环境中延续学校的学习和社交活动。此外，社区资源的灵活利用也能够为融合教育提供更多的支持。通过与社区组织的合作，教师可以为特殊需求儿童提供更多的课外活动机会，如社区探访、文化活动等，进一步丰富他们的社会经验和生活体验。尽管融合教育中的灵活性和多样性为特殊需求儿童提供了良好的学习支持，但实际操作中仍面临一些挑战。教师需要具备较强的专业能力和灵活应对复杂教学情境的能力，这对他们的培训提出了更高的要求。灵活性和多样性的实施往往需要更多的资源支持，如教学材料的多样化、辅助设备提供等，在资源不足的情况下，教师可能难以为每个儿童提供充分的个性化支持。因此，未来在推动融合教育的过程中，除了加强教师的专业培训，还需要为学校提供更多的资源保障，确保灵活性与多样性能够真正得到有效实施。

第三节　融合教育的国际趋势与实践借鉴

一、幼儿园融合教育的国际趋势

（一）全球化融合教育理念的普及

各国教育体系中，融合教育逐渐得到广泛认可和推行，尤其是在幼儿园阶段，特殊需求儿童的教育权利愈发受到重视。许多国家通过一系列政策倡导与法律保障，确保这些儿童与普通儿童在同一教育环境中共同学习与成长，避免因障碍而造成的隔离。融合教育不仅仅是一种教学模式的改变，更是对教育公平与社会包容的深层次理解。联合国教科文组织和联合国儿童基金会等国际组织在推广融合教育方面发挥了至关重要的作用。这些组织通过制定国际教育标准、开展全球性教育项目，呼吁各国政府关注特殊需求儿童的教育问题，并采取具体的措施加以落实。例如，联合国通过《残疾人权利公约》明确了残疾儿童在普通教育体系中的受教育权，推动全球融合教育的实施。通过这些国际性倡议，各国的政策制定者逐步认识到，融合教育不仅是实现教育公平的关键途径，也是社会可持续发展的基础。

无论是在美国、加拿大等发达国家，还是在一些发展中国家，融合教育的立法和实施都取得了显著进展。例如，美国早在 20 世纪后期便通过了《教育所有残疾儿童法案》（IDEA），规定了残疾儿童必须在普通学校中接受适应性的教育。类似的法律框架在许多国家得以推广，为特殊需求儿童提供了强有力的法律保护，确保他们能够平等地享受优质教育资源。此外，全球化背景下的融合教育理念普及，还促使各国在政策设计和实践中相互借鉴和学习。通过国际教育论坛、学术交流和跨国合作，越来越多的国家意识到融合教育的重要性，并逐步将其纳入本国教育体系中。在这种跨文化的交流中，不同国家的成功经验被推广到更广泛的范围，为全球融合教育的发展提供了宝贵的参考。这不仅增强了全球教育的连通性，也为特殊需求儿童的教育质量提升提供了更加广阔的空间。

不同国家在经济发展水平、文化传统和教育资源分配等方面存在差异，导致融合教育的实施进展不一。一些资源有限的国家在推行融合教育时，往往面临资金短缺、师资力量不足等问题，限制了特殊需求儿童的受教育机会。因此，在推动全球融合教育理念的普及过程中，仍需各国政府持续努力，加强国际合作，确保在全球范围内真正实现教育公平。

（二）立法保障与政策支持的强化

许多发达国家通过制定完善的法律体系，确保特殊需求儿童能够在普通教育体系中获得平等的教育机会。这些法律和政策不仅为融合教育提供了坚实的法律基础，也为特殊需求儿童的全面支持提供了明确的保障。例如，美国的《教育所有残疾儿童法案》（IDEA）便是其中的典范。该法案规定，所有特殊需求儿童都有权利在普通学校中接受教育，并确保他们可以获得与普通儿童同等的教育资源。这种法律框架极大推动美国融合教育的发展，并为其他国家提供了有益的参考。欧洲、加拿大和澳大利亚等国家也逐步完善了各自的融合教育政策和法律体系。在欧洲，多国通过《欧洲残疾人权利公约》等法规，明确了特殊需求儿童的受教育权，并强调学校有责任为这些儿童提供必要的支持服务。加拿大的政策同样强调通过法律保障，确保特殊需求儿童能够享有包容性的教育环境，而不是被隔离在特殊学校中。澳大利亚则通过《残疾歧视法》，明确规定学校必须为特殊需求儿童提供适应其需求的教育设施和支持服务，避免因残疾导致的教育歧视。这些国家的政策和立法不仅保证了特殊需求儿童的基本权利，也为他们在普通教育环境中健康成长创造了条件。

强化融合教育的立法保障和政策支持，不仅有助于实现教育公平，还推动了全球融合教育的制度化进程。通过这些法律的实施，特殊需求儿童能够在教育体系中获得更加全面支持，如个性化教育计划（IEP）的制定、特殊教育辅助工具的提供、教师的专业培训等。这些措施确保了特殊需求儿童能够根据其具体情况，接受适当的教育服务，而不再仅仅依赖于传统的特殊学校模式。同时，随着这些政策的普及，越来越多的国家开始认识到，融合教育不仅是帮助特殊需求儿童发展的有效途径，也是提升整个社会包容性的重要手段。许多国家通过政府拨款、地方支持等方式，确保学校能够为特殊需求儿童提供必要的设施和服务。例如，许多发达国家的政府都会为融合教育专门拨出预算，用于购买辅助设备、改造学校设施、培训教师等。这样的政策支持为特殊需求儿童在普通学校中获得适当的教育服务奠定了物质基础，也为融合教育的可持续发展提供了保障。

尽管许多国家在立法和政策支持方面取得了显著进展，仍然存在一些实施中的挑战。在一些国家和地区，虽然已经建立了相应的法律框架，但政策的落实程度不一，部分学校由于资金、师资不足等原因，无法为特殊需求儿童提供足够的支持。此外，社会观念的滞后也在一定程度上阻碍了融合教育的进一步发展。因此，在强化融合教育立法保障和政策支持的过程中，不仅需要各国政府继续加大投入，还需要通过教育和宣传，提升社会对融合教育的认识，真正实现教育公平。

（三）融合教育的早期干预趋势

融合教育的早期干预趋势已经在全球范围内逐渐成为主流。越来越多的国家开始意识到，尽早对特殊需求儿童进行干预，对于他们的成长与发展至关重要。早期干预不仅能够帮助这些儿童更好地适应教育环境，还可以为他们的未来奠定坚实的基础。许多国家因此加大了对幼儿园阶段融合教育的投入，致力于通过早期筛查、评估和干预，为特殊需求儿童提供个性化的支持，确保他们能够顺利融入主流教育体系，避免因迟缓干预而导致的发展障碍。国际趋势表明，早期干预已经成为各国教育政策的重点领域。许多国家在教育体系中设置了专门的早期筛查机制，通过对儿童的身体、认知、语言等各方面能力的评估，及时发现特殊需求儿童的潜在问题。这些筛查措施确保了在儿童进入正式教育之前，能够获得专业评估并制定个性化干预计划。通过这些早期评估和筛查，教育工作者能够更好地了解每个孩子的需求，从而为他们量身打造适应性的教育方案，确保他们在进入幼儿园时能够得到适当的支持。

在实践中，许多国家都已经建立了完善的早期干预体系。例如，美国通过《早期干预法案》规定，各州必须为有特殊需求的儿童提供从出生到三岁的早期干预服务。这些服务包括物理治疗、语言治疗、心理辅导等，旨在帮助儿童在最早的阶段克服发展障碍。同样，欧洲的一些国家，如瑞典和芬兰，也通过政府资助的项目，为特殊需求儿童提供早期教育干预，确保他们能够在进入幼儿园前得到全面的支持。这些早期干预的措施不仅有助于儿童的认知发展，还能提升他们的社交和情感能力，使他们更好地融入集体生活。许多早期干预项目不仅关注儿童本身，还通过培训和咨询帮助家长更好地了解如何为特殊需求儿童提供适当的教育和照顾。家长作为儿童的主要照护者，在早期干预过程中扮演着重要角色。通过与专业人员的合作，家长能够获得相关的技能和知识，帮助他们在家庭环境中继续实施干预措施，确保早期干预的效果得到延续。

早期干预项目的资源分配不均衡，尤其是在经济欠发达地区，许多特殊需求儿童无法及时获得所需的干预服务。一些国家的教育体系对早期干预的认识还不够深入，导致在政策制定和实施上存在一定的滞后性。为了进一步推动融合教育的早期干预发展，各国需要在资金投入、师资培训和社会宣传等方面加大力度，确保每一个特殊需求儿童都能在教育的早期阶段得到充分的支持。

（四）教师培训与专业发展

各国在推动融合教育的过程中，逐渐意识到教师的专业能力对教育效果的关键影响，因此纷纷推出了针对教师的专业发展项目。这些培训项目旨在提升教师应对特殊需求儿童的能力，帮助他们在课堂上为不同需求的幼儿提供适应性的支持。通过这些专门的培训，教师不仅能更好地理解融合教育的理念，还能掌握必要的教学技巧，确保所有儿童在多样化的课堂环境中获得公平的学习机会。许多国家的教师培训项目也开始强调跨学科的合作。这种合作形式不仅仅局限于教育内部，还包括与特殊教育专家、心理学家、治疗师等专业人士的紧密协作。通过与这些专业人员的合作，教师能够更全面地了解特殊需求儿童的具体情况，并根据专家的建议，制定更为有效的教学计划。跨学科合作的趋势，使得融合教育不仅仅依赖教师个人的努力，还形成了一个多方参与的支持网络，共同推动特殊需求儿童的学习与成长。

仅仅通过理论学习并不足以应对课堂上的复杂情境，因此许多国家的培训项目加入了实践环节。教师可以在融合教育的真实环境中实习，亲身体验如何与特殊需求儿童互动，并通过具体的教学实例提升自身的应对能力。例如，美国的许多师范院校都开设了融合教育实习项目，教师在获得理论知识的同时，也能够通过实际操作掌握应对特殊需求儿童的方法。这种理论与实践相结合的培训模式，使得教师更好地为融合教育的挑战做好准备。在实际操作中，教师不仅需要与特殊教育专家合作，还需要与医疗和心理健康专业人士密切配合，以确保特殊需求儿童能够在多方面获得支持。例如，教师可以与治疗师合作，为有运动障碍的儿童设计适应性的体育活动，或与心理学家合作，帮助有情感障碍的儿童处理情绪问题。这种多方位的支持体系，不仅提升了融合教育的效果，也为教师的专业发展提供了更多学习和成长的机会。

融合教育中的特殊需求儿童种类多样，需求复杂，教师需要不断更新知识，掌握最新的教育方法和技术，以应对新的挑战。因此，许多国家的教师培训项目不仅注重初始培训，还提供了继续教育的机会，确保教师能够在职业生涯的不同阶段持续提升自身的专业水平。通过这种持续性的培训，教师能够不断适应教育环境的变化，更好地为特殊需求儿童服务。尽管许多国家在教师培训和专业发展方面取得了显著进展，实际操作中仍然存在一些挑战。培训资源的分配不均是一个普遍问题，尤其是在资源较为匮乏的地区，教师往往无法获得充足的培训机会。部分教师由于时间和工作负担的限制，难以参加系统的专业培训，这也在一定程度上影响了融合教育的实施效果。因此，未来在推动融合教育的发展过程中，各国还需要加大对教师培训的投入，并确保这些培训能够覆盖到所有地区和学校。

二、 幼儿园融合教育的实践借鉴

（一）美国的个别化教育计划（IEP）

美国的个别化教育计划（IEP）是融合教育实践中的重要组成部分。这一计划的核心理念在于为每一个特殊需求儿童量身定制个性化的教育方案，以确保他们能够根据自身的需求获得适当的教育支持。IEP 不仅包括学术目标的设定，还涵盖了行为、社交技能的发展以及语言、物理治疗等相关服务。通过个别化的方式，IEP 能够帮助特殊需求儿童更好地适应普通教育环境，同时保证他们在主流课堂中与其他幼儿共同学习和成长。教师、家长、特殊教育专家、心理学家等专业人员共同合作，根据儿童的评估结果，制定出适应其需求的学习和发展目标。IEP 不仅关注学术进步，还会根据儿童的特殊情况，提出相应的辅助措施和支持策略。例如，对于有语言障碍的幼儿，IEP 可能包括语言治疗课程；对于有行为问题的儿童，IEP 可能制定具体的行为管理计划。这种多元化的支持方式，确保了每个特殊需求儿童能够得到个性化的教育服务，帮助他们在普通课堂中充分发挥潜力。

IEP 不仅是制定计划的工具，它还要求定期评估和更新。每年，学校和家长会就 IEP 的实施情况进行会议，评估孩子在过去一年的进步，并根据实际情况对计划进行必要的调整。通过这种动态调整，IEP 能够不断适应儿童的发展需求，确保他们在每个阶段都能得到最合适的教育支持。这种持续的关注和调整使得个别化教育计划具有极强的灵活性，有助于提升特殊需求儿童在普通课堂中的适应性和参与度。美国的 IEP 做法不仅对本国的特殊教育产生了深远影响，也为其他国家提供了宝贵的经验。许多国家开始借鉴 IEP 模式，通过为特殊需求儿童量身定制个性化的学习计划，推动融合教育的发展。例如，英国和加拿大等国家在其教育体系中逐渐引入个别化教育计划的理念，确保特殊需求儿童能够根据其个体情况，获得适当的教育支持。IEP 的模式为全球融合教育的推广提供了有力的理论和实践依据，也在国际教育领域中成为推动教育公平的重要工具。

个别化教育计划不仅帮助特殊需求儿童更好地融入主流课堂，还在提升他们的自信心和自主性方面发挥了重要作用。通过设定清晰的学习目标和提供有针对性的支持，IEP 使得儿童能够在课堂上取得进步，并感受到自身的成长。这种积极的学习体验，不仅增强了他们的学习动力，也帮助他们建立了更强的社交关系。在 IEP 的支持下，特殊需求儿童能够与普通儿童一同参与学校活动，体验到平等的学习机会和社会互动。尽管 IEP 在美国的实施已取得显著成效，但其操作过程中仍面临一些挑战。制定和实施个别化教育计划需要大量的资源投入，特别是专业人员的参与和时间成本。IEP 的有效性也取决于教师和学校的执行力，如果在执行过程中缺乏足够的支持和资源，IEP 的目标可能难以实现。因此，各国在借鉴 IEP 模式时，必须考虑到其在本国教育系统中的可行性，并确保足够的资源和专业支持，以确保个别化教育计划的成功实施。

（二）芬兰的包容性教育模式

芬兰的包容性教育模式因其高质量的基础教育体系而广受赞誉，尤其是在融合教育方面，芬兰的做法为全球教育领域提供了宝贵的借鉴。芬兰教育体系的核心在于其对包容性和公平性的高度重视，确保每个儿童，无论其背景或需求如何，都能在同一教育环境中获得充分的支持。特别是在幼儿园阶段，芬兰通过教师、家长、特殊教育专家的紧密合作，为特殊需求儿童创造了一个友好且适应性强的学习环境，确保他们能够顺利融入集体生活。芬兰的融合教育模式注重合作学习，鼓励不同能力的幼儿相互帮助、共同成长。幼儿园中的合作学习不仅有助于提升普通儿童的社交能力和团队合作意识，还为特殊需求儿童提供了更多的社交机会。通过这种方式，特殊需求儿童不仅能够在学术上获得支持，还能在社交和情感上得到关怀与帮助。这种强调合作与互动的教育方式，不仅增强了课堂的包容性，也为特殊需求儿童提供了积极融入集体的机会，帮助他们在早期教育阶段建立自信。

在芬兰，教师并不是孤立地应对特殊需求儿童的挑战，而是与家长和专业人士共同合作，制定个性化的教育计划。家长在这个过程中扮演着重要角色，他们不仅是教育过程的参与者，也是教师的重要伙伴。特殊教育专家则为教师提供专业建议，帮助其更好地应对儿童的多样化需求。这种多方合作模式确保了每个儿童都能根据其特定需求，获得适当的支持与服务，同时也提升了教育干预的有效性。教师根据儿童的学习进度和需求，灵活调整教学内容与方法，确保每个幼儿都能跟上课堂进度。这种灵活性体现在课程设计、活动安排和评估方式上，教师在日常教学中能够根据每个儿童的个体差异，提供有针对性支持。教师会与专业人员合作，为其制定个别化的学习计划，确保他们在学术和社交能力方面能够均衡发展。

通过定期评估和筛查，芬兰的教育工作者能够尽早识别出儿童的特殊需求，并及时提供干预措施。在幼儿园阶段，教师会密切关注每个儿童的发展，并通过与家长和专家的合作，制定相应的教育策略。这种早期干预的做法不仅能够有效帮助特殊需求儿童尽早适应教育环境，还能避免他们在未来教育中面临更多的障碍。尽管芬兰的包容性教育模式在全球范围内备受推崇，但它的成功并非单靠某一方面的努力实现。芬兰教育系统的高效运作依赖于整体社会对教育公平的高度重视，政府提供充足的资源支持，以及教育工作者的专业能力。这种全方位的支持网络是芬兰融合教育得以有效实施的基础，也是其他国家在借鉴芬兰模式时需要重点关注的方面。

（三）加拿大的早期干预系统

加拿大的融合教育实践高度重视早期干预，加拿大通过系统的筛查和评估，确保能够及早发现特殊需求儿童的潜在问题。这一过程不仅有助于识别儿童的特殊需求，还能够为他们量身定制个性化的支持服务，帮助他们在早期教育中就获得适应性的帮助。通过这种早期干预机制，加拿大成功地为特殊需求儿童创造了一个平等的教育环境，使他们能够更顺利地融入普通教育体系，并减少未来教育过程中的挑战。幼儿园教师和专业人员共同参与这一过程，通过观察儿童的行为、认知能力、社交技巧等各个方面，识别出那些可能需要特殊教育服务的儿童。一旦这些儿童被发现，学校和家庭便会共同合作，制定出适合他们的个别化教育计划。这种计划不仅包括学术支持，还涵盖了行为管理、语言治疗等多方面的服务，确保每个孩子都能根据其需求得到全面的支持。

加拿大的早期干预不仅仅是为了在教育初期解决问题，更是为了长期发展铺平道路。通过在儿童早期阶段的及时干预，加拿大的教育系统能够帮助这些儿童尽早适应主流教育环境，从而避免在未来的学习中遇到更多困难。这一策略不仅提高了特殊需求儿童的学习成果，还有效减少了后期教育中的特殊资源需求，降低了整体教育系统的负担。加拿大的早期干预系统不仅限于学术领域，还非常注重儿童的社交和情感发展。特殊需求儿童通过早期干预项目，不仅能够获得学术上的支持，还能在社交技能、情绪管理等方面得到专业辅导。通过与普通儿童的互动，这些儿童逐渐学会如何应对社交挑战，提高了自信心和自尊心。这种多维度的支持使得特殊需求儿童能够在一个更加包容的环境中成长，享有与普通儿童相同的机会。

教育工作者不仅与家长保持密切沟通，还为他们提供相关的培训和指导，帮助家长在家庭中延续学校的干预措施。家校合作的紧密性是加拿大早期干预成功的关键之一，因为家庭环境在儿童的发展中起到了至关重要的作用。通过这种多方协作，家长能够更好地理解孩子的需求，并为他们提供持续的支持。加拿大的早期干预系统的成功经验表明，及时的筛查和干预能够极大地提升特殊需求儿童的教育体验，并帮助他们更好地融入普通教育体系。加拿大的这一做法不仅帮助儿童在早期阶段就获得适应性的帮助，还减少了他们在后期教育过程中面临的障碍。这一早期干预模式已经成为许多国家效仿的对象，为全球融合教育的发展提供了宝贵的经验。

尽管加拿大的早期干预系统已经取得了显著成效，实施过程中依然存在一些挑战。如何确保所有地区和学校都能获得足够的资源来支持这一系统，仍然是需要解决的问题。对于资源较为匮乏的地区，加拿大政府正在通过增加拨款和加强教师培训，努力缩小这一差距，确保每一个特殊需求儿童都能享受到同等的早期干预服务。

（四）日本的文化适应性融合教育

日本在融合教育的推进中十分注重文化适应性，充分结合其独特的社会文化背景，逐步实现特殊需求儿童与普通儿童在同一教育环境中的共学。日本的社会结构和集体意识在很大程度上影响着其融合教育的设计与实施。因此，日本通过尊重和融入文化因素，成功为特殊需求儿童提供了包容性强的教育环境。小班教学和个别辅导是日本融合教育的重要组成部分，这些方法不仅确保了每个孩子能够获得个性化的关注，还帮助教师更好地满足特殊需求儿童的学习需求。在日本的教育体系中，合作学习不仅是一种教学方式，更是一种培养社会责任感和团队精神的工具。这种合作式学习环境促使特殊需求儿童融入集体，减少了他们在社交方面的孤立感，同时也帮助普通儿童学会如何与有特殊需求的同伴互动，培养了彼此之间的理解和包容。

家长在日本教育中扮演着重要的角色，他们不仅参与孩子的日常教育，还通过定期与学校沟通，了解孩子在学校的进展和需求。学校和家长之间的紧密合作有助于为特殊需求儿童创造一个在学校和家庭之间无缝衔接的支持系统。这种文化适应性教育不仅体现在学校环境中，也延伸到家庭生活，确保特殊需求儿童在多方支持下能够顺利成长。教师在授课时，会根据特殊需求儿童的具体情况，提供个性化的辅导，确保他们能够跟上班级进度。这种针对性的辅导帮助特殊需求儿童克服学习中的障碍，提升了他们在普通课堂中的适应性。同时，教师还会与专业的特殊教育专家合作，制定个性化教育计划（IEP），为每个幼儿量身定制学习方案，确保他们在学术和情感上都能得到全面支持。

在推动融合教育的过程中，日本还特别关注对教师的培训和专业发展。由于融合教育要求教师具备更高的专业能力，日本的教育系统通过专门的培训项目提升教师的特殊教育技能。教师不仅要了解如何满足特殊需求儿童的学术需求，还需要掌握如何在文化背景中开展适应性教育。这种双重技能的培养，使得教师能够在日常教学中自如应对各种挑战，为特殊需求儿童创造一个更加适应性的学习环境。尽管日本的融合教育在文化适应性方面取得了显著成效，实施过程中仍然面临一些挑战。尤其是在资源有限的学校，如何平衡普通儿童和特殊需求儿童的需求成为一个难题。此外，随着日本社会逐渐迈向多元化，如何在融合教育中继续保持文化适应性，满足不同文化背景幼儿的需求，也成为未来的发展方向。

第四节　融合教育在幼儿园中的应用

一、 个性化教学计划的实施

在幼儿园中，融合教育首先体现在为每个特殊需求儿童制定个性化的教育计划。教师根据儿童的需求、能力和兴趣设计适应性的教学内容。这种个性化的教学方法不仅能够帮助特殊需求儿童跟上学习进度，还能提高他们的自信心和学习动力。

二、 小班教学和个别辅导

小班教学模式是幼儿园融合教育的重要形式。通过减少班级人数，教师能够为特殊需求儿童提供更多的个别关注，及时发现和回应他们的学习需求。此外，个别辅导可以确保特殊需求儿童在面对特定挑战时，得到一对一的支持与指导，帮助他们更好地融入课堂活动。

三、合作式学习活动

合作学习在幼儿园的融合教育中起到了关键作用。通过小组合作、集体游戏等方式，特殊需求儿童可以与普通儿童一起互动，学习如何分享、沟通和协作。合作活动不仅能增强儿童的社交能力，还促进了他们之间的相互理解与包容。

四、多学科合作支持

融合教育在幼儿园中的应用需要各专业人员的协同合作。教师、特殊教育专家、心理学家、言语治疗师等共同为特殊需求儿童提供全面的支持。通过多学科的协作，儿童能够获得更加综合的服务，帮助他们在认知、社交和情感发展方面实现更好的平衡。

五、家校合作的强化

家长是幼儿园融合教育的重要合作伙伴。通过定期的家校沟通，教师和家长能够共同制定适合儿童的学习计划，并在家中延续学校的教育方式。家校合作不仅能够强化儿童的学习效果，还为他们的个性化发展提供了更广泛的支持网络。

六、丰富的感官与互动式教学

融合教育还强调感官和互动式教学方法。教师通过多种感官刺激和互动活动，如音乐、艺术、户外游戏等，帮助特殊需求儿童参与学习。感官互动的教学方式不仅能够激发儿童的兴趣，还能帮助他们在轻松的环境中提高认知能力和社交技能。

第二章　幼儿园教师融合教育素养的构成

第一节　教育素养的基本概念与构成要素

一、幼儿园教师融合教育素养的基本概念

幼儿园教师融合教育素养是指教师在教育过程中，具备为特殊需求儿童和普通儿童提供平等教育机会的能力与知识。这一素养要求教师能够理解特殊需求儿童的个体差异，并灵活运用多样化的教学方法，确保所有儿童都能在包容性的环境中成长。同时，教师还需掌握如何与家长、特殊教育专家等进行有效合作，提供个性化支持，帮助儿童在认知、情感和社交方面全面发展。这种素养是融合教育在幼儿园顺利实施的基础。

二、幼儿园教师融合教育素养的构成要素

（一）专业知识与教育理论素养

专业知识与教育理论素养在幼儿园融合教育中占据重要地位，教师需要具备扎实的专业知识，才能为孩子们提供适合的教育支持。儿童发展规律的掌握是每位幼儿园教师的基本要求。教师不仅需要了解幼儿在认知、情感、社交、身体发展等各方面的特点，还需深入理解各个阶段的关键发展指标，以便能够及时发现孩子在这些领域中的潜在问题或偏差。通过这种理解，教师可以更好地设计和调整教学内容，使每个孩子都能在适合自己的发展轨道上成长。这些理论为教师提供了科学的教育方法和策略，帮助他们在实际教学中有效应用。例如，皮亚杰的认知发展理论强调儿童在早期的认知建构过程，而维果茨基的最近发展区理论则指出成人对幼儿学习过程中的重要指导作用。通过这些理论的学习，教师可以更

加清晰地了解如何根据幼儿的认知水平调整教学内容，确保每个孩子都能有效参与并从中受益。

融合教育中的特殊需求儿童更是要求教师具备特殊教育的相关知识。教师不仅要能识别出有特殊需求的幼儿，还要能够根据他们的具体需求提供个性化的支持。这就需要教师掌握特殊教育的评估标准和方法，并能够根据评估结果制定针对性教学策略。例如，教师需要知道如何通过感官刺激活动来促进自闭症儿童的社交互动，或者如何通过小组合作的方式帮助多动症儿童增强注意力。教师对这些方法的熟练运用可以显著提高特殊需求儿童在融合课堂中的参与度与学习效果。为了实现真正的融合教育，教师还必须具备理解和尊重个体差异的能力。在一个融合的班级里，幼儿的背景、能力和兴趣各不相同，因此，教师需要具备灵活的教学调整能力，以应对多元化的幼儿群体。通过差异化教学策略，教师可以根据每个幼儿的独特需求、兴趣和学习风格，提供个性化的教育方案。例如，对于语言能力较弱的孩子，教师可以采用图像和实物教学，而对于动作技能发展迟缓的孩子，教师可以通过游戏或实际操作来提高他们的参与度。

在此基础上，幼儿园教师还应具备跨学科知识的融合能力。融合教育不仅仅是简单地将特殊需求儿童与普通儿童放在同一个教室里学习，它要求教师能够整合多种学科知识，帮助孩子们在不同领域中获得全面发展。例如，教师需要将语言、艺术、音乐、科学等多种学科有机结合，通过丰富的教学内容和活动，为幼儿创造更多元的学习体验。跨学科的教学方法能够有效激发孩子们的好奇心和探索欲望，促进他们在认知、情感和社会性等多方面的发展。教育理论和教学实践在不断发展，幼儿园教师需要时刻保持学习的热情，跟上最新的教育理念和方法。通过定期参加培训、研讨会或继续教育课程，教师能够不断提升自己的理论水平和教学技能。这种持续学习的能力不仅有助于教师应对融合教育中的新挑战，也能够让他们始终保持对教育事业的热爱与追求。

（二）实践教学与差异化教育能力

实践教学与差异化教育能力在融合教育中扮演着至关重要的角色，幼儿园教师必须能够根据幼儿的实际情况调整教学方法与策略。教师需要意识到每个幼儿的学习需求是独特的，因此，设计灵活的教学方案是融合教育成功的关键。在课堂上，教师不仅要照顾到普通幼儿的学习进度，更要关注有特殊需求的孩子，确保他们在课堂上同样能够获得有效的学习体验。通过这种差异化的教学设计，教师可以确保所有幼儿在学习过程中都能够参与并取得进步。教师可以在实践中结合游戏化教学、情景教学等多种教学方式，以适应不同幼儿的兴趣和认知水平。比如，在游戏化教学中，教师可以通过角色扮演或互动游戏，激发幼儿的学习兴趣，并让他们在玩乐中学习新的知识和技能。而情景教学则有助于幼儿在模拟的真实情境中进行学习，这种方法不仅能够增强幼儿的参与感，还可以帮助他们在实际生活中运用所学内容。通过这些多样化的教学方式，教师能够有效应对不同幼儿的学习需求，从而实现包容性的教育目标。

融合教育要求教师具备敏锐观察能力，能够在课堂活动中及时发现每个孩子的学习状态和情绪反应。这种观察不仅仅是为了判断孩子是否掌握了知识，还包括对他们的社交能力、情感表达等方面的关注。教师需要根据这些观察结果及时调整教学策略，为那些可能在某些方面表现出困难的幼儿提供额外的支持。比如，对于在课堂中较为安静、不善表达的孩子，教师可以通过一对一的互动来帮助他们逐步融入集体活动。而对于那些在行为上表现出更多能量和活跃度的孩子，教师则可以设计一些需要体力和注意力的活动，以帮助他们更好地集中精力。差异化教育能力还要求教师能够充分利用课堂资源，创造一个丰富多样的学习环境。幼儿园的融合教育不仅仅依赖教师个人的努力，还需要通过各种教学资源的合理使用，来为幼儿创造一个多元化的学习体验。教师可以通过引入不同类型的教学工具，如图书、玩具、音频设备、视觉材料等，来满足不同幼儿的学习需求。例如，教师可以提供图像和视频材料，而对于听觉学习者，可以通过音乐和故事来增强他们的学习体验。通过这些差异化的资源配置，教师能够确保每个幼儿都能找到适合自己的学习方式，并在此基础上取得进步。

由于融合教育涉及普通教育和特殊教育的交叉领域，教师在实践中不仅要面对幼儿，还需要与家长、其他教育工作者及专业支持人员进行密切合作。通过与家长的定期沟通，教师可以获得更多关于幼儿个体需求的信息，从而在设计教学活动时更具针对性。同时，与特殊教育工作者的合作有助于教师进一步了解特殊需求儿童的心理和行为特点，进而在课堂上为这些幼儿提供更加个性化的支持。最为重要的一点是，教师在实践教学中的差异化教育能力应当建立在持续反思与改进的基础之上。教学不是一成不变的过程，尤其在融合教育中，教师需要不断反思自己的教学策略是否有效，并根据实际反馈进行调整。例如，教师可以通过观察幼儿的参与度、情绪反应及学习成果来判断教学方法是否合适。如果发现某些幼儿在某些活动中表现出不适应或无法跟上集体的节奏，教师应当积极调整活动内容或节奏，确保所有孩子都能跟上学习进度并从中受益。

（三）沟通协调与团队合作能力

教师需要与家长保持紧密联系，因为家长是幼儿最直接的教育者和支持者。教师能够更深入地了解孩子在家庭中的表现与成长，尤其是那些在学校中可能不容易观察到的细节。通过这种合作，教师可以根据家长的反馈，及时调整课堂教学和支持策略，以更好地适应每个孩子的需求。此外，家长的参与也有助于促进家庭教育与学校教育的协调一致，使孩子在两个环境中都能获得一致的支持与引导。教师不仅仅是独自负责整个教学过程，还需要与学校的其他专业人员如心理学家、特殊教育教师等进行密切合作。这种跨学科的合作可以为融合教育中的特殊需求儿童提供更全面的支持。例如，教师可以与心理学家合作，了解孩子的情感和心理需求，从而设计更有针对性的教学活动。而与特殊教育教师的合作则可以帮助教师掌握更专业的支持技巧，从而更好地帮助有特殊需求的儿童融入集体活动。这种团队合作的模式确保了每个孩子都能从多方面获得必要的支持。

制定个别化教育计划（IEP）是为有特殊需求的幼儿量身定制的教育计划，通常由一组教育工作者和相关支持人员共同制定。教师在这一过程中不仅是实施者，还需要参与计划的制定和调整。通过与家长、心理学家、特殊教育教师等多方沟通，教师可以为 IEP 的制定提供宝贵的课堂观察和反馈信息。IEP 的成功实施依赖于团队成员之间的紧密合作，而教师在其中不仅要负责执行计划，还需与其他成员共同探讨计划的有效性，并在必要时进行调整，确保每个孩子都能获得最适合的教育支持。在许多情况下，融合教育不仅局限于校内的资源，还需要借助校外的支持网络。例如，社区医疗机构、康复中心以及特殊教育服务机构等都可能为融合教育提供有力的支持。教师需要能够积极寻求并协调这些资源，与相关机构保持紧密联系，为有特殊需求的孩子提供更全面的帮助。这种跨机构的合作有助于整合多方面的资源，使融合教育更加立体化、全面化。

在融合教育的团队合作中，教师需要扮演协调者和组织者的角色，确保所有成员在教育目标上达成一致，并共同推动计划的实施。例如，教师需要定期组织团队会议，汇报幼儿的进展情况，并讨论面临的挑战与解决方案。通过这种开放的沟通机制，教师能够促进团队成员之间的信息共享和协作，为每个孩子制定更加科学、合理的教育方案。同时，教师还需具备较强的领导能力，在团队中起到积极推动作用，确保融合教育计划的顺利实施。教师在融合教育中需要特别关注与孩子的沟通方式，尤其是有特殊需求的幼儿。每个孩子的沟通能力和方式不同，教师需要根据孩子的特点进行调整。例如，对于语言表达能力较弱的幼儿，教师可以通过非语言的方式，如手势、表情、图片等来与他们进行交流；而对于情感表达较为复杂的孩子，教师则需要更具耐心地倾听，给予他们更多的关注和理解。这种灵活的沟通方式不仅有助于建立良好的师生关系，还可以帮助孩子们更好地融入课堂活动，促进他们的学习与发展。

（四）情感支持与社会责任感

在教育过程中，教师不仅要传授知识和技能，更要通过细致入微的情感支持来帮助幼儿建立健康的心理和情感基础。对于融合教育中的特殊需求儿童，教师需要格外关注他们的情感需求，确保这些孩子能够在课堂中感受到被接纳和关爱。教师通过温暖的关怀和理解，能够为这些孩子提供一个安全的心理环境，使他们在学习过程中更加自信，并且能够积极融入集体生活。教师在融合教育中需要具备高度的情感智力，以敏锐地察觉到每个幼儿的情绪变化。通过观察和互动，教师能够发现孩子在情感表达和心理状态上的细微变化，从而及时给予支持。比如，当孩子在面对挑战时表现出焦虑或沮丧，教师可以通过积极鼓励和引导，帮助他们重新建立信心。对于那些情感表达能力较弱的孩子，教师更需要通过细腻的引导和持续关注，让他们感受到来自教师的理解和接纳。这样的情感支持不仅能够增强孩子们的情感表达能力，还能帮助他们逐步学会调节情绪，建立良好的社会互动能力。

作为教育者，教师不仅肩负着帮助幼儿获得知识和技能的责任，还需要通过自身的行为和态度为孩子们树立积极的社会榜样。教师通过尊重每个孩子的个性和差异，能够让所有孩子感受到公平和尊重，从而为幼儿们传递包容和多样化的社会价值观。特别是在融合教育的环境中，教师需要通过自己的行动，让普通儿童和特殊需求儿童都感受到平等的对待和关怀。通过这种潜移默化的影响，教师能够帮助孩子们从小树立尊重和理解他人的意识，这对他们未来的社会交往和人格发展具有重要意义。此外，教师还应注重在班级中营造一个充满包容和关爱的氛围。这不仅有助于特殊需求儿童的心理健康，也能够为所有幼儿创造一个舒适、安全的学习环境。教师可以通过小组活动、合作游戏等方式，鼓励孩子们互相帮助、共同成长。幼儿能够更好地学习如何与他人合作、分享和沟通。这种充满包容的氛围也让幼儿从小就体会到多样化和多元文化的价值，从而为他们日后的社会化奠定良好的基础。

教师的情感支持不仅仅是单向的关注和照顾，还是与孩子们之间建立深厚情感联系的桥梁。通过与幼儿建立信任关系，教师能够更好地理解他们的内心世界，从而为他们提供更加精准的情感支持。孩子们在这样的情感氛围中成长，会更加愿意向教师敞开心扉，表达自己的情感和需求。这不仅有助于教师更好地了解每个孩子的个性和发展需求，也能够促进幼儿的自信心和情感稳定性的发展。这样的情感联结为教师在融合教育中创造了良好的互动基础，也为孩子们的成长提供了强有力的支持。融合教育的核心在于为每个孩子提供平等的学习机会，教师通过对特殊需求儿童的关怀和帮助，能够为他们在学习和生活中创造更加公平的条件。教师不仅要关注这些孩子在课堂中的表现，还需关注他们的心理状态和社会适应能力。例如，对于那些在社交方面存在困难的孩子，教师可以通过设计一些互动活动，帮助他们逐步提升与同伴的互动能力。同时，教师还可以与家长密切合作，共同为孩子们提供更全面的情感支持，确保他们在家庭和学校两个环境中都能够获得稳定的情感支撑。

（五）持续学习与专业发展意识

融合教育的实践在不断更新和发展，教师需要具备与时俱进的学习能力，才能在快速变化的教育环境中保持竞争力。教师应当积极参与各种培训课程和研讨会，学习最新的教育理论与实践方法。这些活动不仅帮助教师拓展知识领域，还为他们提供了与同行交流、分享经验的机会。通过这种不断学习与交流，教师能够更好地掌握融合教育中的新兴技术和策略，提升自己的专业水平。教师需要时刻关注教育领域的新动态，并在日常教学中积极应用新的教学工具和技术。随着信息技术的飞速发展，越来越多的数字化教学资源和工具涌现，教师应当具备快速适应和掌握这些新工具的能力。例如，虚拟现实技术、互动白板和在线学习平台等都在逐步应用于幼儿教育中，教师应当充分利用这些资源，为幼儿提供更加丰富和多样化的学习体验。通过持续学习这些新技术，教师能够为融合教育带来更多的创新元素，同时也为自己在职业生涯中提供了更多的成长机会。

教师在日常教学过程中，需要定期对自己的教学方法和实践效果进行反思，发现其中的不足并及时进行调整。例如，教师可以通过观察幼儿的学习效果、课堂参与度以及反馈意见，来评估自己的教学策略是否适合多元化的幼儿群体。如果发现某些教学方法在融合教育中效果不佳，教师应积极寻求新的解决方案，以不断提升教学质量。通过这种反思与改进，教师能够在教学实践中逐步积累经验，并不断优化自己的教学方法。教师应当具备长期的职业发展规划意识，注重自身的专业成长。教师的职业生涯并非一成不变，而是需要在不同阶段进行不断提升和拓展。除了参加常规的培训和继续教育，教师还可以通过深造、学术研究或跨学科学习，进一步提升自己的专业素养。比如，教师可以通过攻读学位或证书课程，深入学习特殊教育或教育技术等领域，从而为自己的职业生涯开辟新的方向。这种持续学习的意识不仅能够增强教师的职业竞争力，也为他们在未来的职业发展中提供了更多的选择和机会。

随着融合教育实践的深入，教师面对的幼儿群体日益多样化，教育对象不仅包括普通幼儿，还涵盖了有特殊需求的儿童。要有效应对这些多元化的教育需求，教师需要具备更为广泛的知识储备和更为精细的教学技巧。因此，教师应当通过持续学习，深入了解特殊教育理论和相关的教学策略，以便为有特殊需求的幼儿提供更为个性化和精细化的教育支持。通过学习和实践，教师能够逐步掌握如何在同一课堂中兼顾普通幼儿和特殊需求幼儿的学习需求，创造出真正包容的教育环境。教师的持续学习不仅仅限于知识的积累，还包括对教育理念的更新与转变。随着社会的进步和教育观念的变革，教师应当时刻反思并调整自己的教育理念，以适应新时代的教育需求。比如，传统的教师主导型教学正在逐步向以幼儿为中心的教学模式转变，教师应当通过学习新的教育理论和实践，更新自己的教学理念，转变角色，成为幼儿学习的引导者和支持者，而非单纯的知识传授者。这种教育理念的更新，不仅能够提升教师的教学效果，也为幼儿的全面发展创造了更为广阔的空间。

第二节　幼儿园教师专业知识与融合教育素养

一、儿童发展与教育理论知识

（一）认知发展理论的应用

幼儿园教师必须了解幼儿在认知发展方面的规律与阶段性特点，这对制定适宜的教学目标和内容至关重要。皮亚杰的认知发展理论为教师提供了重要的参考，他将儿童的认知发展分为四个阶段，幼儿园阶段主要集中在前运算阶段。在这一阶段，幼儿的思维以自我为中心，具象思维占主导地位。教师应依据这一特点，设计具体的、形象的教学活动，帮助幼儿理解抽象概念。通过这种理论的应用，教师能够更好地理解幼儿的认知特点，设计符合其发展阶段的学习活动。

（二）情感与社交发展的关注

幼儿在情感和社交方面的发展对其心理健康和未来社会适应力有着深远影响。教师需要掌握幼儿在这一阶段的情感需求和社交行为规律。根据艾里克森的心理社会发展理论，幼儿在这个阶段面临的主要任务是获得自主感和克服羞怯感。教师应通过情感支持和建立安全的学习环境，帮助幼儿培养自信心和独立性。与此同时，教师还需要引导幼儿在社交互动中学习如何与同伴相处，理解分享、合作等社会规则。这不仅有助于幼儿的社交能力发展，也为他们的情感调节和表达奠定了基础。

（三）最近发展区的引导作用

维果茨基的最近发展区理论强调教师在幼儿学习中的引导作用。教师需要具备敏锐的观察能力，识别幼儿在学习过程中表现出的潜在能力与当前发展水平之间的差距。通过提供适度的支持与引导（即脚手架），教师能够帮助幼儿在最近发展区内取得进步。具体来说，教师可以通过提问、引导活动和提供额外的资源来帮助幼儿克服学习中的困难，促进其独立思考与探索。这种基于理论的引导方式能够有效推动幼儿的认知发展，增强他们的学习动机和自主学习能力。

（三）身体发展与精细运动技能的促进

幼儿园阶段是幼儿身体发展和精细运动技能形成的关键时期，教师需要根据幼儿的身体发展规律设计相关活动。通过身体发展理论，教师可以了解幼儿在不同年龄段的运动能力、身体协调性以及精细动作的发展特点。比如，四五岁的幼儿正处于精细运动技能发展的高峰期，教师可以通过剪纸、绘画、搭积木等活动，促进他们手眼协调能力的发展。同时，教师还应鼓励幼儿参与户外活动，提升其大肌肉群的运动能力，从而实现身心全面发展。

二、特殊教育知识与评估能力

（一）识别特殊需求儿童的能力

教师首先需要具备识别有特殊需求儿童的能力。这包括对各种特殊需求的了解，如自闭症、注意力缺陷多动障碍（ADHD）、学习障碍等。教师应能够通过观察、交流和评估工具识别幼儿的特殊需求。例如，教师可以通过观察儿童在社交互动、情感表达和学习参与等方面的表现，判断其是否存在潜在的特殊需求。掌握这些识别技能不仅有助于教师及时提供支持，也为后续的个别化教育计划（IEP）的制定奠定基础。

（二）特殊教育理论的掌握

教师应深入了解特殊教育的基本理论，包括个体差异理论、可及性理论等。这些理论为教师理解儿童的学习方式与需求提供了框架。通过掌握特殊教育理论，教师能够更好地理解不同类型特殊需求儿童的特点，并为他们提供合适的支持。例如，教师可以根据个体差异理论调整教学策略，为不同能力水平的儿童设计多样化的学习活动。这种理论基础将有助于教师在实际教学中更有效地满足每个儿童的需求。

（三）制定个别化教育计划（IEP）的能力

教师在识别特殊需求儿童后，需具备制定个别化教育计划（IEP）的能力。IEP 是为特殊需求儿童量身定制的教育方案，涵盖了他们的学习目标、支持服务和评估方法。教师应能够与其他专业人员（如特殊教育教师、心理学家）及家长共同参与 IEP 的制定过程。通过这种协作，教师能够确保 IEP 的内容既符合儿童的实际需求，又具备可操作性，帮助儿童在学习中取得最佳效果。

（四）评估与反馈能力

在实施个别化教育计划后，教师还需要具备评估特殊需求儿童进展的能力。评估不仅包括对儿童学业成绩的测量，还应涵盖社交技能、情感发展等多个方面。教师应定期进行观察与评估，收集有关儿童发展的数据，以判断 IEP 的有效性。根据评估结果，教师应及时调整教学策略与支持措施，以确保每个儿童都能在最适合自己的环境中学习和成长。有效的评估与反馈机制能够帮助教师跟踪儿童的进步，为家长和专业团队提供科学的决策依据。

三、多元化的教学方法与策略

（一）游戏化教学的运用

游戏化教学是一种通过游戏活动来促进学习的有效方法，尤其适用于幼儿园的融合教育。教师可以设计各种有趣的游戏，让孩子们在参与游戏的过程中自然地学习新知识和技能。例如，通过角色扮演、模拟活动或团队竞赛，教师可以让幼儿在轻松愉快的氛围中学习社交技巧、合作精神和解决问题的能力。游戏化教学不仅能够提升幼儿的学习兴趣，还能促进不同能力水平的孩子在同一活动中共同参与，增强他们的自信心和社交能力。

（二）情境教学的实施

情境教学强调在真实或模拟的情境中进行学习，这对于幼儿的理解和知识应用尤为重要。教师可以利用日常生活中的场景，如超市购物、家庭活动等，设计与之相关的教学活动，帮助幼儿将所学知识与实际生活联系起来。通过情境教学，幼儿能够在真实的情境中运用所学内容，从而加深对知识的理解和记忆。此外，情境教学还可以为特殊需求儿童提供更多的支持，教师可以根据他们的兴趣和需求设计适宜的情境，帮助他们更好地参与学习。

（三）合作学习的推广

合作学习是融合教育中另一种重要的教学策略，它强调通过小组合作的方式来促进学习。教师可以将班级中的幼儿分成小组，鼓励他们共同解决问题、完成任务。幼儿不仅可以在小组中互相学习，分享彼此的观点和经验，还能增强社交技能和团队协作能力。合作学习为他们提供了一个安全的环境，使他们能够在同伴的支持下逐步提升自信心和学习能力。此外，教师在小组活动中可以采取灵活的角色分配，确保每个孩子都有参与的机会和发挥的空间。

（四）差异化教学策略的灵活运用

教师在融合教育中需灵活运用差异化教学策略，以适应不同幼儿的学习风格和需求。这包括根据幼儿的兴趣、能力和学习节奏调整教学内容和方法。教师可以通过多种形式的教材、不同的教学活动以及灵活的评估方式，确保所有幼儿都能在自己的水平上获得学习体验。例如，教师可以提供丰富的视觉材料；对于听觉学习者，则可以采用歌曲、故事等方式进行教学。通过这种灵活的差异化教学，教师能够有效满足每个幼儿的学习需求，促进他们在多元化的学习环境中获得全面发展。

四、 情感支持与社会责任感

（一）情感支持的重要性

教师应关注每个孩子的情感发展，尤其是那些有特殊需求的儿童。通过倾听、理解和积极反馈，教师可以帮助幼儿感受到被关爱和尊重的安全感。例如，教师可以通过与幼儿进行一对一的沟通，了解他们的情绪变化，并给予适当的鼓励和支持。这种情感支持不仅能帮助幼儿建立自信，还能为他们的社交和情感发展提供坚实的基础，使他们在学习中更加积极主动。

（二）创造包容的教育环境

教师应致力于创造一个包容和关爱的教育环境，以帮助所有幼儿感受到归属感。在这样一个环境中，孩子们能够自由地表达自己，探索多样性。教师可以通过设置富有包容性的课堂规则，鼓励孩子们互相尊重和理解。同时，教师还应积极引入多元文化教育，通过故事、活动和讨论，帮助幼儿认识和接纳不同的文化和背景。这种包容的环境不仅能够促进幼儿之间的友谊与合作，还能为特殊需求儿童提供一个安全的学习空间，使他们更容易融入集体。

（三）培养社会责任感

教师在融合教育中还需肩负起培养幼儿社会责任感的任务。通过教育活动，教师可以帮助幼儿认识到每个人都应对他人和社会负责。例如，教师可以组织有关环保、关爱弱势群体等主题的活动，让幼儿参与实际的社会服务项目。通过这些实践，幼儿能够更好地理解社会责任的重要性，培养关心他人和服务社会的意识。这种责任感不仅促进了幼儿的社会性发展，也为他们今后在社会中积极参与和贡献奠定了基础。

（四）树立尊重与包容的价值观

教师需要通过言传身教，帮助幼儿树立尊重他人、包容多样性的价值观。教师应积极引导幼儿讨论与分享不同的观点和文化，鼓励他们欣赏和尊重他人的差异。通过角色扮演、合作活动等方式，教师可以让孩子们体验不同角色的感受，从而增进他们的同理心。这种尊重与包容的教育不仅能提升幼儿的社交能力，还能为他们将来的学习和生活创造一个和谐的氛围，让他们在多元社会中自信地成长。

五、沟通协调与团队合作能力

（一）与家长的有效沟通

幼儿园教师需要与家长保持密切沟通，了解每个幼儿的家庭背景、个体需求及发展情况。通过定期的家访、电话沟通或家长会，教师可以建立起与家长的信任关系，从而获取更多关于孩子的信息。这种沟通不仅有助于教师调整教学策略，还能为家长提供针对性指导与支持，帮助他们在家庭教育中与学校教育形成合力。良好的家校合作能确保教师和家长共同关注孩子的成长，提升教育的有效性。

（二）跨专业团队合作

教师需与学校心理学家、特殊教育教师及其他专业人员进行紧密合作。这种跨专业的团队合作使教师能够获得多方专业支持，共同为特殊需求儿童提供更全面的帮助。例如，心理学家可以提供关于儿童情感与心理发展的专业建议，特殊教育教师则可以分享他们在教学方法和策略上的经验。教师能够更好地制定和实施个别化教育计划（IEP），确保特殊需求儿童在学习中获得必要的支持。

（三）制定科学的教育计划

有效沟通与团队合作为教师制定科学的教育计划提供了基础。通过与团队成员的讨论与交流，教师能够更全面地了解特殊需求儿童的个体差异，从而制定出适合他们的教学目标和策略。这种科学的教育计划应考虑到儿童的兴趣、能力和发展需求，确保每个孩子都能在适合自己的学习环境中获得充分的支持。通过跨专业合作，教师能够整合不同领域的知识和经验，为特殊需求儿童提供个性化的教育服务。

（四）建立良好的合作氛围

教师在团队合作中应努力建立良好的合作氛围，促进开放、包容和相互尊重的交流环境。教师需要主动分享自己的观察和经验，欢迎其他团队成员提出建议与反馈。这种良好的合作氛围能够提高团队的凝聚力，增强成员之间的信任与协作，确保为特殊需求儿童提供一致而有效的支持。定期的团队会议与反思活动有助于促进交流，确保团队成员在教育计划的实施过程中保持一致，共同为每个孩子的成长与发展而努力。

六、 持续学习与专业发展意识

（一）关注新理论与新技术

随着教育领域的不断发展，新的教育理论和技术层出不穷。教师需要具备敏锐的观察力，及时关注这些新动态，以便为自己的教学实践引入新的思路和方法。通过阅读教育相关的书籍、期刊以及参加专业研讨会，教师能够获得最新的教育理念和教学技术。特别是在融合教育中，新技术如数字化工具和在线学习平台的应用，可以显著提高教学的有效性和互动性。教师只有不断更新自己的知识，才能在教学中更好地满足不同幼儿的需求。

（二）定期参加培训与学习

教师应定期参加专业培训，以不断提升自己的教学能力和专业素养。这些培训不仅包括对教学技巧的提升，还应涵盖特殊教育、心理健康、儿童发展等相关领域的知识。通过参加培训，教师可以与同行分享经验，了解不同的教学方法与策略，从而丰富自己的教育视野。此外，培训还提供了实践机会，教师可以在实际教学中尝试新学到的技能，并在此过程中获得反馈与指导，这对他们的职业发展至关重要。

（三）反思与改进教学策略

持续学习不仅体现在对新知识的获取上，更在于教师对自身教学实践的反思与改进。教师应定期评估自己的教学方法与效果，通过观察幼儿的反应、学习成果以及反馈，识别出教学中的不足之处。通过反思，教师能够发现哪些策略有效，哪些需要调整，从而制定出更加科学的教学方案。这种持续的反思与改进能够帮助教师在实际教学中更好地应对挑战，提升教学质量，确保每个孩子都能在适合自己的环境中学习和成长。

（四）建立个人学习网络

教师在持续学习的过程中，建立个人学习网络也是非常重要的。通过与同行、教育专家和学术界人士建立联系，教师可以获得更多的学习资源和支持。这种学习网络不仅为教师提供了获取信息和交流经验的平台，还可以成为他们反思与成长的助力。教师可以通过在线社区、社交媒体和专业组织，参与讨论与分享，保持对教育领域新动态的敏感。这种积极的学习态度能够激励教师不断进步，并为他们在职业发展中创造更多的机会。

第三节　社会情感素养与融合教育的关联

一、情感支持与儿童心理健康

（一）建立安全感与归属感

教师的情感支持是儿童建立安全感和归属感的关键因素。特别是对有特殊需求的儿童来说，他们在学校环境中可能会面临更多的挑战和压力。教师通过积极的情感互动，如关注、鼓励和理解，能够有效缓解儿童的焦虑情绪。当孩子感受到来自教师的关爱与支持时，他们更容易相信自己在课堂上的价值，从而产生更强的归属感。这种安全感使儿童更愿意参与学习活动，积极表达自己的想法和感受，进而推动心理健康的发展。

（二）促进自信心与自我效能感

教师的情感支持还能够增强儿童的自信心和自我效能感。通过给予及时的积极反馈和鼓励，教师能够帮助儿童认识到自己的潜力与能力，特别是在面临困难或挫折时。对特殊需求儿童而言，教师的认可与支持尤为重要，因为这些孩子往往在自我评价上存在不确定感。教师通过提供积极的情感反馈，能够激励孩子们勇于尝试、克服困难，从而建立起积极的自我形象和自信心，这对他们的心理健康至关重要。

（三）改善情绪调节与社交技能

教师的情感支持还能够帮助儿童改善情绪调节能力和社交技能。教师不仅要关注学术成就，还要帮助儿童学习如何管理自己的情绪。教师通过引导儿童识别和表达自己的情感，教会他们如何应对负面情绪，如焦虑、沮丧等。这种情感教育能够提升儿童的情绪调节能力，同时也促进他们与同伴之间的社交互动。当儿童能够更好地理解和表达自己的情感时，他们在社交场合中的表现也会更加自信，从而建立良好的人际关系。

二、 增强师生信任关系

（一）敏感的情感洞察力

教师的社会情感素养使其能够敏锐地感知幼儿的情感状态，识别他们的需求和情绪反应。当教师能够及时发现儿童的不安、焦虑或快乐时，他们可以采取适当的措施进行回应。例如，当教师注意到某个孩子在课堂上显得沉默或退缩时，可以通过询问或鼓励的方式，让孩子感受到关心与理解。这种敏感的情感洞察力能够增强儿童对教师的信任，使他们在学习过程中更加安心和自在。

（二）建立积极的互动模式

教师通过积极互动与反馈，能够有效地增强师生之间的信任关系。教师在课堂中应积极使用正面语言，给予孩子们及时的鼓励和支持，这样不仅能够提升儿童的自信心，还能让他们感受到被重视和认可。此外，教师还应鼓励孩子们表达自己的想法和感受，通过互动让每个孩子都参与到课堂中来。当儿童在这样的环境中感受到尊重和理解时，他们与教师之间的信任关系自然会得到加强。

（三）创造安全的学习环境

建立信任关系的关键在于创造一个安全和包容的学习环境。教师应致力于营造一个让所有孩子都能自由表达自己的空间，特别是对有特殊需求的儿童。通过实施有效的课堂管理策略，如积极的行为引导和小组合作活动，教师能够让儿童在集体中感受到支持与安全。当孩子们意识到他们的情感和需求在课堂上受到重视时，信任关系将得到进一步加深。这种信任关系不仅有助于提升儿童的学习动机，还能促进他们的社会适应能力，帮助他们更好地融入集体。

三、促进社交能力的发展

（一）示范积极的情感表达

教师的情感智力使其能够成为幼儿社交技能的榜样。通过自己的情感表达和互动方式，教师可以向儿童展示如何正确地表达情感与建立关系。例如，当教师用微笑、眼神接触和温暖的语言与儿童互动时，孩子们会感受到关心和支持。这种积极的情感示范能够帮助幼儿理解如何与同伴进行有效沟通，从而培养他们的社交能力。通过观察和模仿，儿童能够学习到适当的情感表达方式，增强与他人互动的自信心。

（二）设计互动式合作活动

教师可以通过设计合作游戏和小组活动来促进儿童的社交技能。在这些活动中，儿童需要互相合作、沟通和分享，以达成共同目标。例如，教师可以组织团队游戏、角色扮演或项目合作，让孩子们在实践中体验团队合作的重要性。在这种互动式的环境中，儿童不仅能够学会如何倾听他人的意见，还能在解决问题的过程中培养共同合作的精神。这对所有儿童，特别是特殊需求儿童而言，有助于他们更好地适应社交环境。

（三）提供反馈与引导

教师在促进儿童社交能力发展中，提供及时的反馈与引导也是至关重要的。教师应观察儿童在社交互动中的表现，并根据情况给予具体的建议与支持。例如，当儿童在互动中出现冲突时，教师可以介入并引导他们通过沟通解决问题，帮助他们理解彼此的感受与需求。同时，教师也可以在活动结束后与儿童讨论他们的体验，让他们反思自己的社交行为及其影响。这样的反馈与引导，不仅能够帮助儿童提升社交技能，也能增强他们对社交行为的理解和调整能力。

四、 提高课堂管理与教学效果

（一）建立良好的师生关系

教师的社会情感素养使其能够与幼儿建立积极的关系。当教师在情感上与幼儿建立良好的联系时，幼儿通常会感到更加安全和受尊重。这种良好的关系可以增强幼儿的参与感和积极性，促使他们更主动地参与课堂活动。特别是对有特殊需求的儿童而言，良好的师生关系能够降低他们的焦虑感，帮助他们更好地融入课堂环境，从而提高学习动机和课堂参与度。

（二）营造积极的课堂氛围

教师通过情感支持和积极互动能够营造出一个良好的课堂氛围。这种氛围不仅能提高幼儿的学习兴趣，还能够减少课堂中的冲突与不和谐。当儿童在一个充满支持与鼓励的环境中学习时，他们更容易感到自在，从而专注于学习内容。教师可以通过使用正向反馈、鼓励言语和适当的幽默，来维持课堂的积极性，促进所有儿童在愉快的氛围中共同学习。

（三）有效的课堂管理策略

当教师能够理解和应对幼儿的情感需求时，他们更能有效地管理课堂行为。例如，教师可以通过设定明确的课堂规则和期望，同时结合情感支持来引导幼儿的行为。在遇到行为问题时，教师可以采用积极的引导方式，而不是惩罚，从而维护课堂秩序。这种情感驱动的管理方式有助于创造一个更加和谐的学习环境，进而提升教学效果。

五、 促进团队合作与专业发展

（一）建立有效的沟通渠道

教师的情感素养有助于建立与其他教育工作者和家长之间的有效沟通渠道。当教师具备良好的情感智力时，他们能够以开放和包容的态度倾听他人的观点与建议。这种良好的沟通不仅促进了信息的流通，还增强了各方的信任感。教师可以通过定期的会议、家长沟通和团队讨论，确保每个参与者都能分享对特殊需求儿童的观察和建议，从而为制定个别化教育计划（IEP）提供丰富的依据和支持。

（二）促进跨专业合作

教师的情感素养使他们能够与心理学家、特殊教育教师及其他专业人员建立良好的合作关系。在这种合作中，教师不仅能分享自己在日常教学中的观察，还能倾听专家的建议和指导。通过这种跨专业的协作，团队成员能够共同分析特殊需求儿童的情况，制定出更为科学和有效的教育计划，确保这些儿童在学习中获得全面的支持。

（三）推动持续的专业发展

通过与同事和专家的合作，教师能够获取新的知识和技能，从而不断提升自己的专业素养。这种合作关系可以通过观摩教学、分享经验和共同参与培训来实现。教师在合作中不仅能学习到其他专业人士的有效策略，还能反思自己的教学实践，进一步改进教育方法。这种持续的学习和成长，不仅能提升教师自身的专业能力，也能为团队合作和特殊需求儿童的教育提供更坚实的基础。

六、培养尊重与包容的价值观

（一）树立良好的榜样

教师的社会情感素养使其在日常教学中能够成为儿童的榜样。当教师以尊重和包容的态度对待每个孩子时，他们不仅传达了对个体差异的认可，还为儿童树立了良好的行为示范。通过教师的言行，儿童能够感受到尊重与包容的重要性，从而在潜移默化中学习如何对待他人。教师在与不同背景的儿童互动时展现出的关心与理解，将激励幼儿在自己的交往中也以同样的态度去对待他人，培养出健康的人际关系。

（二）实施多元文化教育

教师通过多元文化教育的实施，能够帮助幼儿认识和接纳不同的个体差异。这种教育不仅仅是传授知识，更是通过各种活动让儿童体验不同文化的魅力。例如，教师可以通过介绍不同国家的传统、节日和习俗，组织文化主题活动，让儿童参与到多样化的学习中。通过这些体验，儿童能够更深刻地理解和尊重他人的文化背景，增强包容心态，培养对多样性和差异性的欣赏与接纳。

（三）情感引导与讨论

教师的情感引导和有意识讨论在培养尊重与包容的价值观中同样至关重要。教师应在课堂上鼓励儿童表达自己的观点与感受，创造一个开放的讨论环境。在讨论中，教师可以引导幼儿分享自己的文化背景与经历，促进他们对彼此差异的理解。在面对冲突或误解时，教师应积极介入，引导儿童通过对话解决问题，帮助他们学会理解他人、倾听不同的声音。这种情感引导与讨论不仅促进了儿童的社交技能，也加深了他们对尊重与包容的理解。

第四节　融合教育素养与职业伦理

一、 尊重个体差异的职业伦理

教师在融合教育中应尊重每个儿童的个体差异，这不仅是专业素养的体现，也是职业伦理的重要组成部分。教师需要意识到每个孩子的独特性，特别是有特殊需求的儿童。通过尊重儿童的个体背景和需求，教师能够在教学中采取更具包容性的策略，为所有孩子创造平等的学习机会。这种尊重和包容的态度反映了教师的职业道德，确保每个儿童都能在安全和支持的环境中成长。

二、 公平与公正的教育实践

职业伦理要求教师在教育实践中坚持公平与公正的原则。教师需确保所有儿童在课堂上都能获得同等的关注和支持。教师应积极评估和调整教学方法，以满足不同儿童的学习需求，确保他们在学习过程中享有公平的机会。这种对公平教育的承诺不仅有助于特殊需求儿童的成长，也能为普通儿童树立良好的榜样，培养他们对公平与正义的认识。

三、 持续专业发展与伦理责任

教师的职业伦理还包括对自身专业发展的责任。在融合教育的背景下，教师应不断提升自己的专业素养，以应对日益变化的教育需求。这意味着教师需要主动参与培训和学习，不断更新知识和技能，以提高自身在融合教育中的实践能力。这种对专业发展的承诺不仅体现了教师对职业的责任感，也反映了他们对儿童教育质量的重视，确保能够为每个孩子提供最优质的教育服务。

四、 积极沟通与团队合作的伦理规范

教师在融合教育中需要与家长、其他教育工作者和专业人员保持积极沟通与合作。这种团队合作的伦理规范要求教师尊重各方意见，共同为特殊需求儿童的成长与发展提供支持。在沟通中，教师应以开放的态度倾听他人的建议与反馈，确保教育决策的透明和协作。通过建立良好的沟通机制，教师能够形成一个支持网络，为儿童的全面发展创造更有利的条件。

五、 维护儿童权益的伦理责任

教师在融合教育中肩负着维护儿童权益的伦理责任。特别是在涉及有特殊需求的儿童时，教师需要积极满足他们的需求，确保他们在教育过程中的权益得到充分保障。这包括关注儿童的心理健康、教育资源的获取以及他们在学习中的参与度。教师应努力为每个儿童争取必要的支持和服务，确保他们的声音被听到，权益得到维护。

六、 促进社会责任感与伦理价值观

教师的职业伦理还包括培养儿童的社会责任感。教师应通过自己的言行示范，向儿童传递尊重、包容和合作的价值观。教师可以通过组织社会服务活动或主题讨论，引导儿童认识到自己在社会中的角色与责任，培养他们对他人及社会

的关怀。这种责任感的培养，不仅有助于儿童的个人发展，也为构建更加和谐的社会奠定基础。

第三章　幼儿园融合教育实践中的挑战与对策

第一节　幼儿园教师在融合教育中的常见困难

一、个体差异的挑战

（一）理解与评估个体差异的复杂性

教师在融合教育中首先面临的挑战是如何有效理解和评估每个儿童的个体差异。这不仅包括对儿童认知、情感、社交和身体发展的了解，还需掌握儿童的兴趣和学习风格。然而，儿童的需求是多维度的，且可能会随时间变化。教师需要不断观察和评估，才能全面把握每个孩子的独特性。这一过程复杂且耗时，尤其在班级人数较多的情况下，教师可能难以做到全面而深入评估。

（二）教学策略的调整与适应

面对个体差异，教师需要根据每个儿童的能力和需求调整教学策略。这意味着教师必须具备多样化的教学方法和灵活应变的能力。然而，设计和实施适合不同幼儿的教学活动是一项挑战，教师可能会感到不知从何入手。特别是在同时面对普通儿童和特殊需求儿童时，如何平衡课程内容的难度、教学节奏和活动的适宜性，往往令教师感到压力和困惑。

（三）时间与资源的限制

在大班制的环境中，教师需要同时关注多个儿童的需求，这对时间和资源的管理提出了更高的要求。个体化关注需要教师投入更多的时间和精力，而在实际教学中，时间通常是有限的。教师可能无法在有限的时间内给予每个孩子所需的关注和支持，尤其是当特殊需求儿童在课堂上需要更多的帮助时，这种资源的缺乏可能使教师感到力不从心，影响他们的教学效果。

（四）情感负担与职业倦怠

长期应对个体差异带来的挑战，教师可能会感受到较大的情感负担。教师希望每个孩子都能在学习中取得进步，但当个别儿童的需求无法得到充分满足时，教师可能会产生挫败感和自责。这种情感负担加之工作压力，可能导致职业倦怠感的增加。教师在面对多样化的幼儿群体时，若缺乏必要的支持与培训，容易对其职业发展和心理健康产生负面影响。

二、 资源与支持的不足

（一）专业人员支持的缺乏

幼儿园通常缺乏专业人员的支持，如特殊教育教师、心理咨询师和言语治疗师等。这些专业人员的缺乏意味着教师在面对特殊需求儿童时，无法获得必要的指导和建议。教师在处理复杂的教育和心理问题时，可能会感到孤立无援，无法有效应对儿童的个体需求。这种缺乏专业支持的环境可能导致教师在实施融合教育时感到无从下手，降低了教学质量和儿童的学习体验。

（二）适合的教材和教学资源不足

教师需要为不同能力的儿童提供适宜的教材和教学资源。然而，很多幼儿园在这方面的资源匮乏，往往缺少针对特殊需求儿童的专用教材和教具。这使得教师无法根据儿童的个体需求设计有效的教学活动，限制了他们的教学灵活性与创新性。此外，缺乏丰富的教学资源也会影响教师的课堂活动设计，使得教学内容无法充分吸引儿童的兴趣，进而影响学习效果。

（三）培训与专业发展机会的不足

许多幼儿园缺乏针对教师的专业培训和发展机会，特别是在特殊教育和融合教育领域。教师需要定期接受培训，以提升他们在教学方法、课堂管理和情感支持等方面的能力。然而，缺乏系统的培训和发展计划，使教师难以掌握实施融合教育所需的专业知识和技能。这种不足不仅影响教师的专业成长，也使他们在面对特殊需求儿童时感到无力和不自信。

（四）情感支持和同伴支持的缺乏

在资源不足的环境中，教师往往缺乏情感支持和同伴之间的协作。在日常教学中，教师可能面临孤独和压力，尤其是在处理特殊需求儿童的挑战时，缺少来自同事的理解和支持。这种缺乏同伴支持的环境可能导致教师产生职业倦怠感，影响其教学积极性和职业满意度。因此，建立一个相互支持的团队环境对教师的职业发展和心理健康至关重要。

三、 时间管理与教学压力

（一）多重角色的平衡

教师不仅是知识的传授者，还需担任课堂管理者、评估者和家长沟通者等多重角色。这种角色的多样性使得教师面临巨大的时间管理挑战。教师需要同时关注不同儿童的需求，设计个性化的教学活动，确保每个孩子都能参与到学习中。然而，时间的有限性使得教师在完成这些任务时常常感到力不从心，难以有效组织和安排教学内容，导致教学效果受到影响。

（二）课堂管理与教学活动的设计

教师在课堂管理和教学活动设计中常常需要耗费大量时间和精力。有效的课堂管理要求教师时刻关注幼儿的行为和情绪，这需要快速反应和灵活应对。同时，教师还需设计适合不同能力水平儿童的活动，以满足他们的学习需求。这种双重压力使得教师在课堂上必须快速转换角色，可能导致疲惫和焦虑，进而影响教学质量。

（三）评估与反馈的挑战

教师在实施融合教育时还需进行对幼儿学习成果的评估与反馈。评估不仅是对幼儿学习效果的检测，还涉及如何根据评估结果调整教学策略。这一过程需要教师花费大量时间进行数据分析和个别反馈，时间往往不够充裕。缺乏及时有效的评估与反馈机制可能使教师无法准确把握幼儿的学习进展，影响教育的针对性和有效性。

（四）外部压力的影响

除了内部时间管理的压力，教师还常常面临来自外部的压力，如家长的期望、学校的要求以及教育政策的变化。这些外部因素会加重教师的心理负担，尤其是在处理特殊需求儿童时，家长对教育结果的期待可能使教师感到额外的压力。此外，教育政策的变化可能要求教师不断调整教学方法和内容，增加了教师的适应难度和压力。长期的心理负担可能导致教师的职业倦怠感，影响他们的工作积极性和教学质量。

四、 专业培训与知识更新的缺乏

（一）培训机会的匮乏

尽管融合教育在教育改革中备受重视，许多幼儿园教师仍然面临专业培训机会不足的问题。这些培训往往缺乏系统性和连贯性，无法为教师提供全面的专业知识和技能。教师可能只在特定的时间接受零散的培训，而没有持续的学习平台。这种情况使得教师难以获得必要的支持，导致他们在面对特殊需求儿童时感到无从应对。

（二）缺乏针对性的专业知识

教师在特殊教育、情感支持和差异化教学等方面的专业知识往往不足，限制了他们在课堂上的有效实施。许多教师可能未能掌握最新的教育理论与实践，缺乏针对特定儿童需求的教学方法和策略。这使得教师在实际教学中无法根据儿童的个体差异进行有效调整，影响了融合教育的实施效果。特别是在处理有特殊需求儿童的情况时，教师的知识匮乏可能导致他们感到无力和沮丧。

（三）职业发展路径的不明确

教师的职业发展路径往往缺乏明确的指引，导致他们在持续学习和专业成长方面面临困惑。许多教师在职业生涯中未能得到充分支持和指导，缺乏进一步发展的机会和资源。教师可能对如何提升自己的专业素养、获取新知识感到不知所措，进而影响他们的职业满意度和工作积极性。清晰的职业发展路径和培训支持是教师成长的关键。

（四）应对新挑战的能力不足

面对快速变化的教育环境和日益增加的教学要求，教师缺乏持续的专业培训使他们在应对新挑战时显得力不从心。新的教育政策、技术和教学理念的出现要求教师不断适应和更新知识，但缺乏系统的培训与支持，使得许多教师难以跟上教育改革的步伐。这种适应能力的不足不仅影响了教师的职业发展，也可能对儿童的学习效果和体验产生消极影响。

五、家校合作的困难

（一）家长认知的不足

很多家长对特殊需求儿童的教育缺乏足够的认识和理解，可能对教师的教育策略和方法产生误解。一些家长可能未能意识到融合教育的理念和目的，认为教师对孩子的关注和支持不够。这种认知不足会导致家长对教师的教育方法产生不满或质疑，从而影响家校之间的信任和合作。教师需要花费额外的时间和精力去向家长解释融合教育的重要性和实际操作，这增加了教师的沟通负担。

（二）信息沟通的障碍

教师与家长之间的信息沟通可能存在障碍，影响双方对儿童发展的共同理解。部分家长可能因为工作繁忙、时间有限而无法参与学校的活动和会议，导致信息获取不及时。而教师在与家长沟通时，可能因为语言表达或文化差异等问题，未能有效传达儿童在学校的表现和需求。这种信息沟通的障碍使得双方难以建立有效的合作关系，限制了对儿童发展的支持。

（三）期望与现实的差距

家长的期望与学校教育的实际情况之间可能存在差距，导致家校合作的困难。部分家长可能对儿童的学习成果抱有过高的期望，而教师在实施融合教育时则需要考虑儿童的个体差异和发展进程。这种期望的落差可能导致家长对教师的不满和不信任，影响双方的沟通与合作。教师需要与家长进行有效沟通，帮助他们了解儿童的学习过程和发展阶段，以达到共同的理解。

（四）缺乏系统的合作机制

家校合作的有效性往往依赖于学校和家庭之间建立系统的合作机制。然而，在许多幼儿园中，缺乏明确的家校合作流程和沟通渠道，导致合作的随意性和不稳定性。教师可能缺乏培训和指导，无法有效开展家校合作活动，而家长也可能因缺乏信息而无法积极参与。这种缺乏系统性的合作机制使得良好的家校关系难以建立，制约了儿童在家庭和学校环境中的成长与发展。

六、 情感支持与心理压力的缺乏

（一）情感支持系统的缺失

教师在融合教育中常常感到情感支持不足，尤其是在面对特殊需求儿童的挑战时。许多教师在工作中缺乏来自同事、学校管理层或专业机构的情感支持。面对复杂的教学任务和情感需求，教师需要一个支持系统来分享经验、获取建议和情感上的理解。然而，缺乏这样的支持，教师可能会感到孤立无援，增加了心理负担，影响他们的教学热情和专业发展。

（二）心理压力的累积

教师的工作性质使他们经常承受较大的心理压力，尤其是在融合教育环境中，教师需要兼顾不同儿童的需求。面对多重责任，如课堂管理、评估幼儿表现和与家长沟通等，教师可能会感到焦虑和疲惫。当情感支持缺乏时，这种压力更容易累积，导致教师在处理日常教学时感到力不从心，影响其决策和教学质量。

（三）职业倦怠感的增加

长期的情感负担和缺乏支持会导致教师产生职业倦怠感。倦怠感通常表现为对工作的厌倦、对幼儿的冷漠以及对教学效果的失去信心。特别是在处理特殊需求儿童时，教师的情感投入往往更加巨大，若得不到及时的支持与反馈，他们可能会对自身的教学能力产生怀疑，从而形成恶性循环。这种倦怠感不仅影响教师的心理健康，还可能导致离职率的上升，影响教育质量。

（四）对教学效果的负面影响

教师缺乏情感支持和心理上的压力将直接影响其教学效果。当教师感到疲惫和焦虑时，他们的注意力、创造力和教学热情都会下降。在融合教育中，教师需要积极调动幼儿的参与感和积极性，而心理压力过大的教师可能无法做到这一点。这不仅影响特殊需求儿童的学习体验，还可能对全班幼儿的学习氛围造成消极影响，限制了他们在课堂中的发展。

第二节　融合教育中的家园共育问题

一、　家长参与度不足

家园共育的成功离不开家长的积极参与，但现实中，许多幼儿园发现家长的参与度往往不足。家长的工作繁忙是导致参与度低的一个主要原因。许多家长在忙碌的工作和家庭生活中难以抽出时间来参加学校活动，或无法定期与教师沟通。这种时间上的紧张使得他们在教育孩子方面的投入大打折扣，难以充分了解孩子在学校的学习和发展情况。缺乏对孩子在校表现的了解，使得家长在支持孩子学习时常感到无从着手，进一步降低了他们的参与积极性。家长对学校教育的认知不足也在一定程度上影响了他们的参与度。一些家长可能对幼儿园的教学内容、目标和教育方法缺乏了解，尤其是对于特殊需求儿童的融合教育，他们可能没有意识到自身参与的重要性。由于对教育方式和理念的缺乏认识，家长可能不清楚自己在孩子教育中的角色，从而导致他们对参与教育活动的兴趣和主动性降低。这种认知上的不足，需要通过有效沟通和教育宣传来提升家长对学校教育的理解与重视。

教师可以通过定期举办家长会、工作坊或亲子活动，向家长介绍幼儿园的教育理念和融合教育的重要性。这些活动不仅为家长提供了了解孩子在校表现的机会，还可以让他们认识到自身参与的必要性和价值。当家长看到自己的参与能够对孩子的学习与发展产生积极影响时，他们的参与意识自然会增强，从而更积极地支持孩子的教育。此外，教师在与家长的沟通中，应尽量使用通俗易懂的语言，避免专业术语，帮助家长更好地理解融合教育的理念。通过分享成功案例和具体的教学活动，教师可以使家长感受到学校教育的具体效果，从而激发他们的参与热情。有效的沟通方式可以建立起教师与家长之间的信任关系，让家长更加愿意参与到孩子的学习和发展中。教师可以提供有关儿童发展的资料、书籍和资源，帮助家长更好地理解孩子的成长需求。通过举办教育讲座、培训课程，教师能够为家长提供实用的育儿知识和技能。这不仅能提高家长的教育素养，也能增强他们在孩子教育过程中的信心，从而促使他们更加积极地参与到家园共育中。

二、 沟通渠道不畅

有效的家园共育离不开良好的沟通渠道，然而许多幼儿园在这方面面临着诸多困难。教师与家长之间的信息沟通方式往往单一，主要依赖于面对面的交流或偶尔的电话联系。这种单一的沟通方式在日常教学中很难满足双方的需求。特别是对于工作繁忙的家长而言，他们可能很难抽出时间参加家长会或面对面的交流，导致沟通的频率和有效性都受到限制。因此，缺乏多样化的沟通渠道使得信息传递不畅，影响了家园之间的有效互动。教师未能及时将有关孩子在学校表现的信息反馈给家长，反之亦然。教师可能因为教学任务繁重而忽视了与家长的沟通，导致家长对孩子的学习状况和情感变化缺乏及时了解。这种信息反馈的滞后不仅使家长对孩子的教育参与感下降，还可能让他们对教师的教育策略产生误解。同时，家长对孩子在家庭中的表现和情感状态也难以及时与教师沟通，导致双方对儿童发展的理解出现偏差。

沟通不畅的后果在于，教师难以准确了解家长对教育的期望与需求，进而影响其教育策略的制定。每个家庭对孩子的教育都有独特的期望，尤其是在融合教育的背景下，家长可能希望教师能够更多地关注孩子的个别需求。然而，如果教师无法及时获得家长的反馈，便无法制定针对性的教育方案。这种信息不对称最终导致教师与家长之间的信任缺失，限制了家园共育的有效性。许多家长可能对学校的教育活动、课程设置和教师的教学方法缺乏了解，无法有效参与到孩子的学习中。教师未能提供清晰的信息，家长也就无法针对孩子的学习情况提供支持。这样的局面使得家长在孩子教育中的参与感降低，进而影响他们对孩子发展的关注和支持。

为了解决沟通渠道不畅的问题，幼儿园需要建立多样化的沟通方式。例如，利用电子邮件、学校网站、社交媒体平台等现代技术手段，使信息交流更加便捷和及时。教师可以通过定期发送电子通信、建立家校联系群等方式，确保家长能够随时获取有关孩子的学习进展和学校活动的信息。同时，教师也应鼓励家长分享他们对孩子的期望和反馈，通过这种双向沟通，增强家园之间的理解与合作。

三、 教育理念不一致

部分家长对特殊需求儿童的教育认知相对不足，这使得他们可能无法全面理解教师在实施融合教育时所采用的教学方法和策略。例如，家长可能不清楚特殊需求儿童在学习过程中所需要的个别化支持，以及教师为何会选择某些特定的教学活动。这种认知的不足可能导致家长对教师的教育策略产生误解，甚至会让他们感到不满，从而影响家长对教师工作的信任和支持。当教师倡导以儿童为中心的教学方法时，一些家长可能仍然抱有传统的教育观念，期待教师采取更加严格或传统的教学方式。这种理念上的冲突不仅影响了双方的沟通，也使得家校合作的有效性受到挑战。在这种情况下，教师可能会感到压力和挫败感，而家长则可能对教育效果产生怀疑，这种不和谐的关系对儿童的发展极为不利。

教师通常在课堂上忙于教学，很少有时间与家长深入探讨教育理念。反过来，家长在日常生活中可能无法获得关于特殊需求教育的相关知识和信息，因此他们对融合教育的理解可能仅限于表面。为了缩小这种差距，教师需要积极主动地与家长沟通，通过家庭教育活动、教育讲座等方式，向家长详细介绍融合教育的理念、目标和实际操作。这种积极的沟通能够帮助家长理解教师的教学方法和教育策略，增强他们的信任感。教师还可以借助教育资源，如书籍、研究论文和在线课程，向家长提供关于特殊需求儿童教育的相关信息。这种资源的共享不仅能提升家长的教育知识，还能帮助他们理解教育理念的一致性对儿童成长的重要性。家长会逐渐意识到与教师合作的重要性，并在教育过程中与教师形成更为一致的理念。

教师在沟通中应尊重家长的观点与感受，努力营造开放的交流氛围。这种尊重不仅能增强家长的参与感，还能促进双方对教育目标的共识。当家长感受到教师对他们意见的重视时，他们更容易接受和理解教师的教育理念，从而形成良好的合作关系。通过共同努力，教师和家长能够携手为儿童创造更优质的教育环境。

四、缺乏系统的家园共育机制

许多幼儿园在实施家园共育时缺乏系统性的机制和策略，导致家校合作的随意性和不稳定性。这种情况使得教师和家长之间的合作往往显得零散和无序，缺乏明确的方向和目标。例如，很多幼儿园并未建立定期的家长会、家庭访问或亲子活动等制度，家校之间的沟通和互动不够频繁，导致双方对儿童发展的信息交流不足。家长无法及时了解孩子在学校的学习与表现，而教师也难以获得家长对孩子的支持与反馈，影响了儿童在家庭和学校两方面的成长。家长对孩子的教育期望与学校的教育目标之间存在差距。这种差距往往源于缺乏有效的沟通和协作，教师在实施教学时未能与家长形成共识，导致双方在教育理念上的不一致。为了克服这一问题，幼儿园需要建立清晰的合作流程，使家长能够充分参与到教育活动中来，通过定期的沟通与活动，促进家校之间的共同理解和支持。

有效的家园共育不仅需要实施具体的活动，还应有相应的评估标准和反馈机制，以确保合作的有效性与持续改进。许多幼儿园在这方面的缺失使得教师和家长无法及时了解家园共育的成效，进而影响双方在教育中的投入与热情。建立科学的评估机制，可以帮助幼儿园及时了解家园共育的实际效果，并在此基础上进行调整与优化，以更好地满足儿童的需求。系统性的家园共育机制也应包括多样化的参与方式，以吸引不同背景和需求的家长参与。教师可以通过线上平台、社交媒体等现代沟通工具，提供多种参与机会，让家长在时间和方式上有更大的灵活性。这不仅能够增加家长的参与度，还能让他们在家庭教育中感受到来自幼儿园的支持和重视，促进家庭与学校的密切联系。

幼儿园的管理层应重视家园共育机制的建设，为教师提供必要的培训与资源支持。这种支持不仅包括为教师提供相关的知识和技能培训，还应帮助他们建立有效的沟通技巧与策略，以增强教师在家园共育中的能力。通过提供系统性的支持，幼儿园能够更好地促进教师与家长之间的合作，为儿童的全面发展创造一个更有利的环境。

五、 情感支持的不足

家园共育的成功不仅依赖于知识与技能的传递，还需要教师与家长之间的情感支持。在实际互动中，教师可能未能充分提供这种情感支持，导致家长在参与教育过程中感到孤立和无助。首先，许多教师在繁忙的日常教学中，可能忽视了与家长建立情感联结的重要性。他们专注于教学内容和幼儿的学业表现，常常未能及时关注家长的情感需求和心理状态。这种缺乏关注使得家长在教育过程中感到被排斥，从而降低了他们的参与意愿和积极性。家长在教育中希望得到教师的理解和支持，尤其是在面对特殊需求儿童时，他们更希望能与教师建立良好的沟通和合作关系。当教师未能提供情感支持时，家长可能会对教师的教育策略和方法产生质疑。这种信任的缺失不仅影响了家长对教师的支持，也可能使得教师在教学中感到孤立无援，从而影响其职业满意度和教育热情。

当家长感到被孤立时，他们可能不会积极参与孩子的学习和发展。这种参与的缺失使得教师在实施家园共育时难以获得家长的支持和反馈，最终影响儿童在家庭和学校两方面的成长。有效的家园共育需要教师与家长之间建立相互信任与支持的关系，缺乏情感支持的环境将无法促进这一关系的形成。教师在这种情况下需要积极关注与家长之间的情感联结，建立开放和温暖的沟通渠道。通过定期的家长会、个别交流和家庭访问，教师可以更好地理解家长的需求和期望。同时，教师也应主动表达对家长努力的认可与感激，让家长感受到被重视和支持。当家长感受到教师的关心与理解时，他们更容易建立对教师的信任，进而积极参与到家园共育中。

为了增强家庭在教育中的积极性，教师可以采取一些有效的策略，例如分享孩子在学校的积极表现、定期提供关于教育理念和目标的信息等。这种积极的互动能够帮助家长更好地了解儿童的学习进程，增强他们的参与意识。此外，教师还可以通过创建支持小组或社交活动，促进家长之间的交流与互助，使他们在共同育儿的过程中感受到社区的温暖与支持

第三节 多样性幼儿需求与差异化教学

一、 个体差异的识别与理解

(一) 观察的重要性

教师在识别幼儿的个体差异时，观察是一个关键的工具。通过日常观察，教师能够捕捉到儿童在课堂上的行为表现、情感反应以及与同伴的互动。这种观察不仅包括对学业表现的关注，更应侧重于儿童的兴趣、情感需求和社交技能。教师可以通过记录儿童的参与度、反应方式和情绪变化，来获取全面的信息，以便更好地理解每个孩子的独特性。

(二) 评估工具的运用

除了观察，教师还可以运用各种评估工具来进一步了解儿童的个体差异。这些工具可以包括标准化测评、发展评估表、家长问卷等。通过系统化的评估，教师能够获得关于儿童认知能力、语言能力、运动技能等方面的具体数据。这些数据不仅帮助教师了解每个孩子的当前水平，也为后续的教学策略制定提供了科学依据，使得差异化教学更加精准。

(三) 情感与社交需求的理解

许多儿童在情感表达和社交技能方面存在显著差异，教师需要敏锐地识别这些需求。例如，一些儿童可能在社交场合中显得内向和害羞，而另一些儿童则可能表现得非常活跃和外向。教师应通过观察和交流了解儿童在社交互动中的感受和挑战，从而为他们提供适合的支持与指导，帮助他们在社交环境中更好地适应和发展。

(四) 制定个性化的教学策略

在充分识别和理解每个儿童的个体差异后，教师可以制定相应的差异化教学策略。根据儿童的兴趣、能力和学习风格，教师可以调整教学内容和方法，确保每个孩子都能在适合自己的学习环境中成长。例如，对于某些学习能力较强的儿童，教师可以提供更具挑战性的任务，而对于有特殊需求的儿童，教师可以设计更为细致的支持措施。通过个性化的教学策略，教师能够有效满足每个儿童的学习需求。

二、灵活的教学方法与策略

（一）游戏化教学的应用

游戏化教学是一种有效的教学策略，特别适合幼儿园阶段的儿童。通过将学习内容与游戏结合，教师能够激发孩子们的学习兴趣和参与热情。例如，教师可以设计与课程内容相关的角色扮演游戏或团队竞赛，让儿童在轻松愉快的环境中进行学习。这种互动式的学习方式不仅能增强儿童的动手能力，还能够提高他们的社交技能，促进团队合作精神，从而使所有孩子在游戏中快乐成长。

（二）项目学习的实施

项目学习强调通过实际操作和探究来促进学习，能够有效满足不同儿童的学习需求。教师可以组织以儿童兴趣为基础的项目，让他们围绕一个主题进行深入探索。例如，孩子们可以围绕“我们的社区”进行调查，参与绘制地图、采访居民等活动。这种实践性学习不仅能够提高儿童的主动性和创造力，还能帮助他们在实际情境中运用所学知识，从而增强理解和记忆。

（三）差异化任务设计

教师在实施差异化教学时，应根据儿童的能力水平设计不同难度的学习活动。这种任务设计可以确保所有孩子都能在课堂上找到适合自己的学习方式。例如，对于学习能力较强的儿童，教师可以激励他们深入思考和探索；而对于有学习困难的儿童，则可以设计更简单、步骤明确的活动，帮助他们逐步掌握基本概念。这种差异化的任务设计使得每个儿童都能参与到学习中，确保他们在自己的能力范围内获得成功体验，从而增强自信心。

三、 个别化学习计划的制定

（一）需求评估与目标设定

制定个别化学习计划的第一步是对特殊需求儿童进行全面的需求评估。这一评估应包括儿童的认知能力、情感状态、社交技能以及学习风格等方面的信息。通过与儿童、家长和其他专业人员的沟通，教师可以准确了解儿童的具体需求。这些信息将为后续的学习目标设定提供基础。目标应具体、可测量且符合儿童的能力水平，以确保每个孩子都能在适合自己的范围内取得进展。

（二）量身定制的教学内容与方法

个别化学习计划应根据儿童的需求和目标，设计量身定制的教学内容和方法。这意味着教师需要选择适合儿童能力的学习材料，并采用多样化的教学策略。例如，针对某些儿童的兴趣，教师可以引入与其爱好相关的主题，以提高他们的学习动机。同时，教师应考虑采用多感官的教学方法，结合视觉、听觉和动手操作，帮助儿童更好地理解和吸收知识。这种量身定制的教学方式能够增强特殊需求儿童的参与感，促进他们的学习效果。

（三）定期评估与反馈机制

个别化学习计划的实施需要定期进行评估与反馈，以监测儿童的学习进展和计划的有效性。教师应制定明确的评估标准，定期收集有关儿童学习成果和行为表现的数据。这些数据可以通过观察、测试和家长反馈等方式获得。在评估过程中，教师应及时与儿童和家长沟通反馈，帮助他们了解儿童的进展与面临的挑战。这种动态的评估与反馈机制能够确保个别化学习计划的灵活性，使教师能够根据儿童的发展情况及时调整教学策略。

（四）多方合作与支持

制定和实施个别化学习计划需要教师与家长、特殊教育教师及其他专业人员的密切合作。家长作为儿童在家庭环境中的主要支持者，其对 IEP 的理解与支持至关重要。教师应积极与家长沟通，共同探讨儿童的需求和进展，以形成教育合力。同时，教师可以借助其他专业人员的支持，如心理学家、言语治疗师等，为儿童提供全面的服务。这种多方合作的模式能够确保每个特殊需求儿童在学习过程中获得必要的资源与支持，促进他们在课堂中的参与和成长。

四、 评估与反馈机制的建立

（一）定期学习进展评估

教师应制定评估时间表，定期检查儿童的学业表现和技能发展。这些评估可以通过各种形式进行，包括观察、测验、项目作业以及课堂表现记录等。定期评估不仅能帮助教师了解每个儿童的学习情况，还能及时发现学习中的困难与挑战，从而为后续的教学策略调整提供依据。

（二）及时反馈的实施

教师在评估后应迅速向儿童提供反馈，告诉他们在学习中表现的优点和需要改进的地方。这种及时的反馈能够帮助儿童理解自己的学习进度，增强他们的学习动机和自信心。特别是在面对学习困难的儿童，及时正向反馈和具体的改进建议，可以有效引导他们调整学习策略，克服挑战。教师还应通过家长沟通，让家长了解儿童的学习进展，增强家庭支持。

（三）关注全面发展的评估标准

评估过程应关注儿童的全面发展，而不仅限于学业成绩。这意味着教师在评估时应考虑社交技能、情感表达、创造力等多方面的能力。例如，教师可以在课堂活动中观察儿童的互动行为、情感反应及其与同伴的合作情况，通过这些观察来评估儿童在社交和情感发展方面的进步。建立全面发展的评估标准能够帮助教师更好地理解儿童的整体发展，并为个别化教学提供更具针对性支持。

（四）评估结果的反思与调整

在评估与反馈机制中，教师应定期反思评估结果，并根据结果调整教学策略。通过分析儿童的学习数据和反馈信息，教师可以识别出哪些教学方法有效，哪些需要改进。这种反思不仅有助于教师自身的专业成长，也能为后续的教学提供宝贵的经验。同时，教师可以与同事分享评估结果，进行团队讨论，共同探讨更有效的教学策略和方法，提升整体教学质量。

五、 家校合作的增强

（一）建立多元沟通渠道

有效的家校合作需要建立多元化的沟通渠道，以确保教师与家长之间的信息畅通。教师可以利用家长会、家庭访问、电话沟通、电子邮件和社交媒体等多种方式与家长保持联系。这种多样化的沟通方式能够适应不同家长的时间安排和沟通偏好，使得家长能够方便地获取有关儿童在校表现的信息，并及时分享他们的反馈和关切。通过定期沟通，教师和家长能够形成良好的互动，增强彼此之间的信任和合作。

（二）共同制定教育目标

家校合作的有效性还体现在共同制定儿童的教育目标上。教师应主动邀请家长参与到个别化学习计划的制定过程中，了解他们对孩子的期望和需求。这种合作不仅能够增强家长对教育过程的参与感，还能确保教育目标更加全面和合理。当教师与家长共同设定目标时，双方能够更好地协调教育策略，确保儿童在家庭和学校环境中获得一致的支持与关注。

（三）分享儿童表现与反馈

教师应定期向家长分享儿童在学校的表现，包括学习进展、社交技能和情感发展等方面的信息。这种分享不仅让家长了解孩子的成长情况，还能激励他们在家庭中进行相应的支持和促进。同时，教师应鼓励家长提供反馈，听取他们对教育策略的看法。这种双向交流能够帮助教师更全面地了解儿童的需求，及时调整教学方法，以满足每个孩子的个性化需求。

（四）组织家校合作活动

为了增强家校合作，教师可以组织各种家庭参与的活动，如亲子活动、工作坊或社区服务等。这些活动不仅能够增强家长与孩子之间的情感联系，还能促进家长与教师的互动。通过共同参与活动，家长能够更深入地了解学校的教育理念和教学方法，同时教师也能更好地了解儿童的家庭背景和需求。这种合作关系的建立，有助于为儿童的成长创造更为有利的条件，促进他们在多样化环境中的全面发展。

第四节　解决融合教育挑战的策略与途径

一、解决幼儿园教师融合教育挑战的策略

（一）提供专业培训与支持

为了有效应对教师在融合教育中面临的知识与技能不足，幼儿园必须定期组织专业培训，提升教师在特殊教育和差异化教学方面的能力。这类培训应包括理论学习、实践操作和案例分析，旨在为教师提供全面的知识体系和实用的教学技巧。通过系统的理论学习，教师能够深入理解特殊需求儿童的特点、发展规律以及教育理念，从而增强对融合教育的整体把握。此外，实践操作部分能够帮助教师将理论知识应用到具体的教学场景中，使其在实际教学中更加自信和从容。在实施差异化教学时，教师需要掌握多种教学策略，以适应不同儿童的学习需求。专业培训应侧重于教授各种有效的教学方法，如游戏化教学、项目学习和合作学习等。通过案例分析，教师可以借鉴他人成功的教学经验，学习如何针对不同儿童的特点设计个性化的学习活动。这种方法不仅能够增强教师的专业能力，还能激发他们在教学中的创造力，提升课堂的活力和参与度。

在这样的网络中，教师可以定期分享各自的教学经验和面临的挑战，进行相互学习和借鉴。通过组织定期的教研活动或工作坊，教师不仅可以得到同行的反馈，还能建立起良好的合作关系，形成互助的氛围。这种支持网络能够有效缓解教师在工作中的孤立感，使他们在面对困难时能够获得及时帮助和鼓励。与此同时，幼儿园还应鼓励教师在日常教学中进行反思与总结，通过记录教学日志或参与集体讨论等方式，持续改进自己的教学实践。教师在分享个人经验的过程中，

能够反思自己的不足，明确改进方向，进一步提升自身的专业素养。通过这种循环的学习和反馈机制，教师的专业发展将不断得到推进，进而为儿童的学习与发展提供更为优质的教育支持。

（二）实施个别化学习计划

针对特殊需求儿童，实施个别化学习计划（IEP）是确保他们在融合教育中获得有效支持的关键措施。首先，IEP 的制定应基于对每个儿童的全面评估，这一评估包括他们的认知能力、情感需求和社交技能等多个方面。教师需要与家长和相关专业人员密切合作，充分理解儿童的具体需求，确保制定的学习计划能够真实反映儿童的优势与挑战。团队能够集思广益，共同制定出符合儿童个体特点的学习目标和支持措施。在个别化学习计划中，明确的学习目标是成功的基础。这些目标应具体、可测量，并考虑到儿童的兴趣和能力水平。例如，对于某些儿童，可以设定短期和长期的学习目标，确保他们在学习过程中逐步实现。这种目标的设定不仅为教师提供了明确的教学方向，也帮助儿童和家长了解学习的期望，增强他们的参与感和动力。

实施 IEP 的过程也需要教师在日常教学中提供针对性支持。这包括调整教学内容、方法和评估方式，以满足每个儿童的学习需求。教师可以设计个性化的学习活动，提供额外的辅助材料，或采用多种感官的教学策略，以促进儿童的理解和吸收。同时，教师应定期与家长沟通，分享儿童在学习过程中的进展与挑战，确保家庭与学校之间形成良好的合作关系。教师应定期评估儿童的学习进展，包括他们在学业、情感和社交等方面的变化。这一评估可以通过观察、测试和反馈等方式进行，帮助教师及时了解儿童的成长情况。当发现某些目标难以实现时，教师应及时调整 IEP，以适应儿童的发展变化和需求。这种灵活性使得 IEP 始终保持有效，能够真正为儿童提供必要的支持。

（三）建立有效的沟通机制

幼儿园应定期举行家长会，为家长提供一个了解学校教育理念和教学活动的机会。在家长会上，教师可以详细介绍融合教育的目标和实施方法，让家长充分了解学校如何满足每个儿童的个体需求。这不仅有助于消除家长的疑虑，也能够增强他们对教育过程的参与感和信任感。通过这样的互动，家长可以与教师面对面交流，提出问题和建议，从而促进双方的理解与合作。教师可以定期走访幼儿家庭，了解儿童的家庭背景、情感需求及学习环境。这种面对面的交流能够帮助教师更全面地理解每个孩子的情况，进而为他们提供更具针对性的支持。此外，家庭访问还可以拉近教师与家长之间的距离，使家长感受到学校对他们及孩子的关心与重视。这种温暖的交流氛围能够增强家长的参与意愿，促使他们在儿童教育中扮演更积极的角色。

除了传统的家长会和家庭访问，教师可以利用微信群、电子邮件或学校网站等现代技术手段，与家长保持联系。通过这些平台，教师能够迅速反馈儿童在校的表现，并分享有关学习活动和发展的重要信息。同时，家长也可以通过这些渠道随时向教师咨询问题，提供意见与建议。这种便捷的沟通方式能够提高信息传递的效率，确保家校之间的信息流畅。教师在与家长沟通时，应注重倾听和尊重家长的意见，积极回应他们的关切。通过关注家长的反馈，教师能够更好地调整教学策略，使其更加符合儿童的实际需求。这样的互动不仅能够提升家长对教师的信任感，还能在家校之间建立起良好的合作关系。

（四）多样化教学方法的运用

教师在融合教育中应灵活运用多样化的教学方法。这种灵活性不仅有助于提升课堂的趣味性和互动性，还能确保每个孩子都能在适合自己的学习环境中成长。游戏化教学是一种有效的方法，可以将学习内容与游戏结合，让儿童在轻松愉快的氛围中进行学习。例如，教师可以通过角色扮演游戏、团队竞赛或互动式游戏活动，使儿童在参与中感受到乐趣，从而增强他们的学习动力和参与感。这种方式不仅能提高儿童的专注力，还能促进他们的社交技能和情感发展。通过让儿童围绕特定主题进行深入探索，教师能够激发他们的好奇心和创造力。项目学习强调实践和探究，儿童可以通过实际操作和合作研究，掌握知识和技能。教师在设计项目时，应考虑儿童的兴趣和能力，让每个孩子都有机会在项目中发挥自己的特长。这种参与感能够增强儿童对学习的积极性。

通过将儿童分成小组，教师能够营造出一个互动和协作的学习环境。儿童需要相互交流、分享观点，培养团队合作精神。这种方式特别适合不同能力水平的儿童，因为他们可以在小组中互相帮助，弥补彼此的不足。教师在实施合作学习时，应确保每个孩子都有明确的角色和责任，促进他们的参与和贡献。在运用多样化教学方法时，教师还需根据儿童的能力水平和兴趣设计不同难度的学习活动。这种差异化的活动设计不仅能满足儿童的个体需求，还能增强他们的自信心和学习动力。

二、解决幼儿园教师融合教育挑战的途径

（一）加强政策支持与资源保障

政府和教育主管部门应制定相关政策，支持幼儿园实施融合教育。提供必要的资金、资源和专业人员支持，确保幼儿园在实施融合教育时有充足的保障。同时，推动相关法律法规的完善，为特殊需求儿童的教育权益提供保护。

（二）建立跨专业合作网络

幼儿园应与心理学家、特殊教育教师、言语治疗师等专业人员建立跨专业合作网络，形成支持团队。通过多方合作，教师可以获得专业的指导和支持，更有效地满足特殊需求儿童的教育需求。这种合作关系能够促进信息的共享与交流，提高教育质量。

（三）开展家园共育活动

鼓励家长参与学校的教育活动，增强家园合作的有效性。通过组织亲子活动、教育讲座等方式，提升家长的教育知识与技能，使其更好地理解和支持学校的教育理念。同时，教师应积极邀请家长参与儿童的学习过程，共同为儿童的成长营造良好的环境。

（四）注重教师的情感关怀与心理健康

幼儿园应关注教师的情感支持与心理健康，建立相应的支持机制。定期开展心理健康教育和职业发展培训，帮助教师缓解压力，增强职业满足感。同时，鼓励教师在工作中分享情感经历，促进彼此之间的理解与支持，营造良好的工作氛围。

第四章　融合教育环境下的教学设计与实施

第一节　融合教育课堂的教学目标设定

一、 综合性与全面性目标设定

在幼儿园教师设定教学目标时，综合性与全面性是至关重要的原则。教师应关注儿童的全面发展，包括认知、情感、社交和身体等多个方面。融合教育的核心理念在于为每个儿童提供平等的学习机会，不仅关注学业成绩的提高，还应致力于促进儿童的社交能力、自我情感管理以及身体协调能力的发展。这样的目标设定能够确保每个孩子在各个领域都能得到相应的关注与支持，从而促进他们的全面成长。在教学中，教师应设定促进儿童思维能力和问题解决能力的目标。这可以通过引导儿童参与探索性活动和实践性学习，激发他们的好奇心和创造力。例如，教师可以设计开放性的问题，让儿童在小组中进行讨论，鼓励他们表达自己的想法与见解。这种教学策略不仅提高了儿童的认知能力，还培养了他们的逻辑思维与批判性思维能力，确保他们在未来的学习中具备坚实的基础。

教师应关注儿童的情感管理能力，帮助他们识别和表达自己的情感。在课堂上，教师可以通过角色扮演、情感教育活动等方式，引导儿童学习如何处理情绪和与他人沟通。例如，教师可以鼓励儿童分享自己的感受，让他们体验到倾听和理解的重要性。这种情感教育不仅帮助儿童更好地理解自己，也促进了他们与同伴之间的良好关系，为他们的社交发展奠定基础。教师应设定促进儿童与他人互动和合作的目标，让他们在学习过程中积极参与到社交活动中。通过团队合作、游戏和集体项目，儿童能够学习如何与同伴协作、分享和解决问题。教师可以观察儿童的社交行为，提供指导与反馈，帮助他们提升社交技能。例如，教师可以组织小组游戏，让儿童在游戏中学会轮流、分享和解决冲突，促进他们的人际关系发展。

幼儿阶段是儿童身体发展的关键时期，教师可以通过设定运动与健康相关的目标，促进儿童的身体发展与运动技能。例如，教师可以组织各种运动活动，如跳舞、球类运动、户外探险等，帮助儿童提高身体协调性、灵活性和耐力。通过这些活动，儿童不仅能够增强身体素质，还能在运动中体验到乐趣，培养健康的生活习惯。

二、 个体化目标的制定

教师需要根据每个儿童的个体差异，设定个性化的学习目标，确保教学能够满足每位儿童的独特需求。特别是对于有特殊需求的儿童，教学目标不仅应具体、可测量，还需考虑到他们的兴趣和能力水平。通过这种个体化的关注，教师能够为每个儿童创造一个适合其学习的环境，帮助他们在各自的节奏中取得成功，从而增强他们的自信心和学习动力。教师需要通过观察、评估和与家长沟通，深入了解每个儿童的认知能力、情感需求、社交技能以及学习风格。这种全面的评估能够帮助教师识别儿童的优点和挑战，从而制定出适合他们的学习目标。例如，对于一个在语言表达上有困难的儿童，教师可以设定提高其语言能力的具体目标，如“能够在小组讨论中使用完整的句子表达自己的想法”。这样的目标既明确又可测量，使得儿童在学习过程中能够感受到进步。

个性化目标应关注儿童的兴趣和学习风格，以激发他们的学习热情。教师可以根据儿童的兴趣设计相关的学习活动，使得儿童在感兴趣的领域中获得更多的参与感和主动性。例如，对于对自然科学感兴趣的儿童，教师可以设定“通过观察植物的生长，记录其变化并进行简单的实验”的目标。这种基于兴趣的学习不仅提高了儿童的参与度，也帮助他们在探索中建立知识，增强对学习的热爱。在设定个性化目标时，教师还需确保目标的可实现性和适度挑战性。目标应足够具有挑战性，以激励儿童努力学习，但又不能超出他们的能力范围。教师可以通过设定短期和长期目标相结合的方式，帮助儿童逐步克服困难，提升自我。例如，短期目标可以是“在本周内能独立完成三本故事书的阅读”，而长期目标则可以是“在本学期末能够自主进行故事复述”。这种分层目标的设定，能够让儿童在实现短期目标的过程中体验到成功，从而激发他们追求长期目标的动力。

教师应在教学过程中不断监测儿童的学习进展，根据他们的反馈和表现及时调整目标。这种灵活性使得个性化学习目标始终能够适应儿童的发展变化。例如，如果某个儿童在社交互动方面进展缓慢，教师可以重新评估目标，给予更多支持和指导，确保该儿童能够在适合的环境中逐步提升社交技能。定期的反馈与评估不仅有助于教师优化教学策略，也能让儿童感受到自身成长的变化，进一步增强他们的自信心。

三、 发展性目标的设置

在设定教学目标时，教师应注重目标的渐进性和发展性。这样的目标设置不仅能够为儿童提供适当的挑战，还能确保他们在实现目标的过程中获得持续的进步。发展性目标的设定应基于对儿童能力的准确评估，教师需要了解每个儿童的起点和潜在能力。这种了解使教师能够设定既具有挑战性又在儿童能力范围内的目标，确保每个儿童都能在适合自己的节奏中学习和成长。短期目标通常较为具体，能够在较短的时间内实现，帮助儿童在学习过程中看到迅速进步。例如，教师可以设定“在本周内独立完成一篇简单的绘本故事”作为短期目标。这种具体且可实现的目标能够让儿童在完成后感受到成就感，激励他们继续努力。与此同时，长期目标则关注儿童的整体发展方向，例如“在本学期末能够流利地复述自己读过的故事”。这样的长期目标给予儿童一个明确的学习方向，使他们在短期目标实现的过程中不断接近长期目标。

教师可以根据儿童的学习进展，逐步调整目标的难度和深度。当儿童在某一领域表现出色时，教师应适时提高目标的挑战性，让儿童在不断挑战自己的过程中提升能力。例如，如果某个儿童在数学计算中取得了较好的成绩，教师可以适当增加计算的难度，如引入更复杂的应用题。这种策略不仅促进了儿童的思维发展，也帮助他们在学习中保持积极的态度。教师可以鼓励儿童在实现目标的过程中进行自我评估，帮助他们认识到自身的成长与不足。这种自我反思的过程有助于儿童在学习中建立自信，激励他们持续努力。通过设定明确的评估标准，教师可以帮助儿童认识到目标实现的具体步骤，鼓励他们在每一步都进行自我反馈，以便更好地调整学习策略。

教师在设定发展性目标时，应考虑儿童的情感需求。目标不仅仅是学业的要求，更应关注儿童在追求目标过程中的情感体验。教师应通过积极鼓励和支持，帮助儿童在面对挑战时保持积极的心态。这样的情感支持能够增强儿童的内在动力，使他们在追求目标的过程中感受到快乐与成就。通过创建一个积极的学习环境，教师能够让儿童在实现发展性目标的过程中体验到学习的乐趣，进而激励他们不断追求新的目标。

四、 合作与社交目标的强调

合作与社交目标的强调对于儿童的全面发展具有重要意义。教师在设定教学目标时，应特别关注社交能力的培养，确保儿童在学习过程中不仅获得知识，还能学会如何与他人互动与合作。教师需要设定明确的社交目标，鼓励儿童在课堂活动中进行合作学习。这种目标可以包括与同伴沟通、分享资源和解决问题等方面，使儿童在实践中提高社交技能和团队合作能力。通过将儿童分成小组进行学习，教师能够创造一个鼓励交流与互动的环境。儿童需要共同讨论、分享观点和制定计划，这样的合作过程能够培养他们的沟通能力和解决冲突的技巧。例如，教师可以设计一个项目任务，让小组成员合作完成一项主题研究，要求他们分工合作、共同探讨，从而在实践中学习如何有效地进行团队合作。

通过角色扮演，儿童能够在模拟的社交情境中学习如何与他人相处。这种教学方法不仅能够提高儿童的表达能力，还能增强他们对他人情感和观点的理解。例如，教师可以组织一个关于“友谊”的角色扮演活动，让儿童在活动中体验不同的社交场景，学习如何建立友好关系。这种体验式的学习能够帮助儿童更好地理解社交规范，提高他们的社交自信心。此外，教师在设定社交目标时，还应考虑不同儿童的个体差异。教师需要关注有特殊需求的儿童与同伴之间的互动，确保他们也能积极参与到合作学习中。为此，教师可以设计适应不同能力水平的社交活动，确保每个孩子都能在合适的环境中练习社交技能。例如，教师可以为学习能力较弱的儿童提供更多的支持，如提供具体的社交策略和情景模拟，帮助他们在实际交流中更好地适应。

合作与社交目标的强调还有助于建立积极的学习氛围。在一个鼓励合作的环境中，儿童更容易感受到归属感和安全感。这种积极的氛围不仅能增强儿童的学习动机，还能促进他们之间的友谊与互助。教师可以通过设置共同的班级目标，鼓励儿童共同努力，提升他们的团队意识和责任感。这种集体目标的设定，能够让儿童意识到合作的重要性，从而在学习中更主动地参与和贡献。

五、与家长沟通与协作的目标

在设定教学目标的过程中，教师必须充分考虑与家长的合作，明确共同关注的目标。与家长的沟通不仅是教育过程中的重要环节，更是实现有效教学和促进儿童全面发展的关键。教师可以主动与家长交流，从而将这些反馈纳入教学目标的制定中。这种合作关系能够增强家校之间的联系，确保教育目标的统一性和一致性。每位家长对孩子的期望都可能不同，涉及学业成绩、社交能力、情感管理等多方面。教师可以通过家长会、问卷调查和个别沟通等多种方式，收集家长的意见与建议。这种信息的收集能够帮助教师更好地理解家庭背景与儿童需求，从而在目标设定时考虑到这些重要因素，使得教学更加贴近儿童的实际情况。

当教师与家长在教育目标上达成一致时，家长会更加积极地参与到孩子的教育过程中。这种参与不仅体现在家庭作业的协助和学习活动的支持上，还包括在教育理念上的认同与配合。例如，如果教师设定了“提高孩子的社交能力”作为教学目标，家长可以在家庭环境中为儿童提供相关的机会和支持，确保目标在家庭和学校两方面的贯彻实施。家长往往了解自己孩子在家庭中的表现与需求，这些信息对于教师在课堂上的教学策略调整极为重要。通过建立一个有效的沟通渠道，教师可以随时获取有关儿童在家庭环境中的反馈，这有助于他们及时调整教学方法。例如，如果家长反映孩子在社交场合中感到焦虑，教师可以相应地调整课堂活动，提供更多的互动机会，帮助孩子在更安全的环境中逐步克服社交障碍。

在共同目标的设定过程中，教师也应主动向家长传达教育过程中的重要信息，包括教学内容、方法和儿童的学习进展。通过定期更新儿童的学习情况，教师不仅可以让家长了解孩子在学校的表现，还能引导他们在家庭教育中采取一致的策略。这种透明的沟通方式能够增强家长对学校教育的理解和支持，从而形成教育合力，推动儿童在家庭和学校两个环境中的一致性发展。教师在与家长的沟通中应保持开放与包容的态度，鼓励家长提出问题与建议。这种互动不仅能够增强家长的参与感，还能建立起良好的信任关系。家长感受到被重视时，往往会更愿意支持教师的工作，积极参与到孩子的教育中去。这种良性的互动关系，为儿童的学习与发展提供了更加坚实的保障。

第二节　差异化教学方法的应用与创新

一、幼儿园教师差异化教学方法的应用

（一）灵活分组与小组活动

教师可以根据儿童的能力水平、兴趣和社交技能进行分组，以便在小组活动中实现针对性教学。通过这种灵活的分组方式，教师能够确保每个儿童都能在适合自己的环境中参与学习，最大限度地发挥他们的潜力。灵活分组使教师能够为不同能力的儿童设计适合的任务。例如，对于语言表达能力较强的儿童，教师可以将他们分在同一小组，设置一些需要深入讨论和表达的任务，如故事创作或小组演讲。这种活动能够激发他们的思维，并提高他们的语言能力。同时，对于学习能力较弱的儿童，教师可以将他们放在一起，提供更简单、结构化的任务，如拼图或图画书的阅读。这样的分组方式确保了每个儿童在自己的能力范围内进行学习，增强了他们的自信心。

在小组中，儿童需要相互交流、分享资源和协作解决问题。这种互动不仅促进了知识的传递，还帮助儿童培养了合作精神和社交能力。通过共同完成任务，儿童学习如何倾听他人的意见，尊重不同的观点，并在讨论中表达自己的想法。这种社交互动为儿童提供了实践社交技能的机会，使他们在真实的情境中逐渐掌握与他人相处的技巧。教师是小组活动的引导者。教师应根据儿童在小组中的表现进行观察，及时提供指导与支持。例如，在小组讨论时，教师可以走动倾听，适时地提出问题，激励儿童深入思考。同时，教师还可以帮助组内成员解决合作中的冲突，确保每个儿童都有机会参与并发挥自己的作用。这种教师的引导能够有效提升小组活动的质量，让每个儿童都能在合作中获得成长。

教师在进行灵活分组时，应考虑儿童的兴趣，以提高他们的参与积极性。当儿童被分到他们感兴趣的组别时，学习的动机往往会显著提升。例如，若有些儿童对自然科学感兴趣，教师可以为他们设计与自然探索相关的小组活动，激励他

们在活动中主动参与，积极讨论。这种基于兴趣的分组不仅让儿童享受学习的乐趣，还能够激发他们的创造力和探索精神。教师可以与家长沟通，了解他们对孩子的兴趣和特长，并将这些信息纳入分组考虑中。当家长看到教师在课堂上为孩子提供个性化的学习机会时，往往会更加信任教师的教学决策，愿意参与到孩子的学习过程中。这种良好的家校关系进一步促进了儿童在学校和家庭两个环境中的一致性发展。

（二）个性化学习材料的使用

教师应根据每个儿童的学习风格和需求，准备不同难度和形式的学习材料，以确保每位儿童都能在适合自己的环境中学习。例如，对于语言能力较强的儿童，教师可以提供更复杂的阅读材料，如章节书或富有挑战性的故事。这些材料不仅能激发他们的阅读兴趣，还能进一步提升他们的理解能力和批判性思维。教师应选择简单、直观的图画书或故事，这些材料能够帮助他们更容易地理解故事情节和人物关系。图画书通常通过丰富的插图来辅助文字理解，这对语言能力尚未完全发展的儿童尤为重要。这样的个性化材料使用能够在儿童的能力范围内有效学习，确保他们在参与学习活动时感到自信和愉悦。

除了考虑儿童的能力水平，个性化学习材料还应关注儿童的兴趣。教师可以根据儿童的兴趣选择相关的学习材料，吸引他们的注意力并激发学习动力。例如，对于对动物感兴趣的儿童，教师可以提供有关动物的书籍和资料，或者安排与动物相关的学习活动。通过这种兴趣导向的材料选择，儿童更有可能主动参与学习，从而增强他们的学习效果。个性化学习材料的使用还应包括多样化的形式，如音频、视频和互动软件等。现代技术的引入为教师提供了更多选择，使他们能够为儿童提供丰富的学习体验。例如，教师可以使用听觉材料来帮助儿童练习语言能力，或通过教育应用程序提供个性化的数学练习。这种多元化的材料形式能够适应不同学习风格的儿童，帮助他们以最有效的方式吸收知识。

教师在使用个性化学习材料时，应定期评估儿童的学习进展，并根据评估结果及时调整材料的难度和类型。通过观察儿童在使用材料时的表现，教师可以判断哪些材料最有效，哪些可能需要改进或更换。这种灵活性使得教师能够根据儿童的变化不断优化教学策略，确保每个儿童都能在适合的材料支持下继续成长。教师可以与家长分享适合孩子的学习材料建议，鼓励家长在家庭环境中提供相应的学习资源。这种家校合作不仅能够延续课堂学习的效果，也能增强家长对孩子学习的关注与参与。通过共同支持，儿童在学校和家庭两个环境中都能获得一致的学习体验，进一步促进他们的全面发展。

（三）多样化的教学方法

多样化的教学方法在幼儿园教育中具有重要的应用价值。教师可以结合游戏化教学、项目学习和探究式学习等多种策略，使课堂环境变得更加生动有趣，激发儿童的学习热情。游戏化教学作为一种极具吸引力的方法，能够通过寓教于乐的形式引导儿童主动参与学习。通过游戏，教师可以将学习内容与儿童的兴趣相结合，让他们在轻松愉快的氛围中获取知识。例如，教师可以设计与课程内容相关的角色扮演游戏，让儿童在游戏中理解故事情节或数学概念，这种互动不仅提高了他们的学习动力，也增强了他们的社交技能。在项目学习中，教师可以围绕一个具体主题组织学习活动，让儿童通过实际操作和团队合作来解决问题。例如，教师可以设计一个关于环境保护的项目，鼓励儿童调查当地的环境问题并提出解决方案。这种学习方式不仅能培养儿童的批判性思维和创新能力，还能增强他们的责任感和团队意识。通过参与真实的项目，儿童在解决实际问题的过程中获取知识，激发了他们的学习兴趣。

探究式学习也是一种有效的教学方法，强调儿童在学习过程中的主动参与。教师可以通过提出开放性问题，引导儿童进行自主探索。例如，在科学课上，教师可以鼓励儿童观察自然现象并提出问题，然后通过实验和观察来寻找答案。这种探究式的学习方法让儿童不仅仅是知识的接受者，更是知识的创造者。这种方式有助于培养儿童的好奇心和探索精神，使他们在学习中体验到乐趣。教师可以根据每个儿童的兴趣、能力和学习风格，灵活选择合适的教学策略。这种灵活性确保了每个儿童都能在适合自己的环境中学习，从而促进他们的全面发展。教师应在教学过程中观察儿童的表现与反馈，及时调整教学策略和活动内容，以满足儿童的变化与需求。这种动态调整不仅能够提高教学的有效性，还能增强儿童的学习体验，使他们在不断探索中感受到成功与进步。

（四）定制化的评估与反馈机制

在差异化教学中，教师应为不同儿童设定适合的评估标准，以便准确反映他们在学习过程中的进步与挑战。通过这种个性化的评估方法，教师不仅能够及时了解儿童的学习状况，还能为他们提供有针对性反馈，帮助他们在学习中不断成长。教师在进行评估时，应该考虑每个儿童的能力水平、学习风格和发展阶段。评估可以设定更高的期望，例如，要求他们在短时间内完成较复杂的任务。这种灵活的评估标准能够确保每个儿童都能在自己的能力范围内展现进步，从而增强他们的自信心。

教师可以运用观察记录、口头反馈、作品展示和自我评估等多种形式，来了解儿童的学习情况。这些多样化的评估方式不仅能够全面反映儿童的学习进展，还能为他们提供不同的表达机会。例如，教师可以通过观察儿童在小组中的表现，了解他们的合作能力与社交技能。同时，允许儿童通过绘画或表演来展示他们的理解，也能激励他们积极参与。教师应根据评估结果迅速向儿童提供具体的反馈，告诉他们在学习中表现出的优点与需要改进的地方。有效的反馈不仅能够帮助儿童识别自身的学习成果，还能激励他们在未来的学习中持续努力。教师可以采用积极的语言，强调儿童的进步和努力，让他们感受到成长的乐趣。例如，教师可以说：“你在这个项目中展示了很好的创意，接下来可以试着增加更多细节。”这种正向反馈能够增强儿童的学习动力，让他们愿意在今后的学习中继续探索。

教师可以定期与家长沟通，分享儿童的学习进展与评估结果，听取家长的意见与建议。通过家庭和学校的共同努力，教师能够获得更全面的信息，帮助儿童在学习上取得更好的效果。例如，家长可以在家庭中提供额外的支持与资源，配合学校的教育目标，共同促进儿童的成长与发展。定制化的评估与反馈机制还需要教师进行持续的反思与调整。教师应定期评估评估策略的有效性，根据儿童的反馈和学习表现不断优化评估标准和方法。这种动态调整的过程不仅能提高评估的精准性，还能确保教学策略始终与儿童的需求相匹配，从而支持他们在各自的学习节奏中不断成长。

二、 幼儿园教师差异化教学方法的创新

（一）引入技术工具与数字化资源

引入技术工具与数字化资源在差异化教学中正变得越来越重要，随着科技的发展，教师可以充分利用这些工具来创新教学方法。数字化工具和在线学习资源

不仅为教师提供了丰富的教学手段，也为儿童的个性化学习创造了良好的条件。通过教育软件和应用程序，教师能够为每位儿童提供适合他们能力和兴趣的学习体验，从而提升学习的灵活性和有效性。数字化工具的引入使得教学内容可以根据儿童的个体需求进行定制。许多教育软件允许教师为不同能力水平的儿童设置个性化的学习路径。例如，一些数学学习应用可以根据儿童在练习中的表现自动调整题目的难度，使他们在适合自己的挑战中不断进步。这种针对性的学习体验使儿童能够在各自的节奏下掌握知识，增强了他们的学习动力。

教师可以从各种在线平台获取到高质量的教育资源，如视频讲解、互动游戏和模拟实验等。这些资源不仅使课堂内容更加生动有趣，也为儿童提供了多种感官体验，促进他们的理解和记忆。例如，通过观看与科学实验相关的视频，儿童可以更直观地理解复杂的概念，这种多样化的学习方式能够满足不同儿童的学习风格和兴趣。许多教育软件设计了实时反馈机制，让儿童在完成练习后立即看到自己的表现。这种即时反馈有助于儿童及时了解自己的错误并进行调整，提升学习的有效性。教师也可以通过分析这些数据，及时调整教学策略，确保每个儿童都能在最适合自己的方式中获得支持。这种互动不仅促进了儿童的学习，也增强了教师与儿童之间的沟通。

在数字化学习环境中，儿童能够根据自己的兴趣选择学习内容和进度。这种自主性不仅提高了儿童的学习动力，还培养了他们的责任感和时间管理能力。例如，教师可以鼓励儿童使用在线学习平台，在课外自主选择自己感兴趣的主题进行深入探索。这种自主学习的体验，使儿童更容易建立起对学习的热爱，并积极参与到学习过程中。此外，教师在引入技术工具时，应关注儿童的技术能力和使用情况。教师需要对儿童进行适当的技术指导，确保他们能够有效利用这些工具进行学习。通过提供技术培训和支持，教师可以帮助儿童克服技术障碍，确保他们能够充分发挥数字化资源的优势。这样的培训不仅能提高儿童的技术能力，也能促进他们在学习中更加自信。

（二）跨学科融合的项目学习

跨学科融合的项目学习在幼儿园教育中为儿童提供了一种多元化的学习体验，教师可以通过设计这样的项目，结合多个学科的知识与技能，满足不同儿童的学习需求。例如，以“我们的社区”为主题的项目，不仅能够让儿童学习语言、数学和科学等多个领域的知识，还能通过实际的探索和互动，激发他们的学习兴趣和好奇心。在这个项目中，儿童可以通过观察、调查和实践，深入了解他们所生活的社区。这种实地学习不仅能提高他们对环境的认知，还能使他们在真实情境中应用所学的知识。例如，儿童可以参观社区内的商店、医院和公园，观察这些地方的功能和运作。通过与社区成员的互动，他们不仅能学到有关语言和沟通的技能，还能理解不同职业的角色与贡献，从而增强他们的社会意识和责任感。

在进行跨学科的学习时，儿童需要将不同领域的知识联系起来，进行综合分析和解决问题。例如，在“我们的社区”项目中，教师可以引导儿童讨论如何改善社区环境。这一过程需要他们运用科学知识理解环保的重要性，使用数学技能进行数据分析，并通过语言表达自己的观点和建议。这样的综合性学习培养了儿童的批判性思维和创造力，使他们能够从多个角度思考问题并提出解决方案。此外，跨学科融合的项目学习还为儿童提供了实践能力发展的机会。在项目的实施过程中，儿童需要进行各种活动，如绘制社区地图、设计宣传海报或进行小组演示。这些实践活动不仅让儿童在动手操作中巩固知识，还能培养他们的团队合作精神。在小组合作中，儿童需要分工合作、互相支持，学习如何有效沟通与解决冲突。这种实践能力的培养对他们未来的学习和生活具有深远的影响。

教师在设计跨学科项目时，还应注重儿童的个体差异，确保每个儿童都能在项目中找到适合自己的角色和任务。例如，对于喜欢动手操作的儿童，则可以让他们负责制作模型或海报。这种灵活的角色分配能够激励儿童积极参与，增强他们的自信心和归属感。跨学科融合的项目学习还应与家长和社区合作，形成教育的合力。教师可以邀请家长参与项目的设计与实施，鼓励他们分享自己的专业知识和经验。例如，家长可以作为项目的顾问，帮助儿童了解社区中的各种资源和服务。这种家校合作不仅能够增强家长的参与感，也能为儿童的学习提供更多支持和资源。

（三）基于儿童兴趣的自主学习设计

基于儿童兴趣的自主学习设计在幼儿园教育中扮演着至关重要的角色。这种方法鼓励儿童根据自己的兴趣选择学习主题和活动，从而提高他们的学习动机和参与感。通过为儿童提供多样化的学习选项，教师能够让他们在自由选择和探索中，促进在感兴趣领域的深入发展。当儿童能够围绕自己的兴趣进行学习时，他们会更愿意投入时间和精力去探索这些主题。例如，如果一个孩子对动物感兴趣，教师可以提供有关动物的书籍、视频和活动，让他们深入了解各种动物的习性和生活环境。这种兴趣驱动的学习方式不仅让儿童感到快乐，还能激发他们的好奇心，促使他们主动参与到学习过程中。

教师在设计自主学习活动时，应提供多样化的学习选项。这些选项可以包括不同的主题、学习方式和材料，使儿童能够根据自己的需求和喜好进行选择。例如，教师可以设置与艺术、科学、音乐或自然探索相关的学习站，鼓励儿童在不同的站点中自由选择。这种多样化的学习环境，能够满足儿童不同的学习风格，让他们在感兴趣的领域中自由探索，进而提高学习效果。在自主学习的过程中，儿童不仅获得知识，还培养了自主性和责任感。当他们能够决定自己的学习内容和方式时，就会更加主动地承担学习的责任。例如，儿童可以设定自己的学习目标，如在一周内完成一本书的阅读，或在一个月内学会一种新的乐器。这种自我设定目标的过程让儿童意识到自己的学习成果与努力之间的联系，从而增强他们的自信心和自我管理能力。

教师在支持自主学习时，可以提供适当的指导与支持。虽然儿童在选择学习内容时享有自由，但教师仍需在必要时提供帮助，以确保他们能够有效地进行学习。这种支持可以通过设定学习框架和提供相关资源来实现。例如，教师可以提供一些建议和参考材料，帮助儿童在选择学习主题时做出更明智的决定。同时，教师也应在儿童遇到困难时给予适时的反馈与鼓励，确保他们在自主学习中感受到支持与关怀。基于儿童兴趣的自主学习设计不仅提高了学习的有效性，还促进了儿童的综合发展。通过这种学习方式，儿童发展了批判性思维、解决问题的能力和创造力。在积极的学习环境中，儿童能够在探索中发现自我，培养出对学习的热爱和积极态度。这种积极的学习体验将对他们未来的学习和生活产生深远的影响。

（四）建立学习共同体与专业发展网络

教师之间的合作与交流不仅能增强教学的有效性，还能为教育实践带来新的思路和方法。在这样的环境中，教师能够定期分享实践经验、教学策略和研究成果，从而共同提升专业能力和教学质量。在这样的共同体中，教师可以自由地讨论他们在教学中遇到的挑战和成功经验。这种开放的交流能够帮助教师反思自己的教学实践，获取来自同事的反馈和建议。例如，一位教师可能在实施某种教学策略时遇到困难，其他教师则可以分享他们的经验，提供可行的解决方案。这种互动不仅促进了教师之间的学习，也增强了团队凝聚力，使教师在共同的目标下更有动力进行教学创新。

幼儿园可以组织各种形式的专业发展会议、工作坊和培训，鼓励教师参与并积极交流。教师可以学习到最新的教育理论和教学方法，了解差异化教学的最佳实践。例如，邀请外部专家开展讲座或培训，可以帮助教师拓宽视野，学习到更多的教学策略和技巧。这种专业发展不仅提升了教师的教学能力，也为他们在课堂中实施差异化教学提供了新的工具和资源。在幼儿园的教育环境中，不同学科的教师可以通过共同的项目或主题进行合作。例如，语言教师和艺术教师可以联合设计一个以故事创作为主题的项目，鼓励儿童通过绘画、表演和写作等多种方式表达自己的想法。这种跨学科的合作不仅丰富了儿童的学习体验，也为教师提供了更广泛的视角和合作机会，促进了整体教育质量的提升。

在教育工作中，教师面临的压力和挑战往往较大，通过与同事的互动和支持，教师能够感受到同伴的理解与关心。这样的情感支持可以有效减轻教师的心理负担，增强他们的职业满足感。在一个积极的支持网络中，教师不仅能够在教学上获得帮助，还能在情感上得到支持，形成积极向上的工作氛围。教师在共同体中的学习和交流不应是一次性的活动，而应形成长期的合作关系。定期反思与评估，确保共同体能够不断适应教师的需求和教育环境的变化。教师可以根据反馈，调整学习共同体的活动内容和形式，确保其始终具有针对性和有效性。这种灵活性和适应性，使得学习共同体能够在长期中持续发挥积极作用，推动教师的专业发展。

第三节　支持多元化学习需求的资源与工具

一、支持幼儿多元化学习需求的资源

（一）学习材料的多样化

教师应准备各种形式的学习材料，包括图书、工作册、音频和视频资料，以

满足不同儿童的个体需求。这些材料应涵盖不同的主题和难度，使儿童能够在适合自己的环境中进行学习，从而最大化他们的学习效果。对于语言能力较弱的儿童，图画书提供了直观的视觉支持，帮助他们理解故事情节和人物关系。通过丰富的插图，儿童能够在没有过多文字的情况下，依然跟随故事的发展。这种形式不仅有助于语言的学习，也能激发他们的想象力和创造力。同时，图画书通常简单易懂，能够有效增强儿童的自信心，让他们在阅读中获得乐趣和成就感。

章节书和更复杂的文学作品则更为适合。这类书籍能够提供更丰富的词汇和更复杂的叙事结构，促进儿童的语言发展与思维能力。教师可以鼓励这些儿童在阅读过程中进行讨论和分享，以提高他们的理解能力和批判性思维。在这样的阅读体验中，儿童能够接触到更多的主题和观点，培养他们对不同文化和价值观的理解。除了传统的纸质书籍，教师还应充分利用音频和视频资料来丰富学习材料的种类。音频材料如有声书和故事播客可以为儿童提供多样的听觉体验，尤其对听力敏感的儿童来说，这是一种有效的学习方式。通过听故事，儿童不仅能够提高听力理解能力，还能增强对语言节奏和语调的感知能力。此外，视频资料如教育动画和纪录片能够以生动的形式传达知识，吸引儿童的注意力，激发他们对学习的兴趣。例如，通过观看有关动物生活的纪录片，儿童能够在轻松愉快的氛围中学习到丰富的科学知识。

在选择学习材料时，教师还应考虑到儿童的兴趣和文化背景，以确保这些材料能够引起他们的共鸣。通过提供与儿童生活经验相关的学习材料，教师能够让他们在学习中感受到亲切与熟悉。这种个性化的材料选择不仅能激励儿童主动参与学习，还能增强他们的学习动力，使他们更愿意探索新知识。随着儿童的学习进展，教师需要定期评估材料的有效性，并根据儿童的反馈进行调整。这种动态调整的过程使得学习材料始终保持适宜性和新鲜感，避免因重复使用而导致的学习倦怠。同时，教师也可以鼓励儿童参与学习材料的选择，让他们根据自己的兴趣和需求提出建议，从而增强他们的参与感和责任感。

（二）专业支持资源

专业支持资源在幼儿园教育中扮演着不可或缺的角色，尤其是在满足有特殊需求儿童的多元化学习需求方面。为了有效支持这些儿童，幼儿园应建立与心理学家、特殊教育教师和语言治疗师等专业人员的合作关系。这种合作不仅能够为儿童提供针对性支持和指导，还能帮助教师在日常教学中制定个性化学习计划，从而提升教育的整体质量。心理学家的专业知识对幼儿的情感与社交发展至关重要。这些专业人员可以通过评估儿童的心理状态与发展需求，为教师提供具体的建议与干预措施。例如，心理学家可以帮助教师识别出有焦虑或社交困难的儿童，并提供相应的心理支持策略。通过与心理学家的密切合作，教师能够更好地理解儿童的情感需求，并在课堂上采取更为有效的教学方法，以帮助他们克服情感障碍，增强自信心。

特殊教育教师在支持有特殊需求儿童方面具有专业的知识与经验。他们能够为教师提供关于特定学习障碍、发展性障碍等方面的指导，帮助教师制定个性化的学习计划。通过与特殊教育教师的合作，教师可以获得有关教学策略的建议，从而在教学中更有效地满足每个儿童的个体需求。例如，特殊教育教师可以指导教师如何通过适当的材料和活动设计，帮助有学习障碍的儿童更好地理解课程内容。这种针对性的支持使得儿童能够在合适的环境中获得成功，进一步推动他们的学习和发展。语言治疗师同样在儿童语言发展方面提供了宝贵的支持。他们能够评估儿童的语言能力，识别出需要改进的领域，并提供专业的语言干预策略。教师可以与语言治疗师合作，为有语言发育迟缓的儿童提供额外的语言支持。例如，语言治疗师可以为教师提供具体的活动建议，如口语游戏和语言交流练习，以帮助儿童提高语言表达能力。这种协作不仅增强了儿童的语言能力，也为他们在社交活动中建立自信提供了支持。

除了与专业人员的直接合作，教师也应积极参与专业发展活动，以提升自己的专业素养。这些活动包括培训课程、工作坊和教育会议等，教师可以通过这些机会学习有关多元化教育的最新研究成果和实践经验。例如，教师可以了解最新的教育技术、教学方法和心理学理论，从而更好地应对课堂中的挑战。通过参与专业发展活动，教师能够不断更新自己的知识体系，增强对特殊需求儿童的理解和支持能力。

（三）家庭和社区资源

教师可以通过与家长的沟通，深入了解家庭环境中为儿童提供的支持和资源，这种信息的获取不仅能够帮助教师制定更有效的教学计划，还能促进家校合作，增强儿童在学习过程中的参与感和安全感。了解家长在家庭中实施的教育活动，可以使教师更好地整合这些资源，并在课堂上应用家庭所提供的支持。教师应与家长建立良好的沟通渠道，定期召开家长会，分享儿童在学校的学习情况及进展。同时，教师也可以了解家长在家庭中为孩子创造的学习环境和活动，例如家长是否利用图书、游戏或其他学习工具来支持孩子的发展。这种双向的信息交流使得家校之间形成有效的合作，从而为儿童的学习提供更加稳定的支持。

社区中的图书馆、博物馆和文化中心等机构为儿童提供了丰富的学习体验，教师可以组织儿童参观这些地方，让他们在实际的情境中学习和探索。例如，图书馆不仅提供了大量的书籍，还会定期举办故事会、阅读活动等，这些都能够吸引儿童的注意力，激发他们的阅读兴趣。通过参观博物馆，儿童可以接触到各种文化和历史的知识，这种实践体验不仅丰富了他们的学习内容，也增强了他们对世界的认知。社区资源的整合还可以扩展到志愿者和专业人士的参与。例如，教师可以邀请社区中的艺术家、科学家或其他专业人士参与课堂教学，为儿童提供不同领域的知识和体验。这种跨学科的学习方式不仅能够拓宽儿童的学习视野，还能激励他们探索更多的兴趣和可能性。此外，通过与社区合作，教师还能够设计出丰富多彩的学习活动，让儿童在社区环境中学习与成长，增强他们的社交能力和团队意识。

家庭和社区资源的有效利用需要教师的主动性和创造力。在设计学习活动时，教师应考虑如何将家庭和社区的资源融入课程中。例如，可以鼓励家长分享他们的专业知识，让儿童了解不同职业的特点与工作内容。儿童不仅能获得新知识，还能感受到家庭和社区在他们学习过程中的重要性。通过整合家庭和社区资源，教师能够为儿童创造一个更加全面和支持性的学习环境。这种环境能够满足儿童在多方面的学习需求，帮助他们在知识、情感和社交技能等领域取得全面发展。家庭和社区的参与不仅增强了儿童的学习体验，也促进了家长和教师之间的合作，为儿童的未来学习奠定了坚实的基础。

二、 支持幼儿多元化学习需求的工具

（一）数字化学习工具

随着科技的进步，这些工具的引入为教师和儿童提供了全新的学习方式。教育应用程序和在线学习平台不仅为儿童提供了丰富的学习内容，还允许他们根据

自己的兴趣和能力自由选择学习项目。这种个性化的学习体验能够提升儿童的学习动机，激发他们的好奇心。数字化学习工具的互动性和趣味性使其成为吸引儿童注意力的有效手段。例如，许多教育应用程序通过游戏化的方式设计学习活动，让儿童在玩乐中学习。儿童能够体验到学习的乐趣，进而积极参与到学习过程中。游戏机制的引入，如积分、奖励和挑战，使得学习不再是一项单调的任务，而是变成了一种充满乐趣的体验。这种方式能够提高儿童的参与感和学习动机，让他们在不知不觉中掌握知识和技能。

教师可以根据不同儿童的能力水平和兴趣，为他们推荐相应的学习工具和资源。例如，一位教师可以为语言能力较强的儿童推荐更复杂的阅读材料或写作工具，而为语言能力较弱的儿童提供简单的图画书或音频故事。这种个性化的推荐使每个儿童都能在自己的学习节奏中获得适合的支持。许多教育应用程序能够实时监测儿童的学习进度，并在他们完成任务后立即提供反馈。这种及时的反馈机制使儿童能够迅速了解到自己的表现，识别出需要改进的地方。例如，当儿童在数学练习中出现错误时，系统能够即时提醒他们并提供解决方案，这种反馈不仅能帮助儿童调整学习策略，还能增强他们的学习信心。儿童能够在不断尝试与调整中找到适合自己的学习方法，提升学习效果。

一些在线平台提供了小组学习的功能，让儿童能够在虚拟环境中合作完成任务。这种协作学习不仅提高了儿童的社交能力，还培养了他们的团队精神。通过共同讨论、分享观点和解决问题，儿童在合作中获得了更深刻的理解和体验。这种互动不仅增强了他们的沟通技巧，还让他们在学习中感受到支持和友谊。数字化学习工具的使用也要求教师不断更新自身的专业知识和技能。教师应积极参与培训和学习，以掌握最新的教育技术和工具，从而更有效地指导儿童的学习。通过不断提升自身的技术能力，教师能够更好地利用这些数字化工具，制定合适的教学策略，确保每个儿童都能在数字化学习环境中受益。

（二）评估与反馈工具

评估与反馈工具在幼儿园教育中发挥着至关重要的作用，帮助教师有效了解儿童的学习进展与需求。这些工具为教师提供了数据支持，使其能够更好地制定个性化的学习计划，并及时调整教学策略，以满足儿童的多元化学习需求。通过使用在线评估平台和学习管理系统，教师不仅能够跟踪儿童的学习数据，还能深入分析他们的优缺点，从而提供更有针对性指导。教师可以轻松获取有关儿童学习进展的信息，如测试成绩、作业完成情况和参与度等。这种全面的数据收集能够让教师快速了解每个儿童的学习状况，帮助他们识别出需要进一步关注的领域。例如，如果某个儿童在数学方面表现不佳，教师可以针对性地提供额外的支持与练习，以帮助他们克服困难。这种及时的反馈机制确保教师能够迅速采取行动，确保每个儿童都能在适合的环境中学习与成长。

评估工具的灵活性和适应性使教师能够为不同能力水平的儿童制定个性化的学习计划。通过分析评估结果，教师可以根据儿童的具体需求调整教学内容和策略。例如，对于在某一领域表现突出的小组，教师可以设置更具挑战性的任务。这种个性化的教学策略不仅能提高儿童的学习效果，还能增强他们的自信心，使他们在学习过程中感受到进步与成就。评估与反馈工具还能够为儿童提供即时的反馈，帮助他们理解自己的学习进展。当儿童在完成在线练习后能够立即获得反馈时，他们能更快地识别出自己的错误并进行改正。这种即时反馈的机制，使儿童在学习中保持积极的态度，鼓励他们在遇到挑战时不断尝试与调整。此外，儿童能够看到自己的进步，这种积极的体验能够增强他们的学习动机，促使他们更加主动地参与到学习中。

教师可以利用评估数据与家长分享儿童的学习进展，讨论他们在学校的表现和需要改进的领域。这种沟通不仅让家长了解孩子的学习状况，还能够引导他们在家庭教育中给予孩子更多的支持与鼓励。例如，教师可以向家长建议一些适合的家庭活动，帮助儿童在家中进一步巩固所学知识。这种家校合作的方式，能够形成教育的合力，共同促进儿童的全面发展。随着教育技术的发展，教师需要积极参与相关培训，以掌握最新的评估工具和方法。通过不断学习，教师能够更好地运用这些工具，为儿童提供高质量的教学支持。

（三）互动与协作工具

互动与协作工具在课堂教学中发挥着重要的作用，尤其是在促进儿童之间的交流与合作方面。教师可以利用这些工具，如白板、投影仪和在线协作平台，来增强儿童在小组活动中的参与感。这种互动方式不仅让儿童更积极地参与到学习中，还能够提高他们的社交能力和团队合作精神。使用互动工具如智能白板和投影仪，可以让教师在教学过程中呈现丰富多样的内容。这些工具能够展示图像、视频和互动活动，激发他们的兴趣。例如，在进行科学课时，教师可以通过投影仪展示与实验相关的视频，让儿童在视觉上更直观地理解实验过程。这种直观的展示方式能够促进儿童的思维，引导他们在讨论中提出问题和见解，从而增强课堂的互动性。

教师可以设计小组任务，让儿童在虚拟环境中共同完成项目。这种合作不仅能够促进儿童之间的交流，还能培养他们的协作能力和解决问题的能力。例如，教师可以让儿童在在线平台上共同策划一个社区服务项目，要求他们分工合作，提出创意并制定实施计划。儿童需要不断沟通、分享意见，并在相互支持中达成共识，这种合作学习体验能够有效提升他们的社交技巧。通过使用在线协作工具，教师可以查看儿童在小组任务中的参与度和贡献，及时给予反馈与指导。这种反馈机制能够促进儿童在合作中的反思，使他们意识到自己在团队中的角色和责任，进一步提升他们的学习动机和责任感。例如，教师可以在小组任务完成后，与儿童一起讨论每个成员的贡献与表现，帮助他们认识到团队合作的重要性。

利用互动与协作工具，教师能够创造一个积极、开放的学习氛围。儿童更愿意表达自己的观点，并主动参与讨论。教师可以鼓励儿童在小组活动中提出不同的意见，倡导包容与尊重的文化，让每个儿童都感受到被重视和支持。这种良好的互动氛围不仅能够增强儿童的自信心，还能促进他们在团队中的归属感和合作意愿。教师应定期评估互动与协作工具的有效性。这种持续的反思与改进将确保这些工具在教学中的最佳使用，帮助儿童更好地适应协作学习的环境。例如，教师可以通过问卷或小组讨论，了解儿童对当前使用工具的看法，从而根据他们的需求进行调整和优化。这种灵活性使得教师能够创造出更为适合儿童的学习环境，确保每个孩子都能在互动与合作中获得成长。

（四）多感官学习工具

多感官学习工具在教育中扮演着重要的角色，特别是在满足不同学习风格的儿童方面。通过结合视觉、听觉和动手操作的材料，教师能够为儿童创造一个丰富的学习环境。这些工具包括模型、实验设备和音乐器材等，能够有效促进儿童对知识的理解与掌握。教师可以使用图表、图片和视频来帮助儿童理解抽象的概念。例如，在讲解植物的生长过程时，教师可以展示植物生长的时间推移视频，帮助儿童直观地看到植物从种子到成苗的变化。这种生动的视觉表现能够激发儿童的好奇心，使他们更容易理解复杂的生物学原理。

通过使用音乐、录音和语言材料，教师能够增强儿童的听觉学习体验。例如，在学习语言时，教师可以播放歌曲或故事的录音，让儿童在愉悦的氛围中进行听力训练。这种听觉参与不仅能够提高儿童的语言能力，还能帮助他们更好地记忆词汇和语法结构，增强语言学习的乐趣。在科学实验课上，教师可以通过实物展示和操作，鼓励儿童亲自参与实验。例如，让儿童使用实验设备进行简单的化学反应，不仅能够提高他们的动手能力，还能帮助他们在实践中更深入地理解科学原理。这样的动手参与能够激发儿童的探索精神，让他们在实践中感受到学习的乐趣和成就感。

通过不同感官的参与，儿童能够更全面地获取信息，增强理解和记忆。例如，在进行艺术活动时，教师可以让儿童运用不同的材料，如水彩、黏土和剪纸，进行创作。这样的多样化活动不仅能激发儿童的创造力，还能促进他们在视觉、触觉等方面的感知能力。这种多感官的学习体验能够让儿童在各个领域都获得成长，培养他们的综合素质。在实施多感官学习时，教师应关注每个儿童的个体差异，以确保每个孩子都能从中受益。例如，教师可以根据儿童的兴趣和能力水平，调整活动的难度和形式，让每个孩子都能在适合自己的环境中学习。这种个性化的关注不仅能增强儿童的自信心，还能促进他们在学习中的积极性和主动性。

教师在使用多感官学习工具时，应定期评估其效果，以确保工具的有效性和适宜性。通过观察儿童在活动中的表现，教师能够判断哪些工具和方法最能吸引儿童的注意力，促进他们的学习。这种反思与改进的过程将确保多感官学习工具始终能够满足儿童的需求，为他们的学习和发展提供最佳支持。

第四节　课程评价与融合教育中的反馈机制

一、课程评价的重要性

课程评价在幼儿园教师融合教育中扮演着关键角色。有效的课程评价不仅能够评估教学效果，还能识别儿童在学习过程中的进步与挑战。这种评估为教师提供了调整教学策略的依据，确保每个孩子都能在适合自己的学习环境中发展。此外，课程评价还可以增强家长对教育过程的理解，促进家校之间的合作。

二、 评价标准的多样性

评价标准应体现多样性，这些标准不仅应包括学业成绩，还应涵盖社交能力、情感发展和身体技能等方面。通过多维度的评价，教师能够全面了解儿童的成长状况，确保每个孩子在各个领域都能获得适当的支持。

三、 持续性评估的实施

教师应建立持续性评估机制，通过定期观察和反馈，监测儿童的学习进展。这种评估方式可以采用日常记录、课堂观察和小组讨论等多种形式，及时了解儿童在学习中的表现与变化。持续性评估不仅能为儿童提供即时反馈，还能帮助教师根据评估结果调整教学方法，以满足儿童的个体需求。

四、 反馈机制的建立

反馈机制在课程评价中至关重要。教师应及时向儿童提供反馈，让他们了解自己的学习进展和需要改进的地方。这种反馈应具体而积极，能够激励儿童在学习中不断努力。此外，教师还应定期与家长沟通，分享儿童的学习成果和发展建议，促进家庭对教育过程的参与。

五、 利用技术工具增强评估效果

现代科技为课程评价与反馈机制的实施提供了丰富的资源。教师可以利用在线评估平台和学习管理系统，收集儿童的学习数据并进行分析。这些技术工具不仅能够提高评估的效率，还能为儿童提供即时反馈，帮助他们更好地理解自己的学习情况。此外，技术工具也可以促进教师之间的交流与合作，共同探讨课程评价的最佳实践。

第五章　融合教育背景下的教师心理素质建设

第一节　幼儿园教师心理素质对融合教育的影响

一、 情绪管理能力

（一）建立信任关系

在幼儿教育中，教师的情绪管理能力至关重要，它不仅影响课堂氛围，还直接关系到与儿童之间的信任关系。当教师在课堂上展现出稳定和积极的情绪状态时，孩子们会感受到这种情绪的传递。研究表明，情绪稳定的教师能有效营造安全和支持的环境，使儿童感到被重视和理解。这种信任感是儿童学习的重要基石，能够激励他们积极参与课堂活动，勇于表达自己的想法和情感。教师应当通过关心儿童的情绪需求、倾听他们的声音来增强这种信任。在课堂中，教师可以采用开放式问题，引导孩子们分享他们的感受和经验，这不仅有助于培养儿童的表达能力，也为教师与幼儿之间的情感连接提供了机会。随着这种互动的增加，儿童会逐渐建立起对教师的信任，从而愿意在学习中冒险和尝试。

当儿童感到安全时，他们能够更加自信地面对学习中的挑战。这种自信心的增强，有助于他们克服学习过程中可能产生的焦虑和压力，进而提升学习效果。研究发现，拥有良好信任关系的课堂环境，幼儿表现出更高的参与度和积极性，学习成果也显著提高。教师可以运用积极的语言和非语言沟通技巧，传达出对幼儿的关心和支持。例如，在面对困难问题时，教师应以鼓励的态度来引导儿童，而不是批评和否定。这样，幼儿能够感受到教师的善意和理解，从而建立起更深层次的信任关系。

通过合作学习和小组活动，孩子们能够在相互支持中成长。儿童不仅学习知识，还学会如何与他人沟通与协作。这种同伴之间的信任关系同样重要，因为它能让孩子们在集体活动中体验到归属感和安全感，从而更好地参与学习。教师需要不断反思自己的情绪管理方式，以及这些方式如何影响幼儿的情绪和学习状态。通过建立良好的情感联结，教师能够帮助儿童在学习中感受到支持和鼓励。这种正向的情绪体验，不仅能够提升幼儿的学习动机，也为他们的终身学习奠定了良好的基础。

（二）促进积极学习氛围

教师的情绪管理能力发挥着至关重要的作用，直接影响课堂的整体氛围。当教师展现出情绪稳定和积极的态度时，课堂环境变得更加和谐和开放。这种积极的学习氛围能够激励儿童主动参与，并促进他们的创造性思维。儿童不仅能够感受到安全感，还能更自由地表达自己的想法和感受。为了营造这样的学习氛围，教师需要不断调整自己的情绪反应，关注自身对幼儿的情感传递。积极的情绪表现能够激励幼儿参与课堂互动。比如，教师在课堂上通过微笑、鼓励的语言和积极的非语言行为，能够有效引导儿童更主动地尝试新事物。这样的互动不仅使课堂更加生动有趣，也为幼儿提供了探索和学习的空间。

良好的学习氛围能够提升儿童的学习动机，使他们在课堂活动中更加投入。研究表明，情绪积极的教师能够提高幼儿的学习兴趣，进而促进他们的主动学习。儿童在愉快的环境中会更愿意挑战自我，尝试不同的学习方法，这种勇于探索的精神将有助于他们在知识的获取与应用中取得更好的效果。通过小组合作、游戏活动等方式，可以促进儿童之间的情感交流，增强彼此之间的信任和支持。在这种氛围中，儿童能够互相学习，共同进步。这不仅提升了课堂的活力，还使学习过程变得更加有趣和富有成效。

当课堂气氛变得紧张或幼儿出现负面情绪时，教师应及时进行情绪干预，采用幽默、倾听和积极的引导方式，帮助幼儿调整情绪。这种情绪管理不仅有助于恢复课堂的积极氛围，还能够培养儿童的情绪智力，使他们学会识别和调节自己的情绪。在一个积极的学习环境中，儿童能够更好地学习如何与他人沟通和协作，培养他们的社交技能。这种技能的提升，对他们未来的学习和生活都是极为重要的。良好的学习氛围与情绪管理的有效结合，可以极大提升教学的有效性。当儿童在积极向上的环境中学习时，他们的创造力和思维能力将得到充分发挥，从而实现全面的成长与发展。教师作为这一环境的引导者，其情绪管理能力的重要性不言而喻。因此，提升教师的情绪管理能力，将为儿童创造更加美好的学习体验。

（三）有效应对突发情况

在教学过程中，教师不可避免地会遇到各种突发情况，包括儿童的情绪波动和行为问题。这些突发事件如果处理不当，可能会对课堂秩序和学习效果产生负面影响。然而，具备良好情绪管理能力的教师能够冷静应对这些挑战，从而维护课堂的稳定和教学的连贯性。儿童在课堂上的情绪波动往往是由多种因素引起的，如家庭问题、同伴关系等。教师应当具备敏锐的观察力，通过幼儿的面部表情、肢体语言和语言表达，迅速判断他们的情绪状态。当教师发现某个幼儿情绪失控时，能够及时介入，帮助幼儿调节情绪，这不仅有助于个别幼儿的心理健康，也为整个班级创造了一个稳定的学习环境。

教师在面对突发情况时，应运用自我调节技巧来保持冷静。情绪稳定的教师更容易做出理智的判断，选择适当的应对策略。例如，当某位幼儿表现出强烈的情绪反应时，教师可以运用倾听和理解的方式，给予幼儿情感上的支持。这样的支持能够让幼儿感受到被理解和关心，从而缓解其不良情绪，恢复课堂的正常秩序。教师还应准备一些应对突发情况的预案。例如，可以制定行为规范，明确课堂规则，并与幼儿共同探讨合适的行为方式。当突发情况发生时，教师能够迅速引用这些规则，引导幼儿意识到自己的行为影响课堂氛围，并促使他们做出积极的改变。教师不仅在管理课堂秩序上起到积极作用，还能够帮助幼儿建立良好的行为习惯。

教师在应对突发事件时，应注重与家长的沟通。很多行为问题和情绪波动与家庭环境密切相关，因此，与家长保持良好的沟通，了解幼儿的背景和家庭情况，可以帮助教师更好地理解幼儿的需求。家校合作能够共同为幼儿创造一个支持性的学习环境，帮助他们更好地应对各种挑战。在处理突发情况的过程中，教师的情绪管理能力不仅体现在个人的应对策略上，更反映在他们对幼儿的影响力。当教师能够以身作则，展现积极的情绪管理时，幼儿们也会逐渐学习如何有效地管理自己的情绪，培养更好的应对能力。最终，这种良性的情绪传递有助于建立和谐的课堂氛围，使每位幼儿都能在稳定的环境中不断学习与成长。

二、 应对压力的能力

（一）灵活调整教学策略

在当前的教育环境中，融合教育已成为一种趋势，教师面临着多样化幼儿需求的挑战。这种情况下，教师必须具备良好的压力管理能力，以灵活调整教学策略。通过应对压力，教师能够在紧张的工作环境中保持冷静，迅速分析课堂中出现的问题，并寻找适合不同幼儿的解决方案。每位幼儿的学习风格、兴趣和能力各不相同，教师需要通过观察和沟通了解这些差异，以便制定个性化的教学方案。当教师能够准确把握每个幼儿的需求时，便能有效地调整教学内容和方式，使其更符合幼儿的学习节奏和能力水平。这种针对性的调整不仅提升了教学质量，还能增强幼儿的学习动机，使他们在课堂上表现得更加积极。

在课堂上，情况瞬息万变，教师需灵活应对各种挑战。例如，某个教学活动可能会因为幼儿的反应不如预期而需要调整。这时，教师应能够迅速分析情况，重新设计活动，使之更适合幼儿的需求。这种能力不仅能够避免教学计划的失控，还能有效维护课堂秩序，让每个孩子都能获得相应的支持与关注。教师在实施灵活策略时，可以借助团队合作的力量。与其他教师、特教人员或家长沟通合作，共同探讨幼儿的需求，能够帮助教师更全面地了解幼儿的情况。这种合作不仅有助于教师获取不同的观点和建议，还能促进资源的共享，使每位幼儿都能受益于多元化的教学支持。定期进行自我评估，分析教学效果，能够帮助教师识别出成功的教学策略和需要改进的地方。通过这种反思，教师可以更好地适应不断变化的课堂动态，从而实现真正的灵活教学，确保每个幼儿都能在其学习旅程中得到应有的关注和支持。

（二）保持专注与高效

有效的压力管理能够帮助教师制定合理的教学计划，设定清晰的目标，从而确保教学活动的顺利进行。这样的专注力使教师能够更好地识别和满足每个孩子的学习需求，进而提升课堂效率。当教师在教学过程中清楚地知道每个阶段的目标时，便能更加专注于如何达成这些目标。这种专注不仅有助于教师高效利用时间和资源，还能使幼儿在课堂上明确自己的学习任务，增强他们的参与感和责任感。

通过合理分配课堂时间，教师能够在不同的活动之间灵活切换，确保每个环节都有足够的时间进行。这种高效的时间利用能够使课堂教学节奏更为流畅，避免不必要的拖延，从而保持幼儿的注意力，使他们在学习中保持积极性。教师的高效表现不仅影响自己的工作效率，还能够在幼儿中形成积极的榜样。幼儿会受到教师专注和高效工作的激励，进而提高他们的学习动机。当幼儿看到教师投入并高效地管理课堂时，他们会受到鼓舞，愿意主动参与到学习活动中。这种良好的学习氛围能促进幼儿之间的合作与互动，进一步提升整体的学习效果。教师在保持专注和高效的同时，还应关注自身的情绪管理。教师可以通过短暂的休息、深呼吸或与同事交流来缓解压力，以保持精力充沛，提升课堂的教学效果。

（三）预防职业倦怠

在教育领域，教师面对的压力与挑战不容小觑。在这种环境下，保持专注和高效显得尤为重要。那些能够有效管理压力的教师通常会制定合理的计划和设定清晰的目标，以确保教学活动的有序进行。教师不仅能更好地组织课堂内容，还能提高教学效率，为幼儿创造更好的学习体验。教师应当合理分配时间，确保每个教学环节都有充分的时间进行。通过提前规划和准备，教师可以更好地控制课堂节奏，避免因为时间紧张而造成的教学混乱。这种周密的安排使教师能够更加专注于每个教学环节，深入了解幼儿的需求，以满足不同幼儿的学习目标。

教师应确保目标明确且具有可行性。这不仅有助于教师自身的教学安排，也能让幼儿清楚地了解他们在学习过程中应达到的标准。当幼儿对学习目标有清晰认识时，他们更容易集中注意力，积极参与课堂活动。这种高效的目标设定过程不仅提升了课堂的整体效率，还培养了幼儿的自主学习能力，使他们在学习中更加投入。教师的专注与高效不仅体现在个人的教学管理中，还会通过他们的表现影响到幼儿。当教师能够保持高效的教学状态时，幼儿也会受到激励，积极参与到学习中。这样的互动不仅增强了课堂的活力，还形成了良好的学习氛围。幼儿能够感受到积极的学习情绪，从而提升他们的学习动机和参与度。教师在应对压力时，还需注重自身的心理调适。通过合理的休息与放松，教师能够更好地恢复精力，保持专注。在课堂外，参加专业发展活动、与同事交流等方式，都是提升教学效率的有效途径。这些活动不仅能帮助教师拓宽视野，还能增强他们的职业自信，从而在教学中表现得更加高效。

三、 积极的教育态度

（一）激励学习动机

热情的教师能够创造出一个充满活力的学习环境。当教师用兴奋和热忱的语气传达知识时，儿童自然会感受到这种情绪，并被感染。这样的氛围使得幼儿们更加愿意参与课堂活动，积极发言，甚至主动提问。在这样的学习环境中，儿童不仅能够获取知识，更能享受探索的过程，从而形成对学习的浓厚兴趣。当教师在课堂上及时给予积极反馈时，儿童会感到自己的努力得到了认可，进而增强自信心。这样的正向反馈不仅使他们对当前学习内容保持高度的参与感，还激励他们在今后的学习中继续努力。孩子们会明白，自己的付出是有回报的，这种信念会不断驱动他们探索新的知识领域。

通过积极的言辞和态度，教师向儿童传递了一个信息：每一个幼儿都拥有独特的潜力和价值。这样的认知帮助儿童认识到自己的优势，增强自我价值感。他们会更愿意挑战自我，去尝试那些看似困难的任务。即使在遇到挫折时，他们也能以更积极的心态面对困难，进而提升了他们的韧性和适应能力。积极的学习氛围不仅限于课堂内部，教师的态度还会延伸到儿童的日常生活中。教师所营造的良好学习体验，能够让儿童在课外也保持对学习的渴望。他们可能会主动寻找相关书籍、参加兴趣小组，甚至向家长请教问题。这种自主学习的态度与教师的积极引导密切相关，显示出教师对儿童学习动机的深远影响。

教师不仅需要关注普通幼儿的学习动机，还需特别关注有特殊需求的儿童。通过建立良好的师生关系和提供个性化的支持，教师能够帮助这些儿童克服学习上的障碍，增强他们的参与感与自信心。在这样的支持下，特殊需求儿童也能享受到学习的乐趣，激发他们的内在学习动机，进而实现全面的发展。

（二）建立自信心

教师的赞扬能够显著提升儿童对自身能力的认知。当教师及时认可幼儿的努力和成就时，儿童会感受到自己的付出得到了重视。这种正面的反馈不仅让孩子们明白自己的努力是有意义的，还激励他们在学习中不断追求更高的目标。随着自信心的增强，他们更愿意尝试新的挑战，从而在学习中形成良性循环。教师通过积极鼓励和关心，可以有效地帮助他们克服这些障碍。给予他们的关注和肯定，不仅提升了他们的自我认同感，还让他们相信自己的能力与价值。特殊需求儿童能够逐步建立起对自己的信心，从而更积极地参与到学习中。

积极的互动氛围使得幼儿愿意与同伴分享自己的观点和成果，这种交流进一步增强了他们的自信。当儿童看到自己的想法被他人认可时，他们会对自己的表达能力感到自豪。这种自信心的提升不仅影响到学习，还对他们的社交关系和情感发展产生了深远的影响。此外，教师通过设定适当的挑战，也能够有效地促进自信心的建立。当教师根据每个儿童的能力水平设计相应的学习任务时，儿童在完成这些任务时会感受到成功的喜悦。这种成功体验为他们提供了积极的反馈，让他们相信自己可以应对更多的挑战。在这样的过程中，自信心自然得到了稳步提升。教师通过引导幼儿反思自己的成长与进步，促使他们关注自己的长处而非短处。这种积极的自我认知让儿童更容易接受自身的不足，从而培养出更为健康的自我形象。当儿童在面对挫折时，能够以更开放的心态去理解和应对，他们的自信心也会因此而更加稳固。

（三）促进全面发展

创造性和互动性的教学方式能够有效地激发儿童的学习兴趣。当教师以积极的方式设计课堂活动时，儿童不仅能在学业上获得进步，还能在社交互动中提升沟通和合作能力。这样的课堂环境鼓励幼儿们积极参与，分享观点和创意，从而培养了他们的团队合作精神和人际交往技巧。教师通过关心和理解每一个幼儿的情感需求，能够帮助儿童更好地管理自己的情绪和理解他人的感受。积极的教师能够为幼儿提供安全的学习环境，使他们在面对挫折时感到被支持。这种情感上的安全感让儿童愿意表达自己的情绪，有助于他们建立更健康的人际关系，进而促进他们的情感发展。

当教师鼓励幼儿独立思考、探索不同的解决方案时，他们会逐渐发展出批判性思维和创新能力。在课堂上，教师可以通过设定真实情境的问题，引导幼儿共同探讨和解决。这种实践性学习不仅锻炼了儿童的逻辑思维，还培养了他们面对挑战时的勇气和灵活应变的能力。融合教育环境中，教师的关注和支持能够确保每一个孩子，无论其能力如何，都能够在学习中得到积极体验。通过给予特殊需求儿童适当的关注和鼓励，教师不仅帮助他们克服学习上的困难，也为其他儿童树立了榜样，培养他们的同理心和包容性。

四、沟通与合作能力

（一）建立良好的家校关系

良好的沟通能力是教师与家长建立信任关系的基础。教师主动与家长交流，分享儿童的学习进展和情感状态，有助于增强家长的参与感。当家长知道教师关注孩子的成长，他们会更加愿意与学校合作。这种互动不仅使家长感到被重视，同时也让教师获得了宝贵的家庭背景信息，从而更全面地理解儿童在学校以外的表现和需求。当教师与家长保持开放的对话时，双方可以及时解决问题，避免因信息不对称而产生的误会。例如，如果教师发现某个孩子在课堂上表现不佳，可以及时与家长沟通，探讨可能的原因和解决方案。这种及时的反馈机制能够确保儿童在各方面都能得到及时支持和干预，从而推动他们的持续进步。

通过建立良好的家校关系，教师和家长能够共同为儿童制定个性化的教育策略。教师在课堂上观察到的儿童表现与家长提供的家庭环境信息结合，可以形成对孩子更为全面的认识。这种合作关系使得教育策略不仅限于课堂，还能够延伸到家庭环境中。例如，教师可以建议家长在家中进行某些活动，强化课堂所学内容，促进儿童在各个方面的协调发展。当家长看到教师与自己保持积极沟通时，他们会更加信任教师的专业判断，从而增强对教育过程的参与感。这种信任感能让儿童在家庭和学校之间建立稳定的支持网络，有助于他们在情感上更为健康地成长。

通过有效的沟通，教师能够帮助家长更好地理解教育的目标和方法，使家长在孩子的教育中扮演积极的角色。这种紧密的合作关系不仅有助于儿童在学业上的成功，也为他们的社会适应和情感发展提供了坚实的基础。因此，良好的沟通能力不仅是教师的职业素养，更是推动儿童全面发展的重要因素。

（二）确保教育策略的一致性

有效沟通使教师能够及时分享各自的教学经验和策略。在一个多元化的教育环境中，不同教师的教学风格和方法可能会有所不同。通过积极交流与合作，教师能够将各自的成功实践分享给彼此，从而形成一个相对统一的教学框架。这种信息的共享不仅提升了教师的专业素养，也为儿童提供了更为连贯的学习体验。教育策略的一致性能够帮助儿童在不同课堂环境中保持稳定的学习状态。当教师采用相似的教学方法和评估标准时，幼儿在各个学科间的转换变得更加顺畅。这种一致性可以避免幼儿因适应不同教师的风格而感到困惑，从而降低了学习压力，提升了他们的学习效率。儿童能够在一个相对一致的环境中发展，从而更好地理解和内化所学知识。

通过集体讨论和协作，教师能够更全面地考虑到每个幼儿的个体需求。这样的过程不仅促进了教师之间的团队精神，也使得教育计划更加灵活和适应性强。每个幼儿的特长和挑战都能在教学策略中得到反映，这样一来，教师可以为幼儿提供个性化的支持，帮助他们在学习中获得更好发展。确保教育策略一致性还意味着教师需要与特殊教育专家进行深入合作。通过与专业支持人员的沟通，教师能够了解更多关于特殊需求儿童的教育策略和方法。这种多方合作能够确保对每个幼儿的支持是全面和有效的，使教师在实施教育策略时更加自信和高效。

家长了解教师之间的协作和一致性，能够更好地理解学校的教育目标和方法。这种透明度增加了家长的信任感，使他们更愿意参与到孩子的教育过程中。儿童在家庭和学校之间形成了一个支持性网络，从而进一步促进了他们的全面发展。

（三）促进信息和经验的共享

教师之间的合作精神不仅能创造出一个支持性的网络，更能够在面对各种挑战时提供必要的支持。特别是在融合教育的背景下，教师们常常需要应对不同幼儿的多样需求。有效沟通成为教师们分享成功经验和教学策略的重要途径。教师们通过建立开放的交流渠道，可以相互分享在教学过程中遇到的各种问题和解决方案。这种信息的流动，使得教师们能够从彼此的成功案例中学习。具体来说，某位教师在课堂上使用的有效教学策略，能够通过经验交流被其他教师借鉴和应用。这种知识的传播不仅提升了个体教师的能力，也为整个教育团队的成长奠定了基础。

在一个充满合作精神的团队中，教师们更愿意互相支持，共同面对教学中的困难。这种团结合作的氛围能够激励教师们持续探索新的教学方法，以适应不同幼儿的需求。当教师们齐心协力，共同为每个幼儿创造一个积极的学习环境时，孩子们的学习体验将大大改善。在实践中，信息和经验的共享可以通过定期的教师会议、工作坊或在线平台等多种形式进行。这些活动不仅为教师提供了一个交流的平台，还能促进他们之间的情感联系。通过分享成功的教学案例和面临的挑战，教师们能够在相互理解中增强信任，形成更为紧密的合作关系。这样的关系不仅限于专业上的支持，也为教师个人的情感健康提供了保障。

当教师们有效地共享信息和教学策略时，他们可以共同设计出更符合幼儿需求的课程和活动。例如，某位教师发现了某种特定的教学方法能够有效提升幼儿的参与度和理解能力，其他教师在了解此方法后，可以将其整合到自己的教学中。这种跨学科的合作不仅丰富了课程内容，也为幼儿提供了更为全面的学习体验。教师们在讨论和分享过程中，可能会产生新的想法和灵感，从而推动教学方法的不断更新和改进。这种创新的氛围激励教师们大胆尝试新的教学手段，以适应教育环境的变化和幼儿需求的多样性。在这个过程中，教师们不仅仅是知识的传递者，更是教育实践的创新者。促进信息和经验的共享不仅能提升教师的专业能力，还能增强他们对教育的热情。当教师们看到自己通过合作所取得的成果和幼儿的成长时，他们的职业满足感和成就感会随之增强。这种正向反馈将激励教师们继续努力，探索更好的教学方法和策略，最终形成一个良性的循环。

五、自我反思与成长意识

（一）自我反思能力的重要性

具备良好的自我反思能力的教师，能够定期评估自己的教学效果，从而识别出其中的优点与不足。通过这种内省，教师能够深入了解自身的教学实践，包括对教学内容、方法以及课堂管理的反思。这不仅是一种评估，更是自我提升的过程。教师可以通过幼儿的反馈和学习成果，进一步审视自己的教学策略，找出改进的方向。教师应定期回顾课堂活动，分析哪些方法有效。这种回顾不仅限于课堂内容，还包括幼儿的参与度和反应。这种细致分析使得教师能够清晰地看到教学过程中的每一个环节，从而有针对性地进行调整。教师常常需要面对多样化的幼儿群体，不同的幼儿可能有着不同的学习需求和风格。因此，灵活调整教学方法以适应这些变化，成为教师的重要职责。

通过反思，教师不仅能认识到自己在教学中的短板，还能找到自我发展的机会。这种意识促使教师积极寻求专业发展的途径，如参加培训、研讨会或同行交流等。通过不断学习和实践，教师能够拓宽自己的视野，提升自身的教学能力。这种持续的专业成长不仅有助于教师适应新挑战，也能增强他们的自信心，进一步提升教育质量。通过反思，教师还可以探索新的教学策略，以应对不同幼儿的需求。在课堂上，面对具有特殊需求的幼儿，教师可能会遇到诸多挑战。此时，教师的自我反思能力能够帮助他们及时调整教学策略，确保每位幼儿都能获得支持和指导。例如，某位教师发现某种教学方法在特定幼儿中效果不佳，通过反思和讨论，他可能会发现更适合该幼儿的替代方法。这样不仅帮助幼儿更好地理解课程内容，也提升了教师的教学效果。教师在分享自己的反思与改进经验时，不仅能够获得同伴的反馈，也能通过交流彼此的成功案例来激励自身的成长。在这样的合作环境中，教师们互相学习、共同进步，为幼儿创造更为积极的学习氛围。这种专业的支持网络是教师持续发展的重要保障。

（二）持续学习与专业发展

教师面临的挑战种类繁多，因此，持续学习显得格外重要。教师不仅需要掌握丰富的学科知识，还需要了解各种教育理论与实践，以便更好地满足不同幼儿的需求。参加专业发展培训和研讨会是教师获取最新教育理论和实践经验的重要途径。这些活动不仅提供了更新知识的机会，也为教师建立了一个交流与合作的平台。在这个平台上，教师们能够互相分享经验，探讨教学策略，从而提升自身的教育能力。通过与其他教师的互动，教师能够了解到不同的教学方法和理念，这种多样化的视角能够激发他们的创造力和思维能力。在面对具有特殊需求的幼儿时，教师们更是需要这种灵活的思维方式。他们可以通过交流，探讨如何设计更加个性化的教学方案，以适应每位幼儿的独特需求。这种持续学习和探索使教师在实践中不断成长，增强了他们对教育工作的信心。

随着教育环境的变化，教师面临的新挑战也在不断增加。新的教学工具和技术层出不穷，教师必须保持对新兴教学方法的敏感性和适应能力。持续学习能够帮助教师及时掌握这些新方法，确保他们的教学实践与时俱进。例如，在线学习平台的出现，使得教师能够在任何时间、任何地点获取知识。这种灵活的学习方式不仅方便了教师的专业发展，还鼓励他们主动探索更有效的教学策略。当教师意识到自身的专业发展与幼儿的学习成果密切相关时，他们会更加积极地投入学习中。教师们认识到自己需要不断学习以适应不断变化的教育需求和幼儿特性。这种自我驱动的学习态度使他们在面对各种教学挑战时，更加从容和自信。

通过持续学习，教师能够实现专业的全面发展。这不仅体现在他们的知识水平和教学技能上，还包括他们的情感和心理素质。面对复杂的教学环境，教师的心理素质至关重要。持续学习使教师在面对压力时能够保持冷静，更加理性地分析问题并寻找解决方案。这种能力的提升，使教师能够更好地支持幼儿的学习和发展，为幼儿创造一个积极的学习环境。当教师共同参与专业发展活动时，他们不仅可以获得新的知识，还能增强彼此之间的信任与合作。通过分享经验和探讨问题，教师们能够形成一个互助的学习共同体。这种共同体不仅提升了教师的专业素养，也为幼儿的全面发展创造了良好的氛围。

（三）促进幼儿的全面发展

教师的自我反思能力和成长意识不仅提升了自身的专业水平，也直接影响到幼儿的学习与发展。具备高成长意识的教师，通常能够营造出一个支持性的学习环境，这种环境鼓励幼儿发挥各自的潜能。在这样的氛围中，幼儿会感受到教师的关怀和支持，从而更加积极地参与到学习中去。教师不仅是知识的传递者，更是幼儿成长过程中的引导者和激励者。教师通过反思自己的教学实践，可以更好地理解幼儿的需求。反思使教师能够意识到哪些教学策略有效。这样一来，教师能够根据幼儿的反馈和学习情况，灵活调整教学方法，以更好地满足幼儿的不同需求。这种适应性不仅提升了教学效果，也让幼儿感受到被重视和理解，从而增强了他们的学习动机。

当教师在自我反思中不断提升自身的心理素质时，他们在面对困难和挑战时，能够保持更加积极的态度。这种积极性不仅有助于教师自身的情绪管理，还能对幼儿产生积极影响。当教师表现出对困难的乐观态度时，幼儿也更容易受到感染，进而在面对自己的学习挑战时，能够表现出更强的韧性和毅力。这样的环境使得幼儿在遇到困难时，不仅能够寻求教师的帮助，还能够学会独立思考和解决问题。培养幼儿的自主学习能力和自信心同样依赖于教师的成长意识。教师在反思和学习中不断积累经验，使他们能够更有效地设计教学活动，激发幼儿的参与感和责任感。例如，教师可以通过项目式学习或小组合作等方式，鼓励幼儿自主探究和发现，这样不仅提升了幼儿的学习兴趣，也培养了他们的合作能力和创新思维。幼儿逐渐学会如何管理自己的学习，培养独立思考的能力，增强自我效能感。

教师需要更加关注每一个幼儿的独特需求。通过持续的自我反思，教师能够发现自己在教学过程中可能存在的盲点，从而更全面地理解不同幼儿的学习障碍和心理需求。这样理解为教师提供了支持每个幼儿的切实依据，使得教育的公平性得以提高。教师的自我反思与成长意识不仅是自身专业发展的重要保障，更是实现有效融合教育的关键因素。通过不断反思和学习，教师能够构建一个积极向上的学习环境，鼓励幼儿主动参与，探索和创新。这种教育模式不仅使幼儿在学业上取得进步，还培养了他们的社会能力和情感素养。综上所述，教师的成长与反思是促进幼儿全面发展的重要动力，值得在教育实践中不断强调和推广。

第二节　教师压力管理与心理调适

一、 幼儿园教师压力管理

（一）压力源的识别与分析

幼儿园教师面临的压力源多种多样，包括教学负担、与家长的沟通、幼儿的个体差异等。首先，教师需要识别这些压力源，分析其对自身的影响。了解压力的来源可以帮助教师采取更有效的管理策略，减少负面情绪的积累。

（二）时间管理与任务优先级

有效的时间管理是教师减轻压力的重要手段。教师可以通过制定合理的工作计划，将任务按照优先级进行排序，从而避免因工作堆积而产生的焦虑感。此外，合理安排时间也能确保教师在工作与休息之间找到平衡，增强工作效率。

（三）建立支持性网络

教师在面对压力时，能够获得来自同事、家长和学校管理层的支持至关重要。建立一个支持性网络，可以让教师在遇到困难时获得帮助与建议。通过定期的团队会议或同伴交流，教师们能够分享经验，互相鼓励，从而减轻个体压力。

（四）专业发展与培训

参与专业发展和培训课程能够增强教师的职业能力，提高自信心。通过学习新的教学方法和策略，教师可以更有效地应对课堂挑战，降低工作压力。此外，专业培训也为教师提供了一个自我反思和成长的机会，从而提升心理韧性。

二、幼儿园教师心理调适

（一）情绪管理与自我调节

幼儿园教师在日常工作中常常面临情绪波动，因此，情绪管理至关重要。教师可以通过自我调节技巧，如深呼吸、冥想或正念练习等，帮助自己在面对压力时保持冷静。这些方法能够有效减轻焦虑，提高情绪稳定性。

（二）积极心理学的应用

积极心理学强调个体在面对压力时，关注自身的优点和成功经验。教师可以通过记录每日的成就和积极互动，培养乐观的心态。这种积极的自我认知不仅有助于缓解压力，还能够提升教师的整体幸福感。

（三）寻求专业心理支持

在某些情况下，教师可能需要专业的心理支持。学校可以提供心理咨询服务，帮助教师应对较大的心理压力。专业的心理咨询师可以通过倾听和建议，帮助教师找到适合自己的应对策略，促进心理健康。

（四）生活与工作的平衡

教师应注重生活与工作的平衡，确保有足够的时间进行休闲活动和兴趣爱好。这种平衡不仅能够缓解工作带来的压力，还能提升生活质量。教师可以通过参加运动、阅读或与朋友聚会等方式，丰富自己的生活，从而保持积极的心理状态。

第三节 融合教育中的共情与情感支持

一、 幼儿园教师融合教育中的共情支持

（一）理解幼儿的多样性

每位幼儿都有其独特的背景、能力和需求，这些差异不仅体现在学业成绩上，还反映在他们的情感体验和社交能力中。教师需要敏锐地捕捉这些个体差异，从而为每位幼儿提供适宜的支持和指导。这样的理解使教师能够在课堂上创造一个包容的氛围，让所有幼儿都能感受到被重视和接纳。教师要主动了解幼儿的家庭背景和文化背景。这种理解不仅有助于教师在教学中考虑幼儿的情感需求，还能增强与幼儿之间的信任关系。例如，某些幼儿可能来自不同的文化或社会环境，教师通过了解他们的文化背景，可以更好地设计教学活动，以符合幼儿的兴趣和价值观。这样的关注不仅让幼儿感受到教师的关心，也为他们的学习创造了更为积极的环境。

幼儿的能力范围往往很广，有的幼儿在某些领域表现突出，而另一些幼儿可能面临学习困难。通过评估幼儿的学习水平和特点，教师可以根据不同幼儿的需求，调整教学策略和内容。这种灵活的教学方式，有助于每位幼儿在适合自己的环境中成长和发展。同时，教师还需要培养自身的共情能力，以更深入地理解幼儿的情感和经历。共情不仅是对幼儿情感的理解，更是能够站在幼儿的角度思考问题。教师在课堂上要关注幼儿的情绪变化，及时识别他们的困惑和焦虑，并通过适当的沟通和支持，帮助幼儿渡过难关。例如，当教师发现某位幼儿在课堂上表现得焦虑或沉默时，他们可以主动与幼儿交流，了解其背后的原因，从而提供情感支持。这种情感上的关注，不仅有助于缓解幼儿的压力，还能增强他们的归属感和安全感。鼓励幼儿之间相互理解和支持，可以提升班级的整体氛围。教师可以通过团队合作活动和同伴学习，培养幼儿之间的共情能力和合作意识。这样的互动不仅促进了幼儿的社交技能发展，也让他们在交流中学习到尊重和包容他

人的重要性。

（二）倾听与回应幼儿的情感需求

幼儿们可能会因各种原因而感到焦虑、困惑或不安。教师需要意识到这些情感信号，并表现出理解与关怀。通过积极倾听，教师能够为幼儿提供一个安全的环境，使他们愿意表达自己的感受和困扰。这样的氛围不仅有助于缓解幼儿的负面情绪，也能够增强师生之间的信任关系。教师在与幼儿互动时，应该专注于他们的言语和非言语表达。通过眼神接触和肢体语言，教师能够传递出关注与尊重。在幼儿表达不安或焦虑时，教师应避免急于给出解决方案，而是先认真倾听，让幼儿感受到被重视的体验。例如，当一名幼儿因为考试压力而感到焦虑时，教师可以通过倾听和引导，帮助幼儿厘清思绪，找出问题的根源，从而有效减轻他们的心理负担。

教师在倾听的基础上，应当给予及时而恰当反馈。这种回应不仅包括情感上的理解，还可以提供实际的建议或解决方案。当教师能够准确把握幼儿的情感状态时，他们就能更有效地回应幼儿的需求。例如，面对一位因社交障碍而感到孤立的幼儿，教师可以通过给予积极的鼓励与支持，帮助幼儿在班级中找到归属感。教师的这种回应能够有效增强幼儿的自信心，促使他们在社交中更加主动。不同的幼儿可能有不同的情感体验和反应方式。教师需要具备敏感性，理解每个幼儿的独特背景与需求。对于情感需求较强的幼儿，教师可以提供更多的关怀和支持，而对于相对独立的幼儿，则可以给予他们更多的空间和自由。每位幼儿都能够得到适合自己的情感支持，从而在学习中表现出更高的参与度与积极性。

教师在回应幼儿情感需求时，也要注意情感的传递方式。温暖、积极的语言与行为可以增强幼儿的安全感。当教师用温和的语气和鼓励的措辞回应幼儿时，幼儿更容易感受到被理解和被支持。这种支持不仅能够缓解他们的焦虑，还能提升他们的学习动机。例如，当幼儿在学习上遇到困难时，教师的鼓励与支持可以激励他们勇于面对挑战，而不是退缩或放弃。教师应定期反思自己在倾听与回应中的表现，持续改进与提升。通过观察幼儿的反应，教师能够了解自己在情感支持方面的有效性与不足之处。在与幼儿的互动中，教师可以收集反馈，检视自己的沟通方式与情感回应，从而进一步增强对幼儿情感需求的敏感度和理解力。这样的反思不仅有助于提升教师的专业能力，也能为幼儿创造更加支持性的学习环境。

（三）培养积极的师生关系

教师与幼儿之间的共情支持，不仅能增强幼儿的学习动机，还能显著提升他们的自尊心和归属感。当幼儿感受到教师的关爱与理解时，他们会更加愿意参与课堂活动，并在学习中展现出更大的勇气与探索精神。这样的关系建立在相互信任和尊重的基础上，使得幼儿在学习过程中能够感受到安全与支持。教师需要敏锐地捕捉幼儿的情感和需求，通过观察和倾听，了解他们在学习过程中的感受与挑战。对于每一个幼儿来说，教师的理解与关怀可以成为他们面对学习困难时的重要支持。当教师能够站在幼儿的角度思考问题时，幼儿会感受到被重视和理解，这种情感的共鸣能够有效拉近师生之间的距离。

在一个充满支持和鼓励的环境中，幼儿更容易获得成功体验。教师通过给予积极反馈和赞扬，可以帮助幼儿建立自信心。例如，当幼儿在某项活动中取得进展时，教师的及时认可能够让他们意识到自己的能力，从而增强自我价值感。这种自尊心的提升不仅对幼儿的学业表现有积极影响，也促进了他们在社交互动中的表现。幼儿不再害怕犯错，反而能够勇于尝试新事物。教师的支持与理解使幼儿愿意表达自己的想法和疑问，这种开放的交流方式不仅提升了他们的参与感，也激励他们在学习中表现出更大的勇气。幼儿在探索知识的过程中，能够感受到教师的关注和鼓励，从而更积极地投入学习活动中。

在一个充满信任和支持的环境中，幼儿不仅能够建立良好的自我形象，还能学会如何与他人建立健康的人际关系。教师可以通过示范积极的沟通方式和解决冲突的技巧，帮助幼儿发展社交能力。当幼儿感受到班级的归属感时，他们更愿意与同伴合作，共同参与到各种学习活动中，这种协作精神也是其社会发展的重要组成部分。每个幼儿的情感需求可能不同，教师需要灵活调整自己的关怀方式，以适应不同孩子的个性和需求。例如，对于内向的幼儿，教师可以采取更温和的沟通方式，给予他们更多的关注；而对于外向的幼儿，则可以提供更多的互动机会，激励他们参与课堂活动。这种因材施教的方式，能够让每位幼儿在教师的支持下，充分发挥他们的潜力。

（四）促进团队合作与社交技能

教师通过共情支持，能够有效鼓励幼儿之间的合作与交流，为他们提供一个积极的互动平台。小组活动和合作学习不仅让幼儿在实践中学习知识，也帮助他们建立友谊，发展社交技能。这种环境为幼儿提供了互相理解与支持的机会，为他们未来的社会交往打下坚实的基础。幼儿被分配到不同的角色和任务，这使他们有机会共同努力，达成共同目标。通过协作，他们学习如何分工合作，理解各自的优势和劣势。幼儿不仅在认知上得到了提升，更在情感上建立了团队归属感。这样的集体体验让幼儿意识到，个人的成功与团队的合作密切相关，从而增强了他们的社会责任感。

通过共情支持，教师能够帮助幼儿识别和理解彼此的情感。例如，当幼儿在活动中出现冲突时，教师可以通过引导他们讨论问题的根源，帮助他们从对方的角度看待问题。这种处理方式不仅有助于解决冲突，还培养了幼儿的同理心，使他们在面对他人情感时能够更具敏感性和理解力。这种技能对于未来的社会交往将发挥积极作用，帮助他们更好地与他人相处。此外，教师通过设计多样化的合作学习活动，可以激励幼儿探索新的社交方式。在合作学习中，幼儿可以尝试不同的互动形式，如角色扮演、讨论小组或项目合作等。这种多样性不仅增强了幼儿的参与感，也让他们在实践中发展解决问题的能力。例如，在一个共同完成的项目中，幼儿需要交流各自的想法，协商如何分配任务。这一过程让他们学会了尊重他人的意见，增强了沟通与表达能力。

在集体活动中，幼儿可能会遇到挫折或失落，教师可以通过共情支持，帮助他们认识并管理自己的情感。教师的理解和支持能够让幼儿感受到安全感，从而更勇敢地面对挑战。幼儿逐渐学会如何调节自己的情绪，提升抗挫折能力，这将为他们今后的学习与生活提供坚实的心理基础。通过共同完成一项任务，幼儿能够体验到成就感和满足感。这种积极的体验不仅提升了他们的自我认同感，也激励他们在未来的学习中更加主动和积极。例如，当幼儿在团队中完成了一项具有挑战性的任务时，他们会更加相信自己的能力，愿意在以后的活动中尝试更多的新事物。这样的自信心不仅有助于他们在学业上的表现，也对他们的社交技能发展起到了促进作用。

二、幼儿园教师融合教育中的情感支持

（一）提供情感安全的环境

提供情感安全的环境是幼儿园教师在融合教育中不可或缺的职责。这种环境

不仅让幼儿感受到支持和理解，更为他们的学习与发展奠定了坚实的基础。教师能够有效地鼓励幼儿自由表达自己的情感，而不必担心受到评判或误解。这种自由表达的机会，使幼儿能够更好地理解自己和他人的情感，从而增强情感智力。教师应当展现出开放和接纳的态度，鼓励幼儿分享自己的想法和感受。当幼儿在课堂上表达情感时，教师可以通过积极回应，传递出对他们感受的重视。例如，当一名幼儿分享他在家里的不安时，教师可以通过倾听和共情，向其他孩子展示如何尊重和理解同伴的情感。这样的沟通模式不仅让幼儿感受到安全，也为他们提供了学习社交技能的机会。

教师可以通过开展各种活动，鼓励幼儿用语言、绘画或表演等方式表达自己的情感。这样的活动不仅能够让幼儿更深入地理解自己的感受，还能提高他们的自我认知能力。在这种过程中，幼儿学会识别不同的情绪，并学会用适当的方式表达出来。这种情感表达能力的提升，将对他们的社交互动产生积极影响。当幼儿在学习或生活中遇到困难时，教师应及时给予关怀和指导。例如，当一名幼儿因为在课堂活动中表现不佳而感到沮丧时，教师应及时进行鼓励，帮助他们重建自信。这种情感支持使幼儿能够在面对挫折时，感受到温暖与理解，进而培养他们的抗挫能力和韧性。

信任是情感安全的核心，当幼儿感受到教师的支持与理解时，他们更愿意敞开心扉。教师可以通过持续关注与关怀，赢得幼儿的信任。在这种信任的基础上，幼儿将更容易表达内心的感受，从而促进他们的情感发展。通过与幼儿建立稳定的关系，教师能够帮助他们在情感表达上变得更加自信，进一步提升他们的社交能力。当然，创造情感安全的环境不仅限于个体的互动，还需要营造积极的集体氛围。教师可以组织团队合作活动，让幼儿在小组中互相支持和理解。这样的集体活动不仅能增强幼儿之间的联系，还能培养他们的合作意识。在共同完成任务的过程中，幼儿能够体验到归属感，这种集体的支持能够有效增强他们的情感安全感。

（二）适应性教学与情感支持

教师应时刻关注幼儿的情感状态，并根据其变化灵活调整教学方法。例如，当幼儿表现出情绪低落或焦虑时，教师应采取更温和的教学策略，以帮助他们逐渐恢复信心。这种适应性不仅能提高教学效果，还能为幼儿创造一个安全、支持的学习环境。在课堂中，幼儿的情感状态可能会因为多种因素而发生变化，如学习任务的难度、同伴关系的变化等。通过仔细观察，教师可以及时发现幼儿的情绪波动，判断他们是否需要额外的支持。当教师注意到某位幼儿因未能理解课堂内容而感到沮丧时，及时关心和指导显得尤为重要。这种对情感状态的敏感把握，使教师能够有效地提供必要的情感支持。

教师在面对情绪低落的幼儿时，可以考虑调整教学节奏与内容，采取更为轻松和互动的方式。例如，教师可以通过游戏、故事或音乐等形式，让幼儿在轻松的氛围中逐渐融入学习。这种方法不仅能够缓解幼儿的焦虑，还能激发他们的兴趣和参与感，使他们在愉悦的情境中重新获得学习的动力。通过言语与非言语的积极反馈，教师能够传递出理解与接纳的信息。当幼儿感受到教师的关怀和支持时，他们会更加愿意表达自己的想法与感受。这种情感上连结使幼儿更加信任教师，从而在学习中表现出更大的主动性与积极性。教师可以通过温暖的言辞和鼓励的态度，帮助幼儿建立自信心，促使他们克服学习中的困难。

每位幼儿的情感体验都是独特的，因此教师需要灵活运用不同的支持方式。例如，对于一些需要更多关注和支持的幼儿，教师可以给予更多的鼓励和陪伴；对于相对独立的幼儿，则可以给予他们更多的空间与自由。在这种适应性的支持下，幼儿能够感受到被理解与重视，从而在学习中更加积极。幼儿可以相互交流与支持，共同完成任务。教师可以引导幼儿学习如何理解和尊重彼此的情感，从而促进他们的社交技能发展。通过团队合作，幼儿能够在相互支持中找到归属感和安全感，这种情感支持进一步提升了他们的学习动机。

（三）培养情感意识与表达能力

教师可以通过情感教育，帮助幼儿认识和理解自己的情感，从而提升他们的情感智力。例如，开展情感识别活动可以让幼儿学习辨识不同的情绪及其表达方式。这种教育不仅有助于幼儿在课堂中的表现，也能够显著提升他们在日常生活中的情感管理能力。在这样的活动中，教师可以使用图片、情景剧或故事书等多种形式，向幼儿展示各种情绪的表现。例如，教师可以展示一系列面部表情，让幼儿猜测这些表情所代表的情感。通过这种互动，幼儿能够更直观地理解情感的多样性和复杂性。此外，教师还可以引导幼儿讨论自己在不同情境下的情感体验，鼓励他们用简单的语言描述自己的感受。这种练习帮助幼儿建立起对自身情感的认知，从而增强他们的情感表达能力。

通过小组讨论和角色扮演，幼儿不仅能学习到情感表达的技巧，还能在同伴互动中增强共情能力。当幼儿在模拟的社交场景中体验不同的情感时，他们能够更好地理解他人的感受。例如，在角色扮演中，幼儿可能会体验到角色的快乐、悲伤或焦虑，这种体验使他们能够从他人的角度看待问题，培养对他人情感的敏感性。这种共情的能力对他们未来的社交关系和人际交往将起到积极促进作用。通过使用情感词汇和表达方式，教师能够帮助幼儿更加准确地表达自己的感受。例如，在讨论活动中，教师可以引导幼儿使用具体的情感词汇，如“高兴”“生气”“失望”等，来描述他们的情绪状态。这种语言的引导能够使幼儿在表达时更加清晰和自信，同时也为他们在日常生活中的情感交流打下基础。语言的丰富表达使幼儿能够更好地沟通自己的感受，从而减少误解和冲突。

情感教育不仅限于课堂教学，还应融入日常生活中。教师可以通过观察幼儿在日常活动中的情感反应，及时给予反馈和指导。例如，当幼儿在玩耍时发生争执，教师可以介入并引导他们讨论各自的感受。这种日常的情感教育帮助幼儿在真实情境中应用所学的情感管理技巧，使他们能够更好地应对生活中的情感挑战。在培养情感意识的过程中，教师也应关注幼儿的个体差异。每个幼儿的情感体验和表达方式可能不同，教师需要根据他们的个性特点进行个性化的指导。例如，对于一些内向的幼儿，教师可以采用更温和的方式，引导他们逐步表达自己的感受；教师则可以鼓励他们在小组中积极分享。这种因材施教的方式不仅能提高幼儿的参与感，还能增强他们的情感自信心。

（四）与家庭的情感联结

与家庭的情感联结是教师在提供情感支持时不可忽视的重要方面。教师与家长之间的良好沟通能够为幼儿的学习和发展提供宝贵的信息，帮助教师更全面地理解幼儿的背景与情感需求。通过建立稳定的家校联系，教师不仅能够获取更丰富的支持资源，还能够为幼儿创造一个更为支持性的成长环境。通过定期的家长会、电话联系或线上交流平台，教师可以及时了解幼儿在家庭中的情感状态和生活情况。这种沟通不仅限于分享幼儿在学校的表现，还应关注幼儿在家庭中的情感体验。家长能够提供有关幼儿情绪波动的背景信息，帮助教师更好地理解幼儿在校表现的原因。这种信息的共享使得教师在提供情感支持时更加精准，有助于制定个性化的教学策略。

家长与教师之间的信任关系能够促进双方的合作与理解。当家长看到教师对幼儿的关注与支持时，他们会更愿意分享家庭中的问题与困扰，从而让教师能够获得更多信息。例如，如果家长在家庭中遇到困难，导致幼儿情绪低落，教师能够及时了解这一情况并进行针对性支持。这样的合作关系不仅有助于缓解幼儿的情感压力，还能增强家长对教育工作的信心。教师在与家长的互动中，可以引导家长参与幼儿的情感教育。通过提供家庭教育指导，教师能够帮助家长了解情感发展的重要性，并提供具体的建议与策略。例如，教师可以建议家长如何在家庭中创造情感安全的环境，鼓励幼儿表达自己的感受。通过这样的指导，家长能够在家庭生活中更好地支持幼儿的情感发展，形成家校合力，共同促进幼儿的全面成长。

家长作为幼儿的第一任老师，他们在情感教育中的影响不可小觑。教师可以通过与家长分享成功案例，帮助他们理解如何在家庭中积极支持幼儿的情感表达。这种信息的交流不仅提升了家长的教育能力，也增强了家庭对教育的认同感。在这种家庭与学校的互动中，幼儿能够在更广泛的环境中获得情感支持，提升他们的自信心与社交技能。教师在与家庭建立情感联结时，应注重保持沟通的持续性与有效性。教师可以定期通过简报、邮件或电话跟进幼儿在学校的表现，并询问家长对幼儿情感发展的看法。这样的持续关注不仅表明了教师对幼儿的关心，也让家长感受到被尊重与重视。教师与家长之间的合作关系会不断加深，为幼儿的情感支持提供更为坚实的基础。

第四节　建设积极的教师心理健康机制

一、建立支持性工作环境

（一）促进团队合作与交流

创建一个支持性的工作环境至关重要，教师之间应鼓励合作与交流。定期的团队会议和讨论能够让教师分享经验、互相支持，减轻工作压力。此外，通过建立积极的合作氛围，教师能够感受到彼此的关心，从而提升整体工作满意度。

（二）提供心理健康资源

学校应为教师提供心理健康资源，如心理咨询服务和心理健康培训。定期的心理健康讲座和工作坊能够帮助教师学习自我调节的方法，增强他们应对压力的能力。同时，提供专业心理咨询支持，使教师在遇到心理困扰时能够得到及时帮助。

二、定期进行心理健康评估

（一）开展心理健康问卷调查

学校应定期开展心理健康问卷调查，评估教师的心理状态。这种评估可以帮助管理层了解教师的心理健康状况，及时发现潜在问题，并采取相应的干预措施。这种主动的关注不仅能帮助教师调整情绪，还能为学校改善工作环境提供数据支持。

（二）建立反馈机制

教师的反馈对于心理健康机制的建设至关重要。学校应建立一个便捷的反馈渠道，让教师可以匿名表达自己的感受和建议。这种反馈机制不仅能增强教师的参与感，也能够帮助学校及时调整政策和措施，满足教师的心理健康需求。

三、培养积极的情感管理能力

（一）提供情感管理培训

学校可以定期组织情感管理培训，帮助教师掌握情绪调节技巧。这些培训可以包括压力管理、情绪识别和情绪表达等内容，使教师能够更好地管理自己的情绪和压力，从而保持良好的心理状态。

（二）鼓励自我反思与成长

教师应被鼓励定期进行自我反思，评估自己的情感管理能力和心理状态。通过写反思日志或参加小组讨论，教师能够更清晰地认识到自身的情感变化，并找到适合自己的调整方法。这种自我反思的习惯，有助于教师持续成长，提高心理韧性。

四、 促进工作与生活的平衡

（一）鼓励合理安排工作时间

学校应鼓励教师合理安排工作与休息时间，避免过度劳累。通过制定合理的工作计划和时间表，教师能够在繁忙的工作中找到平衡，确保自己有足够的时间进行休息和放松。这种工作与生活的平衡有助于提升教师的整体幸福感。

（二）支持参与业余活动

学校可以为教师提供参与业余活动的机会，如兴趣小组、体育活动或文化活动。这些活动不仅能够丰富教师的生活体验，还能提供释放压力的渠道。参与这些活动能够帮助教师放松心情、增进同事之间的友谊，从而提升心理健康水平。

五、 增强家庭与学校的支持

（一）建立良好的家校联系

教师的心理健康不仅受到学校环境的影响，也与家庭环境密切相关。学校应积极与教师家庭保持沟通，了解教师的家庭需求与困扰。通过建立良好的家校联系，教师能够在工作与生活中获得更全面支持。

（二）组织家庭活动

学校可以定期组织家庭活动，让教师与家人共同参与。这不仅能够增进教师家庭的凝聚力，也能够让教师感受到学校对他们家庭生活的关心和支持。这种关注能够帮助教师缓解压力，提升心理健康水平。

第六章　家园合作与幼儿园教师的角色转变

第一节　家园共育在融合教育中的重要性

一、促进幼儿全面发展

（一）综合教育资源的整合

通过有效整合家庭与幼儿园的教育资源，家园共育能够形成强大的教育合力，共同促进幼儿的全面发展。家庭教育与幼儿园教育的有效衔接不仅能够提升教育的质量，还能确保幼儿在认知、情感和社交等多个方面实现均衡成长。家庭与幼儿园的教育资源整合为幼儿提供了丰富的学习体验。家庭是幼儿最初的学习环境，家长在日常生活中所传递的价值观、行为习惯和情感表达方式，对幼儿的成长起着基础性作用。而幼儿园则为孩子们提供了系统化的教育资源，包括专业的教学内容和丰富的社交机会。当家庭教育与幼儿园教育有机结合时，幼儿能够在不同环境中体验到一致的教育理念，从而形成更加全面的知识体系和能力发展。

通过定期的家长会和家庭访谈，教师可以向家长分享幼儿在园内的表现，而家长也能反馈孩子在家庭环境中的行为和情感状态。这种信息的双向交流，不仅帮助教师更好地了解幼儿的需求，还能够促使家长对幼儿的教育过程产生更深入认识。通过共同的努力，家长和教师可以制定出更符合幼儿个体发展的教育策略，以支持他们的成长。在情感发展方面，家园共育的整合有助于增强幼儿的情感安全感。当家长和教师在教育目标、教育方法上保持一致时，幼儿会感受到环境的稳定性和一致性。这种情感上的支持让幼儿在面对学习挑战时更加自信，也更愿意表达自己的感受和需求。此外，教师与家长的合作关系能够为幼儿提供一个安全的情感支持网络，使他们在探索和学习中更加无畏。

幼儿常常需要在多样化的社交环境中进行互动。家庭和幼儿园的有效结合，可以为幼儿提供更多的社交机会。例如，教师可以鼓励家长组织家庭聚会或社区活动，让幼儿在这样的场合中练习社交技能。通过在不同的环境中与同龄人互动，幼儿不仅能够提升社交能力，也能更好地理解和尊重他人的情感与需求。教师可以通过与家长的交流，获取对幼儿个性和行为的更深刻理解，从而丰富他们的教育实践。同时，家长在教育中的参与也能增强教师的教学信心与动力。当教师感受到家长的支持时，他们更有可能尝试新的教学策略，以更好地满足幼儿的学习需求。

（二）情感支持与心理健康

家庭的情感支持对于幼儿的心理健康至关重要，而家园共育则为实现这一目标提供了有效的途径。通过增强家长与教师之间的沟通与合作，家园共育能够为幼儿提供稳定的情感支持，从而帮助他们在情感发展上形成良好的基础，并增强心理韧性。家长的情感支持能够为幼儿提供安全感和归属感，这对他们的心理健康起到至关重要的作用。当幼儿在家庭中感受到爱与关怀时，他们能够更好地应对生活中的挑战和压力。家园共育的实施可以促进家长在教育过程中的积极参与，使他们意识到自己在幼儿情感发展中的重要性。通过定期的家长会和沟通活动，教师可以与家长分享有关幼儿心理健康的重要信息，帮助家长更好地理解幼儿的情感需求。

在家园共育中，教师与家长之间的有效沟通能够确保幼儿在家庭和学校环境中得到一致的情感支持。教师可以及时向家长反馈幼儿在园内的情感表现，而家长也可以分享幼儿在家庭中的情绪变化。这种双向的沟通不仅有助于家长理解幼儿的情感需求，还使教师能够根据幼儿的情感状态调整教学策略，以更好地满足他们的心理需求。在心理健康方面，家园共育为幼儿提供了一个全方位的支持网络。当幼儿面临压力或挑战时，家庭与学校的紧密合作能够帮助他们及时获得所需的支持。教师和家长共同为幼儿创造一个安全的情感环境，使他们能够在遇到困难时感受到理解与接纳。例如，当幼儿在学习中遇到挫折时，教师可以与家长合作，共同给予幼儿积极鼓励，帮助他们重建自信心。这种联合的支持能够增强幼儿的心理韧性，使他们更具应对压力的能力。

当家长参与到幼儿的教育过程中，他们会更加关注幼儿的情感需求，并在家庭中创造积极的情感氛围。教师可以提供指导，帮助家长了解如何在日常生活中支持幼儿的情感发展。例如，通过鼓励家长与幼儿进行情感交流，教会他们如何表达和处理自己的情绪，这种教育不仅促进了幼儿的情感智力发展，也提升了家庭的情感氛围。通过组织亲子活动、情感教育工作坊等，教师可以让家长了解到如何在家庭中实施情感支持。这样的活动不仅能够增强家长与幼儿之间的联系，还能够提高家长对情感教育的重视程度，从而为幼儿的心理健康提供更为坚实的基础。

二、 增强教育一致性

（一）统一教育理念与目标

统一教育理念与目标是家园共育的重要组成部分，它为幼儿的学习和发展提供了稳定的基础。通过确保家庭与幼儿园在教育理念和目标上的一致性，家园共育能够让家长和教师共同制定明确的教育目标，使幼儿在不同环境中接收到相同的教育信息。这种一致性不仅有助于避免教育内容的冲突，还能显著提升教育效果。当家长和教师就教育目标进行深入沟通时，他们能够更好地理解彼此的期望和需求。这种沟通可以通过定期的家长会、教育工作坊或家庭访谈等形式进行。家长可以了解幼儿园的教育方法和理念，而教师也能够掌握家庭在教育中的角色与影响。这样的互动不仅增进了家长对幼儿园教育的理解，也让教师更好地调整教学策略，以适应家庭的教育期望。

当家长和教师共同制定教育目标时，幼儿能够在家庭和幼儿园中获得一致的学习信息。例如，若幼儿园注重社交技能的培养，家长在家庭中也可以通过共同活动来强化这一目标。幼儿在不同的场合都能接受到相同的教育理念，这种连贯性有助于他们更全面地理解和内化所学的知识与技能。当家庭和幼儿园之间形成协同作用时，教育内容不仅能够更加贴近幼儿的生活经验，还能增强幼儿对学习的兴趣。例如，若幼儿园在教授某个主题时，家长也能在家庭中结合该主题进行相关的活动或讨论，这种教育的延续性能够使幼儿在认知上产生更深的理解。这样的协同学习环境，使得教育不仅限于课堂，而是扩展到家庭和日常生活中，从而提升幼儿的学习效果。

通过共同制定教育目标，家长能够明确自己的角色和责任，从而增强对幼儿教育的投入。当家长意识到自己与教师共同肩负着教育的使命时，他们会更加积极地参与到幼儿的学习活动中。这种参与感不仅能提升家长的教育意识，还能为幼儿创造更多的学习机会，进一步增强教育的效果。统一的教育理念与目标有助于减少教育过程中可能出现的矛盾和冲突。当家长和教师在教育目标上保持一致时，幼儿在家庭和幼儿园中的教育内容将会更加和谐。这样的和谐关系能够为幼儿提供一个稳定的成长环境，帮助他们更好地应对学习中的挑战。家园共育的有效实施，能够使幼儿在情感、社交和认知等多个方面都得到全面发展。

（二）提高教育方法的协调性

教师通过向家长传达有效的教育方法，能够为幼儿创造一个更加一致和连贯的学习体验。这种方法的一致性不仅有助于增强幼儿对学习的理解与接受，还能够帮助他们更好地适应幼儿园的学习环境。教师在家园共育中发挥着指导作用，向家长介绍适合幼儿的教育方法。通过开展家长培训、工作坊和交流会，教师可以向家长传递有关教育策略、育儿技巧和心理发展的最新研究。这种信息的传递，使家长能够了解如何在家庭中有效地支持幼儿的学习。例如，教师可以介绍如何利用日常生活中的情境来促进幼儿的语言发展或社交技能，帮助家长在家庭中创造学习机会。

当家长了解并采用与幼儿园一致的教育方法时，幼儿能够在不同的环境中接收到相同的信息。这种一致性对幼儿的学习非常重要，因为它能够减少幼儿在适应不同教育方式时所感受到的混乱。例如，如果幼儿在幼儿园中学习到某种游戏方法，而家长在家庭中也积极参与类似的游戏，幼儿不仅能够更容易理解这种学习方式，还能在实践中巩固所学的知识。这种连贯性增强了幼儿的自信心，让他们在学习过程中更加主动。教师可以鼓励家长将幼儿园所学的知识和技能带入家庭生活，创造亲子互动的机会。当家长在家庭中实施教师传授的教育方法时，他们不仅能够有效支持幼儿的学习，还能与幼儿建立更紧密的情感联系。这种亲子互动不仅增进了家庭关系，还为幼儿提供了安全和支持的学习环境，有助于他们的情感与社交发展。

当家长了解幼儿园的教学策略后，他们能够更好地理解教师的教学意图和教育目标。这种理解不仅提高了家长对幼儿园教育的认同感，还增强了他们的信任，促使他们更愿意与教师合作，共同关注幼儿的成长与发展。在这种相互信任的基础上，家园之间的协作将更加顺畅，教育效果也会更为显著。在一致的教育环境中，幼儿能够更轻松地应对学习中的挑战。当他们在家庭和幼儿园中接收到相同的教育信息时，心理负担会减轻，适应新环境的能力也会增强。这种心理上的安全感使幼儿能够在学习中表现得更加自信和积极。家园共育的有效实施为教师提供了宝贵的反馈机会。教师通过观察幼儿在家庭中的表现，可以及时调整教育方法，以更好地满足幼儿的个性化需求。这种反馈机制不仅能够提升教师的专业能力，也为幼儿创造了一个更为灵活和适应的学习环境。

三、 促进家长参与和责任感

（一）提升家长的教育意识

提升家长的教育意识是家园共育的重要目标。这一过程不仅有助于家长更好地理解自己在幼儿教育中的角色和责任，还能为幼儿创造一个更加支持性的成长环境。通过定期的家长会和培训活动，家长能够获取专业的育儿知识，增强对幼儿教育的重视，从而积极参与到孩子的学习与发展中。定期组织的家长会使家长能够聚集在一起，分享育儿经验和教育理念。教师可以介绍幼儿园的教育目标和教学策略，使家长了解幼儿在园中的学习内容。通过与教师的互动，家长能够清晰地认识到自己在孩子成长过程中的重要性，增强他们对教育的关注和参与感。

通过讲座和工作坊，家长可以学习到有关幼儿心理发展、语言能力培养和社交技能发展的知识。这种知识的获取，不仅有助于家长在日常生活中更好地指导孩子，还能帮助他们理解幼儿的行为背后的原因。当家长掌握了科学的育儿方法后，他们在教育实践中会更加自信，也更能有效地回应幼儿的需求。家长的角色不仅是支持者，还应成为孩子学习的积极参与者。当家长意识到自己的参与对孩子教育的重要性时，他们会更加主动地参与到幼儿的学习活动中。这种参与可以是协助完成家庭作业、参与亲子活动，或是在日常生活中创造学习机会。通过这样的参与，家长不仅能够增强与孩子之间的亲密关系，也能够促进孩子在各个领域的全面发展。

当家长与教师之间保持良好的沟通，家长能够更清楚地了解幼儿园的教育方法和价值观。这种理解能够让家长更放心地将孩子交给学校，也促使他们积极支持学校的教育工作。建立信任关系的同时，也为孩子提供了一个更加稳定和安全的成长环境，使他们在这样的环境中能够自由探索与学习。同时，提升家长的教育意识也能够促进家庭教育与幼儿园教育的有效衔接。家长在教育活动中获取的知识与技能，能够帮助他们在家庭中实施与幼儿园相一致的教育策略。这种一致性使幼儿在不同环境中接收到相同的信息，减少了教育内容的冲突，从而提升了教育效果。例如，当家长在家庭中采用与幼儿园一致的教育方法时，孩子的适应能力和学习动机都会得到增强。通过与其他家长的交流，家长可以分享自己的育儿经验，学习到更多的教育方法和理念。这种互相学习的氛围不仅丰富了家长的教育视野，还增强了他们的教育信心。在共同成长的过程中，家长们能够建立起支持与鼓励的网络，为彼此提供情感上的支持。

（二）鼓励家长积极参与

通过这种参与，教师不仅能够增强家长与幼儿园之间的联系，还能帮助家长更深入地了解幼儿园的教育过程和要求。家长的积极参与为幼儿的学习与发展创造了更加丰富和支持性的环境。在志愿者工作和亲子活动中，家长能够看到幼儿在园内的表现和互动，这种观察让他们对幼儿园的教学理念和方法有了更直观理解。例如，在亲子活动中，家长不仅可以与孩子共同参与游戏和学习活动，还能了解教师是如何引导幼儿学习和发展的。这样的参与让家长感受到教育的真实场景，从而增强了他们对幼儿园教育的认可和支持。

在共同参与活动的过程中，教师与家长之间能够建立起更深厚的信任关系。当家长感受到教师对他们的欢迎和尊重时，他们更愿意分享自己的想法和关切。这种良好的沟通不仅使教师更了解幼儿的家庭背景，还能帮助教师更好地满足幼儿的个性化需求。家长与教师的合作关系由此得到加强，形成了教育的合力，为幼儿的成长提供了更全面的支持。当家长亲身参与幼儿园的活动时，他们不仅感受到了教育的重要性，还会更主动地关注和参与孩子的学习过程。这种参与感让家长认识到，自己的行为和态度对孩子的成长有着直接的影响。例如，参与志愿者工作时，家长可能会发现自己在教育过程中可以发挥的作用，从而在家庭中更积极地进行引导和支持。

家长与幼儿共同参与学习活动，能够使幼儿感受到来自家庭和学校的双重支持，这种支持会增强他们的自信心和参与感。幼儿在看到父母积极参与自己的学习时，会更加努力地参与课堂活动，积极探索新知识。这种积极的互动不仅提高了幼儿的学习兴趣，还帮助他们在情感和社交技能上获得更多的成长。通过家长的参与，教师能够收集到有关幼儿在家庭中的表现及需求的信息，这些信息将有助于教师调整教育策略以更好地支持幼儿的发展。当教师了解家长在家庭教育中的做法时，他们能够更有针对性地提供建议，帮助家长在家中实施与幼儿园一致的教育方法，从而形成更加协调的教育环境。在鼓励家长参与的过程中，教师也应注重为家长提供便利。例如，学校可以定期组织灵活多样的活动，如周末亲子活动、开放日等，方便家长参与。同时，教师还可以为家长提供参与活动的具体信息和指导，让他们更容易融入这些活动中。这样的安排不仅提升了家长的参与感，也能够激励更多家长主动参与到家园共育的过程中。

四、 促进沟通与理解

（一）建立良好的沟通渠道

有效的沟通能够为教师与家长之间搭建起桥梁，使双方能够及时交流幼儿的成长与发展。通过多种沟通方式，例如家访、电话、电子邮件以及社交媒体，教师可以深入了解幼儿在家庭中的表现，同时也让家长能够及时反馈幼儿在幼儿园的情况。这种双向沟通不仅增强了家长对幼儿园教育的信任，也有助于教师更好地支持幼儿的成长。家访是一种极具有效性的沟通方式，能够帮助教师深入了解幼儿的家庭环境。通过家访，教师能够观察到幼儿在家庭中的行为习惯、情感状态以及与家人之间的互动。这样的观察为教师提供了重要的背景信息，使他们能够更全面地理解幼儿的需求和特点。此外，面对面的交流让家长感受到教师的关心，促进了双方的信任关系。这种信任为后续的沟通与合作奠定了良好的基础。

教师可以通过电话及时联系家长，了解幼儿在家庭中的日常表现，以及他们的情感变化。当教师发现幼儿在园中表现出情绪波动或学习困难时，可以及时拨打电话，与家长讨论可能的原因和解决方案。这种即时沟通不仅能够迅速解决问题，还能增强教师与家长之间的互动频率，让双方保持良好的联系。通过电子邮件，教师可以向家长发送重要信息、活动通知以及幼儿在园中的表现反馈。这样，不仅提高了信息传递的效率，还为家长提供了一个随时可以查阅的沟通平台。此外，教师还可以利用社交媒体建立家长群组，分享教育资源、活动照片以及育儿心得。这样的线上互动方式，不仅增强了家长之间的联系，也使得教师与家长之间的沟通变得更加轻松和随意。

在建立良好的沟通渠道的过程中，教师应注重倾听家长的声音。家长在育儿过程中积累了丰富的经验，他们的反馈对于教师的教学策略调整具有重要意义。通过定期的家长会，教师可以邀请家长分享他们在家庭教育中的看法和经验。这种互动不仅让教师了解到家长对教育的期望，也使得家长对幼儿园的教育理念有了更深入理解。双方的交流与互动，使得家园之间形成了良好的合作关系，促进了幼儿的全面发展。此外，教师在沟通中应当保持开放的态度，鼓励家长主动与其联系。当家长感受到教师的接纳与理解时，他们更愿意分享孩子的成长与挑战。这种主动沟通的氛围能够使教师及时获得关于幼儿的反馈信息，帮助他们调整教学策略，以更好地适应幼儿的需求。良好的沟通渠道不仅能够解决问题，还能增强家园之间的信任和合作，使得幼儿的学习和发展更加顺利。

（二）增进相互理解与信任

教师与家长之间的沟通与合作能够建立起更紧密的关系。当家长感受到教师的关心与支持时，他们更愿意分享家庭中的问题与挑战，从而为教师提供更全面的信息，进而有助于更好地支持幼儿的成长。教师在与家长交流时，应当主动倾听家长的声音，关注他们的关切和意见。通过定期的家长会、家访和个人交流，教师可以了解到家长对幼儿发展的期望与需求。这样的交流不仅可以帮助教师更好地理解家长的教育理念，还能增强家长对幼儿园教育的认可。当家长看到教师认真对待他们的意见时，他们会更加信任教师，从而愿意分享更多有关孩子的信息。

当家长感受到教师的关注和理解时，他们会更愿意参与到幼儿的教育中来。这种参与不仅体现在家庭作业和课堂活动中，也包括家长在家庭中的日常育儿实践。教师可以通过提供专业的育儿建议和支持，帮助家长在家庭中创造积极的教育环境。这样的支持使家长感受到被重视，进而提升了他们的信任感和参与意识。当家长和教师相互信任时，幼儿在家庭与幼儿园之间的过渡将更加顺畅。家长在家庭中实施的教育方法与幼儿园的教学策略保持一致，可以减少幼儿在适应过程中的焦虑感。例如，当家长与教师共同制定教育目标时，幼儿会更容易理解和接受这些目标，从而在不同环境中表现得更加自信。这种稳定的成长环境不仅促进了幼儿的情感发展，也增强了他们的学习动机。

当教师和家长在教育理念上达成共识时，幼儿能够在不同的环境中接收到一致的信息。这种一致性对幼儿的成长具有深远的影响，因为它使幼儿在认知、情感和社交等多个方面都能实现协调发展。当家长和教师共同关注幼儿的需求时，他们能够及时识别问题并进行调整，从而更好地支持幼儿的成长过程。教师的关怀与支持在增强信任关系的同时，也为家长提供了更多的教育资源。通过与家长分享专业知识和育儿策略，教师能够帮助家长更好地应对家庭中的教育挑战。这样的合作不仅能够提升家长的教育能力，也能在家园之间建立起强大的支持网络。当家长与教师共同努力时，幼儿在学习与成长中将获得更多的机会和支持。

五、 提高教育质量与效果

（一）优化教学策略

通过家园共育，教师能够获得来自家庭的宝贵反馈信息，这些信息有助于教师更好地理解幼儿的成长与发展。根据幼儿在家庭中的表现，教师可以及时调整和优化教学策略，以更好地适应幼儿的实际需求，从而提升教育质量。幼儿在家庭中的表现与在幼儿园的表现往往有所不同，家长对幼儿在家中的行为、兴趣和情感状态有更深入了解。通过家访、电话沟通或定期的家长会，教师可以收集到这些反馈信息，从而全面了解幼儿在家庭环境中的发展。例如，如果家长反映幼儿在家中对某种活动表现出极大的兴趣，教师可以考虑在课堂上引入相关的主题，从而增强幼儿的学习动机和参与感。

教师在收到家庭反馈后，可以针对性地调整教学内容与方法。家园共育建立了教师与家长之间的双向沟通机制，使教师能够及时识别幼儿在学习过程中的挑战与需求。当家长提供关于幼儿情绪变化或学习困难的信息时，教师可以迅速反应，调整课堂策略，以便为幼儿提供更合适的支持。这种灵活性使得教师能够更加贴近幼儿的实际情况，从而优化教学效果。家园共育强调尊重幼儿的个体差异，通过了解家庭反馈，教师能够识别每位幼儿的独特需求和发展潜力。这样，教师可以制定更加个性化的教育计划，为每位幼儿提供定制化的学习体验。例如，对于在社交方面有困难的幼儿，教师可以设计专门的社交技能训练活动，以帮助他们在课堂上更好地与同伴互动。这种个性化的教学策略不仅能够提升幼儿的学习效果，还能增强他们的自信心和参与感。

教师在与家长的交流中，能够获得不同的教育视角和育儿经验。这种多元化的观点可以启发教师思考，帮助他们更新教育理念和教学方法。例如，家长分享的成功育儿案例，可能激发教师尝试新的教学策略。通过不断学习和调整，教师能够在实践中成长，逐步形成更为有效的教学模式。同时，家园共育的优化教学策略还有助于增强幼儿的学习动机。当教师根据家庭反馈调整教学方法时，幼儿会感受到教育内容与他们的实际生活更加贴近。这种相关性能够提高幼儿的学习兴趣，使他们在课堂上更加积极主动。例如，教师可以结合幼儿的兴趣和家庭背景，设计富有创意的学习活动，增强幼儿的参与感和学习动力。这样的教学调整不仅提升了学习效果，还增强了幼儿对学习的热爱。

优化教学策略不仅仅是为了提高教育质量，更是为了促进家园之间的密切合作。通过共同关注幼儿的成长与发展，教师与家长能够形成更为紧密的合作关系。当教师能够充分利用家庭反馈信息时，家长也会感受到自己在教育过程中的重要性，从而更加积极地参与到家园共育中。这种合作关系不仅有助于提升幼儿的教育质量，也促进了教师的专业成长。

（二）增强幼儿的学习动机

通过家庭与幼儿园的合作，家园共育能够提升幼儿对学习的积极性。当家长积极参与幼儿的学习过程时，幼儿更容易感受到学习的乐趣与价值，这种积极的态度将激励他们在学习中表现出更大的主动性与创造力。当家长在家庭中与幼儿共同参与学习活动时，孩子们会感受到来自父母的关心与支持。这种互动不仅让学习变得更加生动有趣，还能为幼儿创造积极的学习环境。例如，家长可以通过游戏、故事和实践活动等形式，激发幼儿对新知识的探索欲望。这样的参与使幼儿在轻松愉快的氛围中接受知识，增强了他们对学习的兴趣。

家长能够向幼儿传达教育的价值观和目标，帮助他们认识到学习不仅是学校的任务，更是生活的一部分。家长的言传身教能够使幼儿意识到学习的重要性，从而增强他们内心的学习动机。当幼儿感受到学习对自己未来的积极影响时，他们自然会在学习中更加投入，展现出更强的主动性。通过在家庭中进行学习活动，幼儿在完成任务和克服挑战时，能够获得家长的赞扬与鼓励。当幼儿相信自己能够成功时，他们在学习中的主动性和创造力也会随之提升。这种自信心不仅有助于他们在学业上的表现，也对他们的社交和情感发展产生积极影响。

家园共育能够促进家长与教师之间的有效沟通，从而为幼儿的学习提供更多支持。家长与教师之间的互动使双方能够及时分享有关幼儿的表现与需求。当教师了解幼儿在家庭中的学习情况时，他们能够更有针对性地调整教学方法，使幼儿在园内的学习更加符合其个体发展需求。这样的协调作用能够激发幼儿的学习兴趣，使他们在幼儿园的学习体验更加丰富。当家长在家庭中积极引导幼儿学习时，他们可以为幼儿提供多样化的学习资源和活动。这种丰富的学习体验让幼儿在不同的环境中探索新知，拓宽他们的视野。通过实践活动、实地考察或亲子游戏等，家长可以与幼儿共同发现学习的乐趣，从而激发他们对知识的渴望和好奇心。当家长与幼儿共同参与学习时，幼儿能够逐渐发展出独立思考与解决问题的能力。通过在家庭中建立积极的学习氛围，家长可以鼓励幼儿自主探索、提问和尝试。这种自主学习的过程不仅增强了幼儿的学习动机，还培养了他们的创造力和批判性思维能力。

第二节　家长参与融合教育的模式与策略

一、家长参与幼儿园教师融合教育的模式

（一）家庭-学校合作模式

在这种模式中，家长与教师之间建立紧密的合作关系，共同关注幼儿的教育和发展。通过定期的家长会、座谈会和开放日活动，教师与家长可以分享幼儿在园内的表现与需求，讨论教育策略。这种模式强调家长与教师的双向互动，使家长能够主动参与到教育过程中，并共同制定适合幼儿的教育目标。

（二）志愿者参与模式

在志愿者参与模式下，家长可以在幼儿园担任志愿者，参与日常的教学活动与管理。这种模式不仅使家长能够更深入地了解幼儿园的教学内容，还能直接支

持教师的工作。通过参与志愿者活动，家长可以为幼儿创造更丰富的学习体验，同时增强家庭与幼儿园之间的联系。

（三）亲子活动模式

这种模式通过组织亲子活动，鼓励家长与幼儿共同参与学习。亲子活动可以包括家庭日、运动会、艺术展览等，旨在增进亲子关系，促进家长对教育的重视。家长不仅能够与幼儿互动，还能与其他家长交流，从而增强社区感与归属感。

（四）培训与支持模式

在培训与支持模式下，幼儿园定期举办家长培训活动，帮助家长学习如何支持幼儿的学习与发展。这些培训可以涵盖儿童心理、教育方法、情感支持等多个方面。通过专业的培训，家长能够掌握有效的育儿技巧，并在家庭中实施，从而更好地参与到幼儿的教育过程中。

二、　家长参与幼儿园教师融合教育的策略

（一）建立良好的沟通机制

为了有效促进家长参与，幼儿园应建立良好的沟通机制，确保信息的及时传递。定期的家长会、电话沟通、电子邮件和社交媒体平台都可以作为沟通渠道，让家长随时了解幼儿在园中的情况和需求。教师应主动与家长交流，倾听他们的反馈与建议，以增强家长的参与感。

（二）鼓励家长参与决策

幼儿园可以通过家长委员会或教育咨询小组的形式，鼓励家长参与教育决策。这种参与不仅能够让家长对教育过程产生更强的归属感，还能使他们在教育理念和目标的制定中发挥积极作用。家长能够更深入地理解幼儿园的教育方针，从而在家庭中更好地支持孩子的学习。

（三）提供多样化的参与机会

幼儿园应为家长提供多样化的参与机会，使他们能够根据自身的时间和兴趣

参与到不同的活动中。例如，组织各类讲座、亲子活动、志愿者服务和家庭作业支持等，让家长在多种形式中找到适合自己的参与方式。这种灵活性能够提高家长的参与积极性，使他们愿意主动投入幼儿的教育中。

（四）培训与指导

幼儿园应定期为家长提供培训与指导，帮助他们掌握有效的育儿技巧和教育理念。通过工作坊、讲座和学习小组等形式，家长能够学习到如何在家庭中支持幼儿的学习与发展。这种专业的指导不仅能够提高家长的教育意识，还能增强他们对教育过程的理解，从而更好地参与到家园共育中。

（五）营造积极参与氛围

幼儿园应努力营造一个积极参与氛围，让家长感受到他们的参与是被重视和欢迎的。教师可以通过鼓励性的话语和积极反馈来激励家长的参与。同时，展示家长参与活动的成果，如在幼儿园展示家长志愿者工作的照片或成果，让家长看到他们的参与带来的实际影响。

第三节　幼儿园教师在家园合作中的沟通技巧

一、积极倾听

（一）关注非语言信号

在与家长交流时，教师不仅需要倾听他们的言语，还应敏锐地观察他们的非言语信号。通过解读家长的表情、肢体语言和语气，教师能够更全面地理解家长的情感和态度，从而更有效地进行沟通。当家长表达对孩子教育的担忧或焦虑时，教师可以通过观察他们的面部表情和身体姿势，获取更多关于其内心感受的线索。例如，紧锁的眉头、交叉的手臂或不安的目光，可能表明家长对幼儿的表现感到不满或焦虑。在这样的情况下，教师可以采取更加温和的沟通方式，表现出理解与关怀，从而使家长感到被重视和支持。

教师在与家长交谈时，如果能够通过肢体语言，如点头、微笑或保持眼神接触，向家长传达关注与理解的信息，能够显著提升沟通的效果。这样的非言语反馈不仅让家长感受到教师的关心与投入，也促使他们更加开放地分享自己的想法和感受。这种良好的互动关系是建立信任的基础。教师应注意到家长情绪的变化，并根据这些变化调整沟通策略。例如，如果教师发现家长在谈到孩子的某些问题时表现出愤怒或失望的情绪，教师应及时调整自己的语气和语调，避免引发更大的紧张气氛。通过敏感地捕捉这些非语言信号，教师能够在沟通中更加灵活地应对各种情况，从而有效降低潜在的冲突和误解。

在某些文化中，眼神接触可能被视为尊重，而在另一些文化中，可能被视为不礼貌。因此，教师应在观察非语言信号时，考虑到文化差异，确保沟通的有效性。教师在交流后，可以回顾自己与家长的互动，思考家长的非言语反馈对沟通的影响。这种反思不仅能够提升教师的沟通技巧，还能帮助他们在未来的互动中更加敏锐地捕捉家长的情感变化，从而更好地支持幼儿的发展。教师还可以通过适当的非语言表达，来引导家长进行积极互动。例如，教师可以在与家长交流时保持开放的身体姿态，使用友好的表情和语调，鼓励家长分享他们的意见和建议。这种积极的非语言信号不仅能够使家长感到受到欢迎和尊重，也能够促使他们更加主动地参与到幼儿的教育过程中。

（二）给予适时的反馈

在倾听家长的过程中，教师应当积极回应，以表达对家长观点的理解和认同。通过适时的反馈，教师不仅能够增强家长的参与感，还能促进更深入的交流，使家长感到他们的意见和感受得到了重视。教师在倾听家长的意见时，应通过点头、微笑或简单的口头回应来示意自己的关注。例如，教师说："我明白您的意思，这确实是个很重要的问题。"这样的反馈让家长知道他们的声音被听到，增强了他们的信心，鼓励他们进一步分享更多的想法与感受。对于某些家长，简单的非语言反馈，如点头或目光接触，能够传达理解与支持。而对于需要更多信息的家长，教师可以复述他们的观点，确认自己的理解。这种复述不仅能让家长感到被重视，还能够帮助教师澄清信息，避免误解。在复述的过程中，教师也可以补充相关的信息或建议，从而为家长提供更全面的支持。

当家长感受到教师对他们观点的认同时，信任感会随之增强。这种信任使得家长更愿意与教师分享家庭中的问题和孩子的成长状况，形成更为紧密的家园合作关系。教师与家长之间的良好互动，不仅能够促进幼儿的成长，也为家园共育的成功奠定了基础。有效反馈不仅是信息的传递，更是情感的交流。教师可以通过语气的变化、面部表情的友好等方式，向家长传达关心和理解。例如，在讨论幼儿面临挑战时，教师应以温和的语气和积极的态度回应家长的担忧，让家长感受到教师的支持。这种情感上的联系能进一步增强家长的参与感，使他们在教育过程中更加积极。

在家长分享信息或提出问题后，教师应尽快做出回应。这种及时的反馈让家长感受到教师的重视，体现了教师对他们意见的尊重。无论是对幼儿表现的反馈，还是对家长疑虑的回应，及时沟通都能有效促进家园合作的顺畅进行。适时的反馈不仅限于面对面的交流，还可以通过电话、电子邮件或社交媒体等多种方式进行。教师可以在与家长沟通后，及时发一条信息，确认讨论的要点或提供进一步的信息。这种跨平台的反馈方式，让家长在任何时候都能感受到教师的关心和支持，从而增强对家园共育的参与感。

二、 清晰表达

（一）使用简单明了的语言

教师应尽量避免使用过于专业或复杂的术语，而应选择清晰、易懂的表达方式。这样的沟通策略不仅能够帮助家长更好地理解交流内容，还能有效减少误解和困惑，为家园合作奠定良好的基础。家长可能来自不同的教育背景和文化环境，具有不同的理解能力。因此，使用简单明了的语言能够使交流更具包容性。通过采用通俗易懂的词汇，教师能够让所有家长，无论其教育背景如何，都能轻松理解交流的内容。这种包容性有助于增强家长的参与感，使他们更愿意与教师互动。

当教师使用简洁明了的语言时，家长能够快速抓住重点，减少反复询问的时间。这种高效的沟通能够帮助教师更顺畅地传达关键信息，如幼儿的学习进展、行为表现以及家庭教育的建议等。例如，教师可以简单地说："您的孩子在课堂上很活跃，特别喜欢参加小组活动。"这样的表达方式能够让家长迅速理解孩子的状态，进而引发他们的关注和讨论。专业术语往往容易引起混淆，特别是在家长对教育内容不熟悉的情况下。教师若使用复杂的术语，可能会导致家长对孩子的教育过程产生误解。例如，若教师提到“社交情感发展”，而家长不清楚这一术语的具体含义，可能会对孩子在社交方面的表现产生错误的判断。因此，教师应当采用更易理解的表述，例如“孩子与同伴的互动能力正在提高”。这样的表述能够确保家长准确理解教师的意图。

教师应关注语气和语调的选择。简单明了的语言应伴随友好和温暖的语气，这能够让家长感受到教师的关心与尊重。当教师以亲切的方式与家长沟通时，家长会更容易接受信息，增强与教师之间的信任关系。这种信任关系能够促进家长积极参与到幼儿的教育中，为孩子的成长创造更好的环境。使用日常生活中的例子，能够将抽象的教育理论具体化，让家长更容易接受和理解。例如，教师可以将“情感管理”比作“水桶”，解释如何通过不同的“水源”来保持“水桶”的平衡。这种生动的比喻能够激发家长的兴趣，使他们在轻松愉快的氛围中学习教育知识。通过与家长的互动，教师可以了解哪些表达方式更容易被理解，哪些可能引起误解。这样的反思不仅能够提升教师的沟通技巧，还能帮助他们在今后的交流中更加注重用词的选择，确保信息的传达更加清晰。

（二）明确沟通的目的

在每一次沟通中，教师应当清晰地设定沟通的目标和重点，使家长能够了解讨论的主题。这种清晰性不仅有助于提高沟通的效率，也能增强家长的参与感和对教育过程的理解。教师在沟通前明确目的能够帮助家长做好准备。例如，在家长会前，教师可以提前通知家长会议的议题和目标。这种预先告知的方式使家长能够在会议前思考与孩子相关的问题，准备好他们希望讨论的内容。通过这样的准备，家长在会上更能够积极参与讨论，提出具体的问题和建议，从而促进双方的互动。

当教师清晰地表达出沟通的目标时，家长能够迅速抓住重点，避免不必要的跑题。例如，如果教师在沟通中明确提到会议旨在讨论幼儿的学习进展，家长就会更集中于如何支持孩子在学习上的发展。这种聚焦能够提升会议的效率，确保双方的时间得到充分利用。明确的沟通目的还能够提高家长对教育过程的认同感。当家长理解沟通的目的时，他们更容易感受到自己在孩子教育中的重要性。

这种认同感能够增强家长的参与意愿，使他们愿意主动与教师分享孩子的表现与家庭中的情况。例如，若教师在与家长沟通时明确表示希望获得关于幼儿在家中的学习情况，家长会感到自己的反馈是被重视的，从而更愿意提供相关信息。

当教师与家长之间的沟通目标清晰且一致时，双方的信任感会随之增加。家长会看到教师在教育过程中积极主动、负责任的态度，这种透明的沟通方式能够让家长感受到被尊重和重视。家园之间的合作关系将更加稳固，为幼儿的成长提供更为有利支持。通过设定清晰的沟通目标，教师能够更好地反思自己的沟通方式与效果。例如，教师可以在会议后回顾自己是否有效地传达了沟通的目标，以及家长的反馈是否与目标一致。这种反思不仅帮助教师不断提高沟通能力，也为未来的沟通提供了宝贵的经验。在每次沟通中，教师可以邀请家长表达他们的想法和疑问，确保沟通是双向的。这种互动能够进一步增强家长的参与感，使他们在交流中感受到尊重与重视。当家长能够自由表达自己的观点时，他们的反馈也能为教师提供更全面的信息，帮助教师更好地理解幼儿的需求。

三、 建立信任关系

（一）展现专业性与关怀

展现专业性与关怀是教师在与家长沟通时必须具备的重要素质。通过专业的建议和信息传递，教师不仅能够增强家长对其能力的信任，还能有效提升家园之间的合作关系。与此同时，教师表现出的对幼儿发展的关注和对家长关切的及时回应，能够进一步加深信任关系，为幼儿的成长创造更有利的环境。教师在沟通中展现专业性能够让家长感受到其教育能力的可靠性。当教师以专业的态度向家长解释幼儿的学习进程、发展特点及教育方法时，家长会对教师的意见产生更高的信任。例如，教师可以通过分享相关的教育理论和实践经验，帮助家长理解幼儿在特定阶段的行为和情感变化。这样的信息不仅有助于家长更好地理解教育内容，也能让他们意识到教师的专业性，从而更加重视教师的建议。

教师应主动询问幼儿在家庭中的表现与情感状态，并针对家长的关切给予积极反馈。例如，如果家长对孩子的社交技能表示担忧，教师可以及时提供关于如何在家庭中支持社交发展的建议。这样的关怀不仅让家长感受到被重视，也使他们意识到教师在关注幼儿的全面发展上是有诚意的。通过积极倾听和适时反馈，教师能够建立与家长的良好沟通渠道。当教师能够倾听家长的意见，理解他们的担忧时，家长会更加愿意分享自己的想法与建议。这种互动不仅能够增进双方的理解，也为教师提供了宝贵的信息，使其能够更好地支持幼儿的成长。

教师在沟通中应保持开放和友好的态度。展现专业性并不意味着冷冰冰的沟通方式，相反，教师应通过友好的语言和亲切的语气，让家长感受到温暖与关怀。当家长感受到教师的热情时，他们会更加愿意与教师交流，分享家庭中的情况，这对幼儿的发展至关重要。定期向家长汇报幼儿在园中的表现，让家长看到孩子的成长与变化，这不仅增强了家长的信任感，也让他们感受到教师对孩子的重视。例如，教师可以在家长会或通过通讯方式，分享一些幼儿在学习活动中的表现和取得的成果，帮助家长理解幼儿的成长过程，增强他们对教育的认同。教师应提供关于幼儿发展的建议和资源。例如，可以推荐一些适合家庭实施的教育活动或书籍，让家长在日常生活中支持幼儿的学习。这种持续的关注与支持能够增强家长对教师的信任，使家园合作更加顺畅。

（二）维护一致性与透明性

通过保持信息传递的稳定性，教师能够增强家长对教育过程的信任。当家长感受到教师提供的信息一致且透明时，他们更容易接受教师的判断与建议，从而在家庭教育与幼儿园教育之间形成更为和谐的连接。一致性在沟通中意味着教师的表达与所传递的信息要保持相对统一。教师应确保所提供的信息与幼儿园的教育目标和政策相符。这种一致性能够帮助家长建立对教师的信任，使他们相信教师在做出教育决策时是基于专业的判断。例如，如果教师在家长会上提到幼儿的学习方法与目标，那么在后续的个别沟通中也应保持相同的信息内容。这样的做法使家长感到他们所接收到的信息是可靠的，进一步增强了与教师之间的信任关系。

教师在沟通中应主动分享有关幼儿园教育的具体信息，如教学计划、评估标准以及教育理念等。通过透明的信息传递，家长能够更全面地了解幼儿在园中的学习和发展情况。例如，教师可以定期向家长发送简报或通讯，详细介绍当前的教学主题和活动安排。这样的透明沟通能够消除家长的疑虑，使他们对教育过程有更深入理解，从而提高他们的参与度。教师在信息共享的过程中，可以邀请家长提出问题和建议，从而形成双向的沟通。这种互动不仅让家长感受到被尊重，也能让教师获得家长的反馈和支持。例如，教师在召开家长会时，可以提前告知会议的议题和目的，确保家长在会议中可以围绕相同的主题进行讨论。这种预先沟通和安排使家长能够更好地参与到教育决策中，增强了家园之间的合作关系。

当教师及时、清晰地向家长反馈幼儿在园中的表现时，家长能够更准确地掌握孩子的学习状况与情感发展。例如，教师可以在幼儿表现出色时给予表扬，同时在出现问题时也能及时与家长沟通，共同寻找解决方案。这样的反馈不仅让家长感受到教师的关心，也能够帮助他们更好地支持幼儿在家庭中的学习。同时，透明的信息共享也可以增强家长对幼儿园教育的认同感。当家长了解到幼儿园的教育目标和教学策略后，他们会更加理解教师的教学决策。这种认同感能够促使家长更加积极地参与到幼儿的教育过程中，从而形成家园共育的良好氛围。例如，幼儿园在举办活动时，可以向家长说明活动的目的和预期效果，这样家长会更愿意参与并支持活动的开展。教师在维护一致性与透明性的过程中，也应保持开放的态度，欢迎家长的反馈和意见。通过创建一个开放的沟通环境，教师能够让家长感到他们的声音同样重要。这种相互尊重的关系，不仅能够促进家长与教师之间的理解，也能为幼儿创造一个更为支持和稳定的成长环境。

四、 尊重与包容

（一） 尊重家长的观点与经历

教师在交流时应始终展现出对家长意见的尊重，哪怕在观点上存在分歧，也应以开放的态度进行讨论。这种尊重不仅能够促进双方的合作，也能够显著增强家长的参与感，从而为幼儿的成长创造一个更有利的环境。因此，在沟通中，教师应当给家长充分表达自己观点的空间。教师可以让家长感受到其意见被重视。这样的倾听不仅让家长感到被尊重，也为后续的沟通奠定了良好的基础。

即使与家长的看法存在分歧，教师也应以包容的态度进行讨论。这种开放的心态有助于构建良好的沟通氛围。教师在面对家长的不同意见时，应当避免辩论或对抗的态度，而是应试图理解家长的观点背后的原因。例如，如果家长对某种教学方法表示担忧，教师可以询问他们的具体想法，并解释自己选择该方法的原因。这样的讨论能够促进双方的理解，帮助教师更全面地看待问题。当教师主动询问家长在育儿过程中遇到的挑战与成功时，家长会感到自己的经验被认可。这种认可不仅能够增强家长的自信心，还能激励他们在家庭教育中更积极地参与。例如，教师可以请家长分享在家庭中成功的育儿方法，并将这些经验与幼儿园的教育相结合，形成更为有效的教育策略。

教师与家长共同关注幼儿的成长与发展，通过共享各自的经验和观点，能够形成良好的合作关系。例如，在家长会或座谈会上，教师可以引导家长分享他们在教育中的看法和经验，从而让家长感受到自己在教育过程中的重要性。这种合作关系不仅有助于幼儿的全面发展，也为教师的教育实践提供了丰富的资源。此外，教师在沟通时展现出的尊重与理解，也能够缓解潜在的冲突。当家长感受到自己的观点被尊重时，他们更容易接受教师的建议和意见。这种相互尊重的态度有助于建立信任关系，使家长在有疑虑或问题时更愿意主动与教师沟通。例如，如果教师对某个教育问题提出不同的看法，家长会因为之前的尊重而更容易倾听教师的观点，并可能在此基础上展开进一步的讨论。家长如果在教育过程中感受到尊重，他们会更愿意积极参与幼儿园的活动，如志愿者工作、家长会等。这种参与不仅能提升家长与幼儿园之间的联系，还能为幼儿提供更多的支持。家长的积极参与能够进一步促进家园共育，为幼儿创造一个更为丰富的学习环境。

（二）欢迎多样性与差异

家长的背景、文化和教育观念各不相同，教师在与家长交流时应充分包容这些差异。通过深入了解家长的文化背景和家庭教育方式，教师能够更有效地调整自己的沟通策略，从而更好地适应每位家长的需求，促进家园合作。不同的家庭背景、文化和教育经历，可能影响家长对教育的理解与期待。例如，一些家长可能来自重视学术的家庭，他们在教育上会有更高的期望；而另一些家长可能更关注孩子的情感和社交能力。这种差异要求教师在沟通时，不仅要了解教育内容本身，还要理解家长的观点和需求，以便制定出更符合他们期望的教育方案。

教师应当采取灵活的沟通方式来适应家长的不同背景。例如，面对不同文化背景的家长，教师可以通过使用他们熟悉的语言或文化符号来进行交流。这种文化敏感性能够让家长感受到被尊重，增强他们参与沟通的积极性。同时，教师也可以通过询问家长的教育观念和价值观，来进一步调整沟通策略，确保双方能够在共同的基础上进行有效讨论。当教师积极了解和包容不同家庭的文化和教育观念时，他们能够在教育实践中不断学习和成长。例如，教师可以参加相关的培训课程，学习如何在多元文化的背景下进行有效沟通和教育。这种学习不仅提高了教师的专业能力，也能够让他们在面对多样化的家长时更加自信。

当家长看到教师愿意理解和接纳他们的背景和观点时，他们会更加信任教师的判断。这种信任关系有助于建立良好的家园合作，使得双方能够更顺畅地交流和互动。家长更愿意分享他们的想法和担忧，从而为教师提供更多信息，帮助教师更好地支持幼儿的成长。通过家长的分享，教师可以获得更丰富的教育视角，帮助他们在课堂上更好地融入多元文化元素。这不仅为幼儿提供了更加丰富的学习体验，也能帮助他们理解和尊重不同的文化差异，培养更为包容的态度。教师在欢迎多样性与差异的过程中，应持续反思自己的沟通方式与教育实践。定期评估自己在与家长沟通时是否真正考虑了他们的文化和教育背景，是否适当地调整了自己的表达方式。这种反思能够帮助教师不断提高自身的沟通能力和教育水平，确保每位家长都能在交流中感受到尊重与重视。

五、利用多种沟通渠道

（一）灵活运用沟通方式

灵活运用沟通方式是教师与家长交流中至关重要的策略。教师应根据家长的需求和实际情况，选择适当的沟通渠道，包括面对面的交流、电话、电子邮件和社交媒体等。这种多样化的沟通方式不仅能够确保信息传递的及时性与有效性，还能使家长在方便的时候参与到交流中，从而增强家园合作的效果。教师可以与家长建立更深层次的关系，增进信任感。在家长会上、开放日或家访中，教师能够直接观察家长的反应，并及时调整沟通的内容与方式。面对面的交流还允许教师通过非言语信号，如肢体语言和面部表情，传递情感，这种互动更能增强沟通的效果。

电话沟通则提供了一种便捷的方式，适用于需要及时回应的情况。当教师发现幼儿在园中的表现出现变化时，可以通过电话与家长迅速联系，及时反馈幼儿的情况。这样的即时沟通能够让家长感受到教师的关心，帮助他们及时采取行动支持孩子的发展。此外，电话沟通的灵活性也使得家长能够在繁忙的生活中方便地参与到交流中。电子邮件是另一种有效的沟通工具，适用于信息传递与反馈。教师可以通过电子邮件定期向家长发送幼儿园的通知、活动安排以及孩子在园的表现等信息。这种书面形式的信息传递可以让家长随时查阅和保存，有助于增强信息的透明性。同时，电子邮件也为家长提供了一个可以随时进行反馈的平台，他们可以根据自己的时间表回复教师，表达自己的意见和建议。

许多家长更习惯于通过社交媒体进行日常交流，教师可以创建家长群组，分享幼儿园的活动动态、教育资源以及育儿知识。这种方式不仅能够增强家长之间的互动与交流，还能让教师与家长保持更紧密联系。在社交媒体上，教师可以利用即时性和互动性，快速回应家长的问题与关切，进一步促进沟通的顺畅。此外，教师在选择沟通方式时应考虑到家长的个性化需求。有些家长可能更喜欢面对面交流，而另一些家长可能更倾向于使用电子邮件或社交媒体。教师可以根据家长的反馈和偏好灵活调整沟通方式，以确保信息能够顺利传达。例如，对于一些工作繁忙的家长，电子邮件或社交媒体的方式可能更加方便；而对于关注孩子发展的家长，面对面的交流可能更能让他们感到安心。

在灵活运用沟通方式的过程中，教师还应保持沟通的连贯性和一致性。无论使用哪种沟通渠道，信息的内容应保持一致，以避免家长因信息不一致而产生困惑。此外，教师应定期回顾沟通效果，了解不同沟通方式的优缺点，从而不断优化交流策略，确保家园之间的信息传递更加高效。当家长感受到教师在沟通中对他们需求的重视时，他们会更愿意主动参与到幼儿的教育过程中。这种积极参与不仅有助于增强家园之间的合作关系，也为幼儿的成长创造了更为有利的环境。

（二）定期反馈与跟进

教师应主动与家长保持联系，定期反馈幼儿在学习与发展中的表现。通过这种持续的沟通，教师不仅能够及时回应家长的关切，还能够帮助家长更好地理解幼儿的成长与学习过程。这种定期的沟通能够增强家园之间的联系，形成更为稳定的合作关系。教师可以通过每周或每月的沟通，向家长汇报幼儿在课堂上的表现、参与程度以及社交技能的发展。这些信息让家长能够清晰地了解孩子在幼儿园的状态，从而更有针对性地支持他们在家庭中的学习与生活。例如，教师可以在反馈中提到幼儿在某个项目中的表现，鼓励家长在家中进行相关的活动，以巩固幼儿的学习。

在定期交流中，教师可以询问家长对幼儿园教育的看法、对教师教学的建议以及家长在家庭教育中遇到的挑战。这种反馈不仅有助于教师调整自己的教学策略，还能增强家长对教育过程的参与感。教师通过关注家长的反馈，能够不断完善教育方法，提升教育质量，从而更好地满足幼儿的需求。当家长感受到教师的关注与重视时，他们会更加信任教师的判断和建议。这种信任关系促使家长更积极地参与到幼儿的教育中，使双方的合作更加紧密。例如，如果能够及时回应家长的疑虑和问题，家长会感受到教师的专业性和责任感，从而增强对教师的信任。

教师可以利用反馈机会向家长解释教学目标和学习内容，让家长了解幼儿在学校所学的知识及其重要性。这样的解释能够帮助家长在家庭中更有效地支持孩子的学习。例如，教师可以向家长说明某个主题的学习目的，建议家长在家中进行相关的延伸活动。这种教育上的连贯性有助于提高幼儿的学习效果，使他们在不同环境中都能获得一致的支持。同时，教师的定期反馈应当以积极的态度为主，即使幼儿在某些方面表现不佳，教师也应当强调他们的进步和努力。通过积极反馈，家长不仅能感受到教师的支持，也会更乐于参与到教育过程中。这种积极的交流氛围能够促进家长对教育的信心，使他们更愿意与教师合作，共同为幼儿的成长努力。当家长表达对孩子的担忧时，教师应及时给予关心与支持，帮助他们缓解焦虑。例如，教师可以提供具体的建议，帮助家长在家庭中营造积极的教育环境。这样的支持不仅能增强家长的信任感，还能使他们在教育过程中感到更加安心。

第四节　家园合作对教师角色转变的促进

一、从知识传授者到学习引导者

（一）重视幼儿自主学习

在家园合作中，教师的角色逐渐从传统的知识传授者转变为学习引导者。教师开始更多地关注幼儿的自主学习能力，鼓励他们在家庭环境中探索与发现。通过与家长合作，教师可以提供相关的学习资源和建议，帮助家长创造适宜的学习环境，使幼儿能够主动参与到学习中去。

（二）引导家庭参与教育过程

教师在家园合作中，需要引导家长参与到孩子的学习过程中。通过培训和指导，教师可以帮助家长了解如何在家庭中支持孩子的学习与发展。这种引导不仅提升了家长的教育意识，也使教师在与家长的互动中发挥了更为重要的角色。

二、从课堂管理者到学习环境设计者

（一）创造多样化的学习环境

家园合作促使教师在设计学习活动时，考虑到家庭环境的影响。教师开始意识到，学习不仅发生在课堂上，家庭也可以成为学习的重要场所。教师通过与家长合作，共同创造多样化的学习环境，让幼儿在不同的场景中进行探索与学习。

（二）整合家庭与学校的教育资源

教师可以整合家庭与学校的教育资源，为幼儿提供更丰富的学习体验。教师通过了解家长的特长和兴趣，设计出适合的学习活动，将家庭的优势资源引入到课堂中。这种资源整合不仅提升了教学质量，也丰富了幼儿的学习体验。

三、从评估执行者到学习伙伴

（一）共同关注幼儿发展

家园合作使教师的角色从单纯的评估执行者转变为幼儿学习和发展的伙伴。教师与家长共同关注幼儿的成长过程，通过定期的反馈和沟通，及时了解幼儿在家庭中的表现。这种共同参与能够帮助教师更全面地评估幼儿的发展，制定出更符合其需求的教育策略。

（二）建立互信的合作关系

教师与家长通过沟通与合作，建立起互信的关系。这样的信任关系使得教师能够更深入地了解家长对孩子的期望和关注点，从而更好地支持幼儿的成长。家园合作的背景下，教师与家长之间的关系更加紧密，形成了共育的合力。

四、 从角色定位模糊到专业化发展

（一）提升教师专业素养

家园合作要求教师在沟通与合作中不断提升自身的专业素养。教师需要具备良好的沟通技巧和情感支持能力，以更好地服务于幼儿和家庭。这种专业化的发展不仅提升了教师的教育能力，也增强了家长对教师的信任与支持。

（二）不断适应教育新形势

随着家园合作的深入，教师的角色定位逐渐明晰，适应教育新形势的要求。教师需要不断学习与更新教育理念，适应家庭与社会的变化。这种适应性不仅促进了教师自身的成长，也推动了幼儿园教育的不断发展与创新。

第七章　幼儿园教师专业成长的基本理论

第一节　教师专业成长的阶段与特征

一、幼儿园教师专业成长的阶段

（一）初始阶段

新入职的教师通常参加入职培训，学习教育理论、教学方法和幼儿发展知识。此时，他们正努力适应新的工作环境和角色，积累初步的教学经验。初始阶段的教师在教学中进行探索，尝试不同的教学策略和活动设计，以寻找适合自己和幼儿的教学方式。这一阶段的教师需要时间来理解幼儿的需求和课堂管理的技巧。

（二）发展阶段

随着教学经验的积累，教师开始在专业知识上进行深入学习，包括教育心理学、课程设计和评估策略等。这一阶段的教师逐渐认识到持续学习的重要性，以提升自身的教育素养。在发展阶段，教师开始形成自己独特的教学风格，明确教育理念和目标。他们在教学实践中逐渐找到适合自己的方式，并能更好地应对幼儿的不同需求。

（三）成熟阶段

成熟阶段的教师通常积极参与教育研究与反思，探索教育实践中的问题，并根据反思不断改进教学方法。他们可能会进行课堂观察、同行评估和教学反馈，以提升教育质量。教师不仅关注自身的专业成长，还可能承担起指导新教师的责任。他们参与团队协作，分享经验，推动集体专业发展，成为幼儿园内的重要教育力量。

(四) 持续发展阶段

教师将持续参与各类专业发展活动，如进修课程、专业研讨会和教育论坛，追求终身学习的目标。他们关注教育领域的最新动态，不断更新自己的教育观念和实践技能。教师在这一阶段可能会加入专业组织或网络，参与教育改革和政策制定，为教育事业的发展贡献力量。他们积极参与教育社区的活动，建立广泛的专业联系，推动自身和同行的成长。

二、 幼儿园教师专业成长的特征

(一) 多元化的学习方式

幼儿园教师的专业成长通常采用多种学习方式，包括正式的培训、非正式的学习、同行之间的交流和自我反思等。这种多元化的学习方式有助于教师在实践中不断积累经验与知识。

(二) 实践与理论的结合

教师在专业成长过程中，注重将理论知识与实际教学相结合。通过在课堂中的实际操作，教师能够更好地理解教育理论，并根据具体情况调整教学策略，从而提升教育效果。

(三) 反思与自我评估

幼儿园教师的专业成长强调反思与自我评估。教师会定期对自己的教学实践进行反思，分析成功与不足之处，从而在教学中不断改进。这种反思过程是促进专业成长的重要环节。

(四) 职业认同感的增强

随着专业成长的推进，教师的职业认同感逐渐增强。他们不仅意识到自身在幼儿教育中的重要性，还对自己的职业发展有了更明确的方向。这种认同感能够激励教师在工作中持续追求卓越。

（五）团队协作与共享

在专业成长过程中，教师通常强调团队协作与知识共享。他们通过与同行的交流与合作，共同探讨教育问题、分享教学资源，促进集体的专业发展。这种协作精神在幼儿园的教育环境中尤为重要。

（六）适应性与灵活性

幼儿园教师的专业成长具有很强的适应性与灵活性。教师能够根据幼儿的需求、家庭背景和社会环境的变化，灵活调整自己的教学策略。这种适应性确保了教师能够在不断变化的教育环境中保持专业性。

第二节　教师专业发展与融合教育需求

一、融合教育对教师专业发展的要求

（一）增强对个体差异的理解

教师在面对每位幼儿时，必须深入理解他们的学习能力、情感需求和文化背景等多方面的个体差异。这样的理解不仅有助于教师在教学中做出更为精准的判断，也为幼儿创造了一个更加包容与支持的学习环境。不同的幼儿在认知能力、学习风格和情感表达上可能存在显著的差异。例如，有些幼儿在语言表达上可能较为出色，而另一些则可能在动手能力上表现更为突出。教师需要通过观察和评估，识别出这些差异，从而为每位幼儿设计个性化的学习计划，以适应他们的特定需求。这种个体化的关注能够提升幼儿的学习动力，使他们在学习中更加积极。

幼儿在成长过程中会经历各种情感变化，包括焦虑、快乐、挫折等。教师必须敏锐地捕捉到幼儿的情感状态，以便及时提供支持与鼓励。例如，当某位幼儿在课堂活动中表现出焦虑时，教师可以采取温和的方式给予安慰，并为其提供必要的帮助。这样的关怀不仅能够缓解幼儿的情绪，也有助于他们更好地适应课堂环境，增强学习的自信心。不同家庭的文化习惯和教育观念，可能直接影响幼儿的学习态度和方式。教师需要了解每位幼儿的家庭文化背景，以便在教学中体现包容性和尊重。例如，教师在设计课程内容时，可以结合幼儿的文化元素，使其在学习过程中感受到自身文化的认同与价值。这种文化的融合不仅能够增强幼儿的学习兴趣，也有助于他们在多元文化环境中发展社交技能。

教师应通过专业发展不断提升自身对个体差异的理解能力。这包括参加相关的培训、研讨会以及研究不同的教育理论，尤其是关于特殊教育和心理发展的知识。教师还可以借助观察和反思，学习如何识别和应对不同幼儿的需求。通过不断学习与实践，教师能够提升自身的专业素养，以更好地服务于幼儿的成长。在教学实践中，教师可以采用差异化教学策略。这种策略强调根据幼儿的兴趣、能力和需求调整教学内容和方式。例如，教师可以在同一主题下，为不同能力水平的幼儿提供不同的学习任务，以确保每位幼儿都能在适合自己的方式中获得成长。这种灵活的教学方法不仅能够提高教学效果，还能激发幼儿的学习热情。教师可以了解幼儿在家庭中的表现和需求，从而更好地支持幼儿的学习。家长对幼儿的了解常常是教师获取信息的重要来源。通过家园合作，教师能够获得更全面的视角，以制定更符合幼儿发展的教育策略。

（二）掌握多元教学方法

为了有效满足不同幼儿的学习需求，教师必须掌握多样化的教学策略，例如差异化教学、项目学习和游戏导向学习等。这些教学方法不仅能够为幼儿提供个性化的学习体验，还能提升他们的学习兴趣与参与感，从而促进全面发展。教师需要根据每位幼儿的学习能力、兴趣和学习风格，调整教学内容和方法。这可能包括为不同能力的幼儿提供不同难度的学习任务，或是采用多种呈现方式来传达相同的信息。例如，针对语言能力较强的幼儿，教师可以引导他们进行更复杂的阅读活动；而对于语言能力较弱的幼儿，则可以通过图片、实物或角色扮演等方式来进行教学。这样的灵活性使教师能够更好地满足每位幼儿的需求，确保他们都能在适合自己的学习环境中取得进步。

教师通过设计与幼儿生活相关的实际项目，让幼儿在解决问题的过程中进行学习。这种方法不仅能激发幼儿的学习兴趣，还能培养他们的批判性思维和合作能力。例如，教师可以组织一个关于“我们社区”的项目，鼓励幼儿通过实地考察、访谈和讨论等方式，深入了解社区的构成和功能。通过这种实践活动，幼儿能够在真实的情境中学习，从而更好地理解所学知识的实际应用。通过游戏，幼儿不仅能够获得乐趣，还能在轻松的氛围中学习新的知识和技能。教师应运用游戏的特点，将学习内容融入游戏中，使幼儿在玩耍中自然而然地掌握知识。例如，教师可以设计数学游戏，让幼儿通过计算和比较游戏中的分数来学习数字和运算。这种游戏化的学习方式能够增强幼儿的参与感，提高他们的学习动机。

教师在专业发展中应不断更新教育理论和实践技能，以适应融合教育的要求。参加专业培训、研讨会和学习小组可以帮助教师了解最新的教育研究和实践案例，从而提升他们的教学能力。教师还应主动寻求反馈，通过同行观察和反思，持续改进自己的教学方法。教师可以借鉴成功的教育实践，结合自身的教学环境，形成适合自己和幼儿的多元教学策略。家园合作能够为教师提供更多的支持和资源，家长的参与不仅能增强幼儿的学习效果，还能丰富教学内容。例如，教师可以邀请家长分享他们的专业知识或文化背景，为课堂引入多样化的视角和经验。这种合作方式不仅让家长感受到参与教育的价值，也使幼儿在家庭与学校之间形成一致的学习体验。通过定期评估教学效果，教师能够了解不同教学策略对幼儿学习的影响，从而优化自己的教学方法。例如，教师可以通过观察幼儿的参与程度、学习成果和情感反应来评估不同教学策略的有效性。这种评估与反思的过程有助于教师不断调整和改进自己的教学实践。

（三）提升沟通与合作能力

教师需要与家长、同事及其他专业人士进行有效沟通与协作，以支持幼儿的学习和发展。良好的沟通与合作不仅有助于建立信任关系，还能促进信息的共享，从而为幼儿提供更加全面和有效支持。教师需关注家长对教育过程的理解与反馈。通过清晰、友好的语言，教师能够有效地传达幼儿在园内的表现与进展，同时也能理解家长的期望和担忧。教师可以定期举行家长会，主动分享教育理念和幼儿的学习情况，鼓励家长提问和表达意见。这样的开放式沟通能够增强家长的参与感，使他们感受到自身在孩子教育中的重要性。

有效的团队协作能够为融合教育提供更为坚实的支持。教师可以通过团队教研活动、课例分享等形式，与同行共同探讨教学策略和问题解决方案。通过分享经验与资源，教师不仅能够提高自身的专业能力，也能促进整个团队的成长。这种协作文化能够帮助教师共同应对融合教育带来的挑战，形成有效的支持网络。教师往往需要与特殊教育教师、心理咨询师、社会工作者等专业人士紧密合作，共同支持有特殊需求的幼儿。教师应主动寻求这些专业人士的建议和指导，了解如何更好地满足幼儿的个体需求。例如，教师可以与心理咨询师合作，开展情感教育活动，以帮助幼儿提高情绪管理能力。这样的跨专业合作不仅能丰富教育内容，也能为教师提供更全面的支持。

有效的沟通不仅仅是信息的传递，更是双方意见的交流。在与家长和同事的互动中，教师应展现出倾听的态度，认真理解对方的观点与感受。教师能够让家长和同事感受到自己的重视，从而增强双方的信任与合作。例如，在讨论幼儿的学习情况时，教师可以询问家长在家中的观察与建议，以便更好地了解幼儿的整体发展。与此同时，教师的沟通能力也应体现在解决冲突与问题上。冲突和误解时有发生，教师需要具备有效的沟通技巧来处理这些情况。通过冷静、理性地面对问题，教师能够引导家长和同事进行建设性对话，找到共同解决问题的方法。这样的能力不仅提升了教师的专业形象，也为幼儿创造了一个更加和谐的学习环境。教师应不断提升自身的沟通与合作能力，以适应不断变化的教育需求。参加专业培训、研讨会以及心理学和沟通技巧的学习，都能帮助教师提升相关能力。此外，反思自身的沟通与合作经验，寻找改进的机会，也是教师专业发展的重要环节。通过持续学习与反思，教师能够不断增强自己的专业素养，更好地支持幼儿的成长与发展。

三、 教师专业发展与幼儿园融合教育需求的结合

（一）以幼儿为中心的教育理念

以幼儿为中心的教育理念是教师专业发展的核心，尤其在融合教育的背景下，教师更应关注幼儿的全面发展，包括认知、情感和社交能力的培养。这种理念不仅影响教师的教学设计和实施方式，也深刻地改变了教师与幼儿之间的互动关系。教师需要深入了解每位幼儿的独特需求，包括他们的学习风格、能力水平和情感状态。通过观察和评估，教师可以识别出幼儿的优劣势，从而设计出更符

合他们需求的教学活动。例如，对于一些在语言表达上有困难的幼儿，教师可以采取更多的视觉和听觉支持，帮助他们逐步提高语言能力。这种个性化的关注确保了每位幼儿都能在适合自己的环境中学习和成长。

以幼儿为中心的理念还鼓励教师将幼儿的情感和社交能力放在同等重要的位置。情感和社交技能的培养对于幼儿的全面发展至关重要。教师需要创造一个安全、包容的学习环境，让幼儿能够自由表达自己的情感和想法。例如，教师可以通过小组活动鼓励幼儿互相交流与合作，从而培养他们的沟通能力和团队意识。幼儿能够学习如何处理人际关系、解决冲突，从而提升他们的社交能力。教师在教学过程中应采用积极的互动方式，鼓励幼儿参与到学习中来。通过提问、讨论和互动游戏，教师可以引导幼儿思考和探索。例如，在开展科学实验时，教师可以让幼儿自主选择材料进行实验，通过探索的方式来理解科学原理。这种主动学习的方式不仅提升了幼儿的认知能力，也使他们在学习中感受到乐趣。

传统的评估方法往往侧重于知识的掌握，而在以幼儿为中心的理念下，评估标准应涵盖幼儿的情感发展、社交能力以及学习态度。教师可以采用多元化的评估方式，如观察记录、作品展示和自我评价等，综合评估幼儿的表现。这种评估不仅能够全面反映幼儿的成长，也能够为教师提供反馈，以便于进一步调整教学策略。教师在关注幼儿发展的同时，也需要与家长建立良好的沟通关系。通过定期的家长会和个别交流，教师可以向家长介绍幼儿在园中的表现及其发展需求，鼓励家长在家庭教育中也采用相应的支持策略。家园之间的密切合作为幼儿的全面发展提供了更为坚实的基础。教师的专业发展应围绕以幼儿为中心的理念进行不断自我提升。教师可以通过专业培训、学习交流和同行观察等方式，了解最新的教育理论和实践经验。这样的持续学习不仅有助于教师在教学上更加游刃有余，也能使他们在面对不同幼儿时更具信心与灵活性。

（二）灵活调整教学策略

灵活调整教学策略是教师在专业发展中必须掌握的重要能力。教师需要根据不同幼儿的学习进度与风格，及时调整课程内容和教学方法。这种灵活性不仅提高了教学效果，还能确保每位幼儿都能在适合自己的环境中获得最佳的学习体验。灵活调整教学策略的首要任务是对幼儿的学习进展进行实时监测。教师应定期观察和评估每位幼儿的表现，了解他们的学习进度、兴趣和情感状态。例如，通过观察幼儿在课堂活动中的参与程度和反应，教师能够识别哪些幼儿在某一领域表现出色，哪些幼儿则可能面临挑战。这种细致的观察为教师提供了依据，使其能够根据幼儿的反馈及时做出调整。

教师需要掌握多样化的教学方法，以便在不同情况下灵活运用。比如，在面对学习能力较强的幼儿时，教师可以设计更具挑战性的任务，鼓励他们深入探索；而对于学习进度较慢的幼儿，教师则可以采用更为基础的内容，确保他们能够稳步前进。通过这种差异化的教学策略，教师能够满足每位幼儿的个体需求，从而提升整个课堂的学习效果。当教师发现某一主题的教学对大部分幼儿来说较为抽象或困难时，他们可以根据情况适时调整课程内容。例如，教师可以通过增加实践活动、使用多媒体资源或结合游戏的方式，使教学内容更生动、有趣。这样的调整能够增强幼儿的参与感，帮助他们更好地理解和掌握知识。

通过与幼儿的互动，教师可以了解他们对教学内容的理解程度和情感反应。这种反馈不仅有助于教师调整教学策略，还能够激励幼儿在学习中表达自己的想法和感受。例如，教师可以通过提问、讨论和小组活动的形式，鼓励幼儿分享自己的观点，从而在课堂中创造更为开放的学习氛围。同时，教师在调整教学策略时，还应与家长保持密切沟通。家长对幼儿在家中的学习情况和情感状态有着独特的见解，这些信息对教师调整教学策略至关重要。教师可以定期与家长交流，了解幼儿的表现，收集反馈意见，从而在课堂上做出相应的调整。通过这种家园合作，教师能够更全面地支持幼儿的学习与发展。参与相关的专业培训、研讨会以及同行观察，能够帮助教师学习最新的教育理论和实践技巧。通过不断学习与反思，教师能够提高自身的教学能力，更好地应对融合教育中的各种挑战。

（三）倡导包容性与尊重差异

教师应当致力于建立一种包容的教育文化，尊重每位幼儿的个体差异。这种文化不仅有助于提升幼儿的自信心，还能够有效促进他们在学习中的积极参与和社交能力的发展，从而为幼儿创造一个更加友好的学习环境。儿童的学习能力、情感表达和文化背景等方面存在显著差异。教师需要通过了解和观察，并在教学中做出相应的调整。比如，教师可以为不同学习风格的幼儿提供多样化的学习活动。这种尊重差异的做法能够让幼儿感受到自己的独特性被认可。

幼儿会感受到安全与被接纳，进而更愿意参与课堂活动。当教师展现出对不同幼儿的尊重和理解时，幼儿会更容易开放自己，表达自己的观点与情感。例如，教师可以通过小组讨论、合作学习等方式，让幼儿在互动中相互学习和支持。这种积极参与不仅促进了幼儿的学习动机，也培养了他们的社交能力和团队合作意识。在包容的教育环境中，幼儿能够在支持和理解中发展出更为健康的情感。教师应通过关注幼儿的情感需求，提供必要的支持与引导。当幼儿在学习中遇到困难时，教师应及时给予鼓励与帮助，帮助他们克服挑战。这种关怀不仅能够增强幼儿的抗挫能力，还能促进他们在面对困难时的积极态度。

家庭是幼儿教育的重要组成部分，家长的态度和观念会直接影响幼儿的自信心和社交能力。教师可以通过家校合作，鼓励家长参与到教育过程中，共同营造一个尊重差异的氛围。定期组织家长会，分享包容性教育的重要性，让家长了解如何在家庭中支持幼儿的个体发展。这种合作能够形成合力，使幼儿在家庭和学校中都能感受到尊重与支持。参与相关的培训和研讨，教师能够了解最新的教育理念和策略，学习如何在教学中实施包容性原则。例如，学习如何设计适应不同需求的课程内容，掌握有效的沟通技巧，以便更好地支持每位幼儿的成长。这样的专业发展不仅提升了教师的教育能力，也为幼儿提供了更为优质的教育环境。倡导包容性与尊重差异的教育文化有助于培养幼儿的社会责任感。当幼儿在包容的环境中成长时，他们更容易理解和尊重他人的差异。这种包容性将伴随他们的成长，形成积极的价值观和人际关系。在未来的学习和生活中，幼儿能够更好地适应多元文化的社会环境，成为具有责任感和同情心的公民。

第三节　幼儿园教师的反思与自我成长

一、幼儿园教师的反思

（一）教学实践的反思

教师在日常教学中应定期进行自我反思，通过分析课堂上的教学效果、策略和互动方式。反思不仅能帮助教师识别成功的教学方法，还能发现需要改进的地方，从而为未来的教学提供指导。教师可以在课后撰写教学日志，详细记录当天的教学活动，包括使用的教学策略、幼儿的参与情况以及互动效果。这种记录不仅帮助教师理清思路，也为后续的反思提供了基础资料。通过回顾教学日志，教师能够清楚地看到哪些活动能够有效激发幼儿的参与，哪些策略未能达到预期的效果。例如，如果某个故事分享活动得到了幼儿的积极反应，教师可以思考其成功的原因，以便在未来的教学中加以利用。

教师需要思考不同教学方法在课堂中的应用效果，并根据幼儿的反馈进行评估。例如，如果教师发现某种小组讨论的方式并未激发幼儿的积极性，可以反思是否选择了合适的主题、是否给了幼儿足够的表达空间。这样的分析有助于教师不断调整自己的教学方法，以更好地满足幼儿的需求。教师应思考自己在课堂上与幼儿的互动方式，包括提问的方式、鼓励的手段以及如何回应幼儿的表达。有效互动能够提高幼儿的参与感和学习动机。教师可以通过观察幼儿在互动中的反应，了解哪些方式更能引起幼儿的兴趣，并据此改进自己的教学风格。例如，教师在课堂上适时给予积极反馈，能够增强幼儿的自信心，鼓励他们更加主动地参与讨论。

教师还应邀请同行进行观察和反馈，借助外部视角来丰富自己的反思过程。通过同伴观察，教师可以获得不同的看法和建议，发现自身可能忽视的问题。这种合作式的反思不仅能够促进教师之间的学习与支持，也能帮助教师从多个角度审视自己的教学实践。教师需要关注自己在教学中的情感反应，以及这些情感如何影响与幼儿的互动。如果教师在某些教学活动中感到焦虑或疲惫，可能会影响到课堂的氛围。通过反思情感状态，教师能够识别出情绪管理的需求，调整自己的心态，以便更好地支持幼儿的学习。反思并不仅仅是一个静态的过程，而应形成一个持续的循环。教师可以定期设定时间进行全面反思，结合短期和长期目标，评估自己的教学成长。这种定期的自我审视能够帮助教师及时调整教学方向，确保不断向更高的专业水平迈进。

（二）情感与行为的反思

教师在课堂上不仅仅是知识的传递者，更是幼儿情感发展的引导者。教师的情感状态和行为反应直接影响到幼儿的学习体验和情感发展。因此，教师需要定期进行情感与行为的反思，以提升自身的情感智力和专业素养。情感是教师在教学过程中传递给幼儿的重要元素。当教师感到焦虑、疲惫或不耐烦时，这种情绪往往会影响课堂氛围和幼儿的参与度。通过对自身情感的反思，教师能够识别出情绪变化的原因，并采取相应的措施。例如，如果教师发现自己在某些情境下表现得过于急躁，可以回顾当时的情境，分析导致这一情绪的原因。这种反思有助于教师在今后的教学中调整情绪管理策略，保持平和的心态，进而创造出更为积极的学习环境。

教师在课堂上的每一个行为，都会对幼儿产生深远影响。教师可以通过观察幼儿对不同教学活动的反应，分析自己的行为是否适合幼儿的情感和发展需求。例如，如果教师在互动中采用了讽刺或批评的方式，可能会导致幼儿产生畏惧感或自卑情绪。相反，积极反馈和鼓励可以增强幼儿的自信心和学习动机。教师在行为反思中，应思考如何通过更积极的行为来激励幼儿，提高他们的参与感和主动性。教师应努力理解幼儿在不同情境下的情感反应，以便更好地支持他们。例如，当幼儿在课堂上表现出焦虑或不安时，教师需要敏锐地捕捉到这些情感信号，并采取适当的行动来安抚幼儿。这可能包括使用温暖的语言、身体接触或调整教学节奏等。通过这种情感上的共鸣，教师能够增强与幼儿之间的信任关系，帮助他们更好地适应课堂环境。

教师可以通过与同行的交流和反思小组，获取更多关于情感与行为的反馈。同行观察能够为教师提供不同的视角，帮助他们识别出自己可能未察觉的情感反应和行为模式。这种合作反思的方式，不仅能够促进教师之间的专业成长，也能增强教师在面对挑战时的信心。教师在情感与行为的反思过程中，应设定具体的改进目标。通过明确想要提升的情感智力或行为反应，教师能够更有针对性地进行自我调整。例如，教师可以设定在面对幼儿困惑时，努力采用更为平和的语气，而不是急于给出解决方案。通过不断实践和反思，教师能够逐步提升自己的情感调节能力，从而为幼儿创造出更为支持的学习环境。通过定期回顾自己的情感变化和行为反应，教师能够持续优化自身的教学实践。这不仅有助于个人专业成长，也能为幼儿的学习与发展提供更为坚实的支持。在这种积极的反思文化中，教师与幼儿之间的关系将变得更加密切，学习氛围也会更加融洽。

（三）专业发展的反思

专业发展的反思是教师成长过程中不可或缺的一部分。在参与专业培训和学习后，教师需要及时进行反思，评估所学内容对自身教学实践的影响。这一过程不仅帮助教师将理论知识有效地融入日常教学中，还能促进他们不断更新和提升专业能力。教师在参加培训时，通常会接触到新的教育理念和教学方法。在培训结束后，教师应思考这些新理论如何适用于自己的教学环境。这种思考过程能够帮助教师明确哪些方法是有益的，哪些可能需要调整。例如，如果教师参加了一场关于差异化教学的培训，他们可以反思如何在不同的教学情境中应用这种策略，以满足不同幼儿的需求。这种反思不仅能够加深对新知识的理解，还能帮助教师在实际教学中更自信地运用这些方法。

在反思过程中，教师可以具体分析哪些教学方法在课堂上取得了良好的效果，哪些则未能产生预期的结果。例如，在应用新的互动教学策略后，教师应观察幼儿的反应，并思考这些策略是否真正促进了幼儿的参与和学习。通过这样的实践反思，教师能够更好地了解自身教学的优势与不足，并在今后的教学中做出相应的调整。教师还应与同行分享反思结果，以促进共同成长。通过与同事讨论所学的内容和应用的经验，教师能够获得不同的视角和建议。这种交流不仅能丰富教师的教学思路，还能促进团队的专业发展。例如，在分享会上，教师可以交流他们在应用新方法时的成功经验和遇到的挑战，从而在集体的智慧中找到解决方案。这种同行支持是教师专业成长的重要推动力。

在学习新知识的过程中，教师可能会面临挫折和挑战，反思可以帮助教师识别这些情感，并调整自己的心态。例如，教师在尝试新方法时可能会感到不适或焦虑，通过反思，教师能够理解这种情绪的来源，从而采取积极的应对策略。这种情感上的调适对教师的职业生涯有着深远的影响，使他们能够更好地应对未来的挑战。教师可以定期设定时间进行回顾和总结，评估自己在专业成长上的进展。通过建立个人的反思档案，教师能够记录下每次培训的收获及其在教学实践中的应用，这不仅有助于跟踪个人发展轨迹，也为今后的学习与反思提供了基础。

二、 幼儿园教师的自我成长

（一）持续学习的意识

持续学习的意识是教师自我成长的核心要素，尤其在快速发展的教育环境中，教师面临着不断变化的教育要求和挑战。为了更好地适应这些变化，教师必须具备持续学习的态度，这不仅体现在知识的更新上，还涉及技能的提升和教育理念的深化。专业培训是教师提升自身素养的重要途径，通常包括教育理论、教学方法和心理学等领域的最新研究成果。通过参加这些培训，教师能够了解教育领域的最新动态，掌握更为有效的教学策略。例如，在参与融合教育培训后，教师可以学习到如何更好地支持不同需求的幼儿，这对于提升其教学能力至关重要。此外，这些培训还为教师提供了一个交流平台，使他们能够与同行分享经验，互相学习，从而进一步拓宽视野。

在信息爆炸的时代，教师需要通过主动阅读来获取新的知识和观点。阅读不仅能够帮助教师深入理解教育理论，还能为他们提供多样化的教学策略。例如，教师可以选择阅读关于儿童发展、教学设计和课堂管理的书籍，以增强自身的专业能力。通过系统化阅读，教师能够在理论和实践中建立起紧密的联系，从而更有效地应用于日常教学中。教育研究为教师提供了大量的实证数据和案例分析，这些都可以用来指导实际教学。通过学习教育研究成果，教师能够了解哪些方法在特定情境中有效，哪些则需要调整。例如，教师可以关注有关有效教学方法的研究，了解如何通过不同的教学方式来提高幼儿的参与度和学习成效。这种研究驱动的学习方式有助于教师不断优化自己的教学实践。

反思是自我成长的重要环节，教师应定期回顾自己的教学实践，思考哪些方法有效、哪些需要改进。通过记录教学日志、进行同行评估等方式，教师能够获取反馈，并根据这些反馈调整自己的教学策略。这种反思不仅促进了教师的专业成长，也能帮助他们在教学中更加灵活地应对幼儿的不同需求。教师可以参与各种教育社群，与同行进行互动与交流。教师能够分享各自的教学经验、资源和挑战，从而共同成长。这种社群支持能够增强教师的学习动机，使他们在追求专业发展的过程中不再孤单。教育是一个不断发展的领域，教师需要保持开放的心态，随时准备接受新的理念和方法。通过建立个人学习计划，教师可以设定短期和长期的学习目标，确保自己的成长与时俱进。这种计划性的学习不仅有助于教师的专业发展，也能为幼儿提供更为优质的教育服务。

（二）建立支持性网络

通过与同行分享经验和资源，教师能够在教学实践中获得更多的视角和建议，进而促进自身的成长。这种支持性网络不仅为教师提供了宝贵的学习机会，也有助于增强他们的职业认同感和归属感。在这样的社群中，教师可以与来自不同背景的同行分享教学经验，探讨教学策略和方法。例如，参加本地教育工作者协会或线上教师论坛，教师可以讨论具体的教学案例，分享在课堂上遇到的挑战和成功经验。这种互动能够激发教师的思维，帮助他们从他人的经验中获得灵感，寻找解决问题的新方法。

在学习小组中，教师可以集中讨论特定的主题或问题，进行系统化学习和研究。通过共同制定学习目标和计划，教师能够在小组成员的支持下，提升自己的专业素养。例如，教师可以选择特定的教学策略进行探讨，大家共同观察课堂实施效果，并进行反思与总结。这样的学习方式使教师在实践中不断成长，形成了一种积极的学习氛围。在教育论坛上，教师可以接触到最新的教育研究、教学资源和实践案例。这些资源为教师提供了更新教育理念的机会，使他们能够在专业发展中保持与时俱进的状态。例如，教师可以参加在线的教育研讨会，了解最新的教学工具和技术，以便在课堂中有效应用。这种持续的信息更新，能够帮助教师提升自身的教学效果和专业能力。

通过与同行的交流和互动，教师能够感受到彼此的支持和鼓励，这种情感上的支持在职业发展中尤为重要。教师常常面临工作压力和挑战，当他们能够在一个相互支持的环境中交流时，会感到更加安心和自信。例如，通过参与教师培训活动或社交聚会，教师可以结识志同道合的同行，分享彼此的理想和目标，从而增强对教育事业的热爱和认同。教师们能够在网络中分享教学资源、教材和活动设计等，形成共同成长的机制。这种资源的共享不仅提高了教师的教学效率，也能为幼儿提供更为丰富的学习体验。例如，教师可以通过网络平台共同策划跨学科的活动，使幼儿在多元的学习环境中探索和成长。这种合作模式体现了教育的集体智慧，推动了整个教学团队的专业发展。教师应积极寻找和参与各种社区活动，无论是线上还是线下，保持开放的态度，愿意分享自己的经验与挑战。通过这种主动参与，教师能够在网络中建立起深厚的专业关系，为自己的职业发展创造更为有利的条件。

（三）实践与反馈的结合

教师通过实际的教学探索，将理论知识转化为实践经验。同时，来自同事、家长和幼儿的反馈则为教师的成长提供了重要依据，帮助他们不断优化教学策略，促进自我提升。教师在课堂上应用新学到的理论时，能够直接观察其在实践中的效果。例如，当教师学习了差异化教学的理论后，可以在课堂中实施这一策略，通过分层次的任务来满足不同能力水平的幼儿。教师不仅能够测试该理论的有效性，还能根据幼儿的反应进行即时调整。这种实践过程有助于教师深化对理论的理解，将抽象的知识具体化，提升其在课堂中的应用能力。

教师应主动寻求同事、家长和幼儿的反馈，以全面了解教学效果。来自同事的观察与建议，能够帮助教师识别课堂管理和教学策略上的不足之处；家长的反馈则能提供幼儿在家庭环境中的表现信息，从而帮助教师更好地理解幼儿的个体需求；幼儿的反应和参与度直接反映了教师教学的有效性。通过这些反馈，教师可以获取多元化的信息，确保自己的教学策略更为科学和合理。在这个机制中，教师可以通过定期的家长会、教师研讨会等方式，主动收集各方的意见和建议。例如，在每学期结束时，教师可以通过问卷或讨论的形式，邀请家长和同事分享他们对教学的看法。这种反馈机制不仅能够让教师及时了解幼儿的学习状态和家长的期望，也为后续的教学调整提供了数据支持。

教师应在实践中进行反思，通过不断反馈和调整形成一个良性的循环。每次教学活动结束后，教师可以花时间回顾整个过程，思考哪些方面做得好，哪些方面需要改进。结合反馈信息，教师能够系统地分析自己的教学效果，并制定下一步的改进计划。例如，如果教师在某个活动中发现幼儿参与不积极，可以反思活动设计是否足够吸引人，是否与幼儿的兴趣相符，并据此进行调整。教师在接受反馈时，可能会遇到批评或建议，重要的是保持积极的态度，将其视为自我成长的机会。这样的心态不仅能够促进教师的专业发展，也能为幼儿营造一个鼓励探索和创新的学习环境。当教师展现出愿意倾听和接受反馈的态度时，幼儿和家长也会更愿意表达自己的想法，从而增强教师与家庭之间的沟通。实践与反馈的结合不仅有助于教师的专业成长，还能为幼儿创造一个更为积极的学习环境。教师通过不断调整教学策略，使得教学内容更加贴近幼儿的需求，从而提升学习效果。这样的动态调整过程确保了每位幼儿都能在适合自己的方式中获得成功，增强了他们的学习动机和自信心。

（四）情感与心理的成长

教师的职业不仅要求专业知识和教学技能，还需要情感智力和心理素养。随着教育环境的不断变化，教师面临着来自工作、家庭和社会的多重压力，因此，培养积极的自我认知和情感调节能力显得尤为重要。教师需要对自己的情感状态有清晰认识，了解自己的情绪波动及其对教学的影响。当教师能够准确识别出自己在课堂上的情绪反应时，便能够更好地管理这些情绪，从而减少负面情绪对教学的干扰。例如，如果教师在课堂上感到焦虑，可能会影响到与幼儿的互动和教学效果。通过自我反思，教师可以识别出焦虑的根源，并采取相应的应对策略，如深呼吸、放松训练等，以保持内心的平静。

教师在日常教学中会面临各种突发情况，如课堂管理、个别幼儿的特殊需求等，这些都会带来一定的心理压力。有效的情感调节不仅帮助教师应对挑战，还能为幼儿提供更为稳定和积极的学习环境。教师可以通过学习情绪管理技巧，如认知重构、情绪表达等，提升自己的情感调节能力。当教师能够合理地表达和调节情绪时，幼儿也会感受到教师的积极情绪，从而更愿意参与学习。情感和心理的成长有助于教师在教学中更好地支持幼儿的情感需求。教师的情感成熟不仅能提升自身的教学效果，更能够为幼儿创造一个安全和支持的学习环境。教师应关注幼儿的情感状态，及时识别幼儿的情感需求。当幼儿表现出焦虑或挫折时，教师能够以更为敏感和理解的态度给予支持和鼓励。例如，教师可以通过倾听幼儿的表达，给予积极反馈，帮助他们建立自信心和情感安全感。这种积极的情感支持能够显著提升幼儿的学习动机和参与度。

教师往往容易忽视自身的情感和心理需求。因此，定期进行自我关怀，如参加放松活动、进行心理咨询或培养个人爱好，能够有效减轻教师的心理压力，促进情感的健康发展。教师应认识到，只有照顾好自己的情感和心理健康，才能更好地服务于幼儿的成长。与此同时，教师在情感与心理成长的过程中，应主动寻求同行的支持与合作。通过与同事交流，分享各自的经验和感受，教师能够在互相支持中获得情感上的慰藉和理解。这种同伴关系不仅能够减轻教师的压力，还能够增强团队的凝聚力，共同面对教学中的挑战。教育主管部门和学校应提供相应的培训与资源，帮助教师提升情感智力和心理素养。例如，开展情绪管理和压力缓解的培训课程，邀请心理专家开展讲座，这些都能为教师的情感成长提供支持。通过这样的培训，教师能够学会如何在教育实践中更好地调节自身情感，并在教学中更加敏感地关注幼儿的情感需求。

（五）设定个人成长目标

在教师的职业生涯中，通过明确的目标设定，能够为其成长提供清晰的方向和动力。这些目标不仅有助于教师进行针对性学习与提升，还能够确保其在职业发展中获得持续的成就感。短期目标可以是每学期或每学年的具体任务，例如参加某个特定的培训课程或阅读几本专业书籍。这些短期目标通常较为具体和可实现，有助于教师在较短的时间内看到明显的进步和变化。例如，一位教师可以设定在一个学期内参与至少两次关于儿童心理发展的工作坊，以增强对幼儿情感和心理需求的理解。这种短期目标的达成能够激励教师在日常工作中不断追求进步。

长期目标则应关注教师的整体职业发展方向。这些目标可以涉及教师在职业生涯中的成长路径，如争取成为学科带头人、获得高级职称或参与教育科研等。教师在设定长期目标时，应考虑个人的兴趣和职业愿景，确保目标与自身发展相符合。例如，一位热爱幼儿教育的教师可以设定在未来五年内完成硕士学位的目标，以便能够更深入地研究教育理论和实践。这种长期目标不仅为教师的职业发展指明了方向，也能增强他们对未来的信心。教师在设定目标时，应尽量明确每个目标的具体内容和预期成果。例如，设定“提高课堂管理能力”这样的目标相对模糊，而具体设定为“在下个学期内，实施三种不同的课堂管理策略，并在每次课后进行自我反思”则更加明确且可行。这种具体化的目标能够让教师在实践中更容易衡量自己的进展，并根据反馈进行及时调整。

教师应确保其成长目标能够在一定程度上促进其职业发展。例如，教师在努力提升课堂教学质量的同时，设定参与学校教育改革项目的目标，这样不仅能提升自身能力，也能为学校的发展贡献力量。通过将个人目标与职业发展结合，教师能够在成长的过程中感受到成就感和满足感，从而更有动力继续前行。教育环境的变化和自身发展的进展可能会影响目标的合理性和可行性。因此，教师在实施个人发展计划时，需保持灵活性，定期反思目标的适用性和效果。通过回顾，可以识别哪些目标已经达成，哪些仍需努力，以及是否需要调整目标以适应新的情境。这种灵活性能够确保教师在职业发展过程中始终保持适应性和敏捷性。

通过与同行的交流和分享，教师可以获取关于个人目标的反馈和建议。这种合作不仅能够提供外部的支持，还能够激励教师在达成目标的过程中互相促进。

例如，教师可以与同事一起设定共同的学习目标，通过相互监督和鼓励，增强实现目标的动力和信心。在快速发展的教育环境中，教师的成长离不开目标的指引。通过不断设定、评估和调整个人目标，教师能够在职业生涯中实现持续的进步与发展。这种目标导向的成长过程不仅提升了教师的专业素养，也为幼儿提供了更为优质的教育服务，最终实现教育质量的全面提升。

（六）反思与调整的循环

反思与调整的循环是教师自我成长的重要机制，这一过程使教师能够在职业生涯的不同阶段持续提升自身的专业能力。通过定期回顾自己的成长历程，教师能够深入思考在教学实践中所遇到的挑战与收获，从而形成一个良性循环，推动自我发展的不断深化。教师常常会经历各种挑战，如课堂管理、幼儿需求的多样性以及教育政策的变化等。这些经历为教师的职业发展提供了丰富的经验和教训。教师应定期抽出时间，回顾自己的教学过程，识别出在不同情境下的表现和反应。通过这种回顾，教师能够更清楚地看到自己的成长路径，认识到哪些策略是成功的，哪些地方需要改进。

教师的情绪状态对教学效果有着直接影响。在反思中，教师应考虑自己在面对压力时的情感反应。如果教师在某些情况下感到焦虑或沮丧，这种情感可能会对课堂氛围产生负面影响。因此，识别和理解这些情感变化是教师自我成长的关键，帮助他们更好地管理情绪，从而为幼儿创造一个积极的学习环境。在明确了反思的内容后，教师需要根据反思结果进行必要的调整。这种调整可以是教学方法的改进，也可以是对自身情感调节策略的调整。例如，如果教师在反思中发现某种教学活动未能激发幼儿的兴趣，他们可以考虑更换活动内容或方法，确保适应幼儿的需求。同时，在情感管理方面，教师可以制定应对策略，如练习深呼吸或寻求同事的支持，以帮助自己在高压情境下保持冷静。这种自我调整能够使教师在未来的教学中更加从容不迫。

教师可以定期与同事进行教学观察和反馈，彼此分享在课堂中的体验和教训。这样的互动不仅能为教师提供外部视角，也能促进彼此的学习与成长。例如，在共同观察后，教师可以讨论各自的教学方法和效果，从而相互启发，寻找最佳实践。这种集体反思与调整能够形成更强大的支持网络，为教师的专业发展提供更多动力。同时，教师应定期设定新的发展目标，以引导自己的反思与调整过程。每次完成反思与调整后，教师可以根据自身的成长和新的教学需求，设定短期和长期目标。这些目标应具体且可衡量，确保教师能够在实践中检验自己的进步。通过将反思与目标设定结合，教师能够持续关注自身的发展方向，确保在职业生涯中不断追求卓越。反思与调整的循环不仅有助于教师的个人成长，也能对幼儿的学习产生积极影响。当教师在教学中体现出持续的自我审视与调整时，幼儿能够感受到教师的专业性和对教育的热情。这种积极的情绪和态度能够激励幼儿在学习中更加积极参与。

第四节　专业成长与终身学习

一、 幼儿园教师专业成长

（一）专业知识与技能的提升

幼儿园教师的专业成长首先体现在对专业知识与技能的不断提升上。随着教育理念的不断更新和社会需求的变化，教师需要掌握与幼儿发展、教育心理学、教学方法等相关的专业知识。这种专业知识的积累不仅为教师提供了坚实的理论基础，也为实际教学提供了有效的指导。幼儿在认知、情感和社交等方面的发展特点各不相同，教师必须对这些特点有深入理解。通过学习发展心理学，教师能够识别幼儿在不同年龄段的需求，从而制定相应的教学计划。例如，在教导幼儿语言能力时，教师需了解语言发展的阶段性特征，以便更有效地设计语言学习活动。掌握这些知识，使教师在教学过程中能够灵活应对幼儿的不同需求，确保每位幼儿都能在适合自己的环境中成长。

教师需要掌握激励幼儿学习的理论，了解如何在课堂上创造积极的学习氛围。例如，通过学习如何设置适当的挑战和目标，教师可以提高幼儿的学习动机。当幼儿在成功完成任务后获得认可时，他们的自信心会随之增强，这样的循环能够进一步促进幼儿的学习。因此，教师掌握教育心理学知识不仅能提升课堂教学效果，还能促进幼儿的心理健康发展。在快速变化的教育环境中，传统的教学方法可能不再适用于所有幼儿。通过参加各类培训和研讨会，教师可以学习到新颖的教学策略和技巧。这些培训通常涵盖了多种教学模式，如游戏化学习、项目学习和差异化教学等，教师通过实践这些新方法，能够提高课堂的参与度和趣味性。例如，在学习数学概念时，教师可以通过游戏的形式让幼儿在轻松愉快的氛围中掌握知识，既提高了学习效率，也让幼儿体验到学习的乐趣。

教师可以通过阅读教育相关的书籍、期刊和研究报告，及时获取教育领域的新知识与新动态。这种持续的学习过程不仅能够更新教师的知识体系，还能激励他们在教学实践中进行创新。例如，教师在了解最新的教育技术后，可以将其融入课堂教学中，利用多媒体资源和互动软件提升教学效果。这种技术的应用，不仅提高了教师的教学能力，也增强了幼儿的学习体验。在学习新知识的同时，教师应将这些理论与自己的教学实践相结合。每次教学活动后，教师可以反思哪些方法有效、哪些需要改进，通过记录教学日志来总结经验。这种反思的过程使教师能够不断调整和优化自己的教学策略，提高教学质量。通过与同事的交流与合作，教师能够分享教学经验和资源，互相学习与鼓励。在教研活动中，教师可以讨论自己的教学方法，接受同行的反馈，从而拓宽视野。这种合作不仅能够提升教师的专业能力，也能在团队中形成积极的学习氛围，共同推动教育质量的提升。

（二）实践经验的积累

教师通过与幼儿的互动与实践操作，不断丰富自己的教学经验，这种实践不仅有助于教师完善教学策略与方法，也极大地促进了幼儿的全面发展。实践经验使教师能够更好地理解和应对幼儿的多样性需求。每位幼儿的学习风格、能力和情感需求都不尽相同，因此教师在教学中需灵活运用所学知识。例如，当教师发现某位幼儿在课堂上表现出困难时，他们可以采用更为具体的示范或分步骤指导，以帮助该幼儿理解学习内容。这种对幼儿需求的敏感反应不仅增强了教学效果，也帮助教师在实践中更深入地理解不同幼儿的学习特点。

在面对活泼好动的幼儿时，教师需要运用有效的课堂管理策略，以保持课堂秩序并促进积极的学习氛围。例如，教师可以在课堂上设定明确的规则，并通过积极的激励措施来引导幼儿遵守这些规则。在不断实践中，教师能够发现哪些管理策略更能激励幼儿参与，哪些方法在特定情境下更为有效。这种管理经验的积累，使教师在未来的教学中更加得心应手。教师在课堂上实施各种教学活动时，能够观察幼儿的反应并评估活动的效果。例如，教师可能在某次科学实验中观察到幼儿对某一环节表现出浓厚的兴趣，而在其他环节中则显得无动于衷。通过这样的观察，教师可以思考如何调整活动设计，使其更加吸引幼儿。这种反思过程促使教师在实践中不断改进自己的教学策略，以提高幼儿的学习效果。

通过与家长交流，教师能够获得关于幼儿在家庭环境中表现的信息，帮助他们更全面地了解幼儿的需求。例如，当家长反馈幼儿在家中表现出某种情绪问题时，教师可以结合这些信息调整课堂活动，以支持幼儿的情感发展。这样的沟通不仅增强了家园合作，也促进了教师在实践中的成长。在现代教育环境中，教师需要熟悉各种教育技术，如多媒体教学、在线学习平台等。在实际教学中，教师可以通过实践这些工具，提升自己的信息技术能力。例如，教师可以在课堂上使用互动白板进行教学，通过游戏化的方式激发幼儿的学习兴趣。这种新技术的应用，不仅提高了课堂的参与度，也丰富了教师的教学手段。通过参与教研活动，教师可以与同事分享各自的实践经验，讨论教学中的问题与挑战。这种同行支持能够为教师提供新的视角和解决方案，促进他们在实践中的不断进步。例如，教师在分享会中可以展示自己成功的教学案例，并获得同事的反馈与建议，从而在合作中实现共同成长。

（三）职业认同感的增强

职业认同感的增强是教师专业成长的重要体现。随着教师在教育实践中不断积累经验和获得成功，他们对自身职业的热爱与自豪感逐渐提升。这种职业认同感不仅激励教师在教育事业中持续努力，还促使他们追求卓越，从而提升整体教育质量。教师在取得教学成果时，往往能够直接体验到职业认同感的提升。当教师看到自己设计的教学活动能够有效激发幼儿的学习兴趣，或者在某个项目中取得良好的成果时，这种成功感会直接增强他们对教育工作的热爱。例如，教师可能会发现某个课程主题引起了幼儿的广泛讨论，幼儿在活动中表现出极大的积极性和创造力。这样的反馈使教师感受到自己的付出得到了回报，从而增强了对职业的认同。

在一个积极向上的教育环境中，教师能够感受到来自同事、家长和管理者的支持与鼓励。当教师的努力和成就被认可时，他们会更加坚定自己的教育信念。

例如，在学校举行的教研活动中，教师们分享成功的教学经验并获得同事的赞赏时，这种互动不仅增强了他们的职业认同感，也促进了团队的凝聚力。教师在这样的环境中工作，能够更好地发挥自己的潜力，追求更高的教育目标。教师在不断学习和实践中，积累了丰富的专业知识和技能，能够更自信地面对教学挑战。当教师参与专业培训、学习新教学策略，并在课堂上灵活运用这些知识时，他们的专业素养得到了显著提升。这种专业能力的增长使教师更加认同自己的职业角色，增强了他们对教育事业的责任感与使命感。

当教师看到自己所教的幼儿在学习中取得进步，展现出自信与能力时，这种成就感会进一步增强教师的职业认同。例如，教师可能会注意到某个曾经害羞的幼儿，在课堂上勇敢地发言，或者在活动中积极参与，这些变化令教师感到无比欣慰。这样的积极反馈不仅激励教师继续努力，还使他们更加坚定自己的教育信念，认为自己所做的工作是有意义的。同时，教师的职业认同感也可以通过参与社区和社会活动得到增强。在学校外，教师通过参与公益活动、家长会或社区教育项目，与更多人分享教育理念和实践，能够增强自身的职业归属感。当教师被视为社区教育的参与者和推动者时，他们的职业认同感会得到进一步提升。这样的社会认同能够为教师提供新的动力，使他们在教育道路上继续前行。在职业生涯中，教师可能会面临各种挑战和压力，导致职业认同感的波动。因此，定期反思自身的职业发展和情感状态，能够帮助教师及时调整自己的心态和目标。教师可以通过设定新的职业发展目标，参与培训和交流，来重燃对教育事业的热情与动力。这种自我调整能力在长期职业发展中尤为重要。

二、 幼儿园教师终身学习

（一）多样化的学习形式

多样化的学习形式是教师终身学习的重要组成部分。这些学习形式能够为教师提供丰富的学习资源和实践经验，帮助他们在日常教学中保持灵活性和适应性。教师不再局限于传统的学习方式，而是可以通过在线课程、教育论坛、工作坊等多种途径，不断拓展自己的专业知识和技能。通过互联网，教师可以随时随地参加各类在线课程，学习最新的教育理论和教学方法。这种灵活的学习方式使教师能够根据自身的时间安排进行学习，而不必受到地点和时间的限制。例如，教师可以选择参加关于融合教育、课堂管理或教育技术的在线课程，以提升自己的专业能力。这种学习形式不仅提高了教师的自主学习能力，还能让他们在繁忙的工作中有效利用碎片化时间。

教师可以与来自不同地区的同行分享教学资源、方法和经验。通过讨论和互动，教师能够获取多样化的视角和解决方案，拓宽自己的专业视野。例如，教师在教育论坛中可以发布关于特定教学问题的讨论帖，邀请其他教师分享他们的应对策略和成功经验。在工作坊中，教师可以参与实际操作和讨论，深入探讨特定的教学主题。通过这种实践导向的学习方式，教师能够更好地理解新的教育理念和教学方法，并将其应用于课堂教学中。例如，在一场关于 STEAM 教育的工作坊中，教师可以亲自参与实验和活动设计，从中获得直接的实践经验。这种参与感和实践性能够显著提升教师的学习效果，使他们在实际教学中更为自信和有效。

通过教育相关的社交媒体群组和平台，教师可以随时获取最新的教育动态，与同行保持联系。在这些平台上，教师可以分享自己的教学实践，寻求建议和反馈。这种实时的互动方式，使教师能够在快速变化的教育环境中及时调整教学策略，适应新的挑战。教师可以参与跨学科的研讨会和培训，了解其他学科的教学方法和理念。这种跨学科的交流，不仅丰富了教师的知识结构，也为他们提供了更多的教学灵感。例如，一名幼儿园教师在参加科学教育研讨会时，可能会学习到如何通过科学实验激发幼儿的探索精神，从而在自己的课堂中结合这些元素，提升学习的趣味性和深度。在参加各类学习活动后，教师应及时反思所学内容的应用效果，思考如何将新知识融入自己的教学实践中。这种反思与总结的过程，能够帮助教师识别哪些学习形式最适合自己，从而在未来的学习中做出更明智的选择。

（二）反思与应用的结合

教师在学习新知识和参加培训后，必须将这些新理念与实际教学相结合，及时评估其在课堂中的应用效果。这一过程不仅有助于教师深入理解所学内容，还能促进教学实践的不断改进。教师在参加专业培训后，通常会接触到新的教育理念、教学策略或工具。为了确保这些新知识能够在实际教学中发挥作用，教师需要积极尝试将其应用于日常教学中。例如，一位教师在参加关于合作学习的研讨会后，可能会设计一系列小组活动，鼓励幼儿通过合作完成任务。这种实践不仅能够帮助教师评估新策略的有效性，还能够让幼儿在互动中获得更多的学习机会。

反思可以帮助教师识别在应用新知识时遇到的问题和挑战。教师可以通过记录课堂观察、幼儿反馈和自我感受，系统地评估新策略的成效。例如，教师在进行小组活动后，可以收集幼儿的反馈，了解他们对活动的看法，以及活动是否促进了他们的学习。当教师意识到某个策略未能激发幼儿的兴趣时，可以反思活动设计的适切性，并及时调整。结合反思与应用能够形成一个良性循环，推动教师的专业成长。每次反思后，教师都应制定相应的调整计划，优化教学方法。例如，如果教师发现某种教学工具的使用效果不如预期，可以在反思中考虑替代的工具或方法。通过持续反思与调整，教师能够不断提升自身的教学能力，使其在教育实践中更加灵活和有效。

教研活动中，教师可以讨论在实际应用新知识过程中的成功经验与挑战。这样的互动不仅能够为教师提供新的视角，还能促进集体智慧的发挥，帮助教师更有效地解决问题。例如，若一位教师在应用新策略时遇到困难，同行的建议和经验分享可能会为其提供宝贵的解决方案。幼儿是教学的主体，他们的反应和学习效果能够为教师的教学策略提供直接的依据。教师应定期收集幼儿对教学活动的意见，了解他们在学习中的感受和需求。通过这种反馈，教师能够识别出哪些教学方法更有效。这样的互动不仅促进了幼儿的参与感，也使教师能够更好地满足幼儿的学习需求。在不断变化的教育环境中，教师需要灵活应对新的挑战与机遇。因此，教师应定期进行自我评估，回顾自己的教学实践，及时调整自己的学习与应用策略。通过设定反思与应用的周期性目标，教师能够确保在职业发展中始终保持积极的学习态度。

（三）个人发展规划的制定

一个明确的发展规划不仅能够为教师的专业成长提供方向，还能激励他们不断追求卓越。通过设定短期和长期的学习目标，教师能够有效引导自己的专业发展，并确保学习活动与职业目标的一致性。教师在制定个人发展规划时，应考虑自身的职业愿景和兴趣。每位教师的职业目标可能不同，有些教师可能希望在教育领域深造，成为学科专家，而另一些教师则可能更倾向于担任管理或领导角色。因此，教师应根据自身的职业理想，设定相应的学习目标。例如，一位希望提升教学技能的教师可以设定在未来一年内参加至少三次专业培训，而一位计划获得高级职称的教师则可能需要制定更为系统的学习计划，包括完成相关的研究或课程。

短期目标通常是可在几个月内实现的小目标，例如阅读几本专业书籍、参加一个特定的培训课程或完成某个项目。这种结合能够帮助教师在不断实现短期目标的过程中，逐步向长期目标迈进。教师在个人发展规划中应留出时间进行定期回顾与调整。教师可能会面临不同的挑战和机遇，因此需要定期审视自己的发展目标是否仍然适用。例如，每学期结束时，教师可以回顾自己在学习目标上的完成情况，思考哪些目标已经实现。通过这种定期的反思与调整，教师能够确保自己的学习方向与职业发展保持一致，从而最大限度地发挥学习的效果。

通过与同行、教育专家和管理者的交流与合作，教师能够获得更多的学习资源和机会。在制定个人发展规划时，教师可以寻求同行的建议和反馈，了解他们在职业发展中的经验和教训。这种合作不仅能够为教师的学习提供启示，还能增强职业成长的动力。教师在追求学习目标的过程中，应保持积极的学习态度和自我激励能力。例如，在设定学习计划后，教师可以制定时间表，确保在日常工作中留出时间进行学习和反思。通过合理安排时间，教师能够更有效地平衡教学、学习与个人生活，保持良好的心理状态。教育环境和个人情况可能随时发生变化，教师应根据新的需求和挑战，调整自己的学习目标和计划。例如，当新的教育政策出台时，教师可能需要学习相关的知识以应对变化。教师应及时修订个人发展规划，确保始终与教育发展的步伐保持一致。

第八章　多学科合作与幼儿园教师的专业发展

第一节　多学科合作的理论基础与实践

一、 多学科合作的理论基础

（一）建构主义理论

建构主义理论强调知识的建构是一个主动的过程，学习者通过与环境和他人互动，积极构建自己的理解。在多学科合作中，教师和幼儿可以通过不同学科的视角来解决复杂问题，从而促进深层次的理解和综合能力的发展。通过跨学科的互动，幼儿能够将不同学科的知识进行整合，形成全面的认识。

（二）社会文化理论

社会文化理论认为，学习是一个社会互动的过程，知识的获得和理解是在文化和社会背景中进行的。在多学科合作的背景下，教师和幼儿通过交流和合作，能够共享各自的文化和知识。这种互动不仅丰富了学习内容，也增强了幼儿的社会参与感和责任感，帮助他们在真实世界中应用所学知识。

（三）系统理论

系统理论强调各个部分之间的相互作用和整体性。在教育实践中，学科之间并非孤立存在，而是相互联系、相互影响的。通过多学科合作，教师可以设计综合性的学习项目，使不同学科的知识相辅相成，从而培养幼儿的综合思维能力。这种整体性思维方式有助于幼儿更好地理解复杂问题，形成全局观。

（四）实践理论

实践理论关注学习在实际情境中的应用，强调通过实践获得知识和技能。在多学科合作的项目中，幼儿不仅能够理论学习，还能在真实的情境中应用所学内容。通过项目式学习，幼儿能够进行实地调研、实验和分析，从而将多学科知识转化为实际操作能力。

（五）学习共同体理论

学习共同体理论强调学习是在一个共同体内进行的，成员之间通过合作学习、共同反思实现知识的分享与成长。教师和幼儿形成一个学习共同体，通过共同的目标和任务，激励彼此，推动学习进程。这样的共同体能够增强学习的动机和效果，让幼儿在团队合作中提升沟通和协作能力。

（六）多元智能理论

多元智能理论提出人类具有多种类型的智能，学习应根据个体的智能特点进行差异化设计。教师可以根据幼儿的不同智能类型，设计多样化的学习活动，鼓励幼儿发挥各自的优势。这样的合作模式能够充分调动幼儿的积极性，使学习更具个性化和针对性。

二、 多学科合作的实践

（一）项目式学习

项目式学习是一种将多学科知识整合应用于实际问题解决的有效实践。教师设计跨学科的项目，让幼儿在真实的情境中进行学习。例如，幼儿可以围绕环境保护主题，结合科学、社会学和艺术等学科，进行实地调研、数据分析和宣传材料的设计。这种实践不仅提升了幼儿的综合素质，还增强了他们的团队协作能力和问题解决能力。

（二）主题单元教学

在主题单元教学中，教师围绕一个中心主题，将不同学科的知识有机结合。

例如，围绕“健康与营养”这一主题，教师可以整合科学（营养成分）、数学（卡路里计算）、健康教育（健康生活方式）等学科内容，设计跨学科的教学活动。这样的实践有助于幼儿形成系统的知识结构，理解不同学科之间的联系。

（三）共同备课与教学反思

教师通过共同备课的方式促进多学科合作。在备课过程中，教师可以分享各自学科的教学目标和内容，共同设计跨学科的教学活动。此外，在教学后进行反思与评估，教师可以分析多学科合作的效果，总结成功经验与改进措施。这样的合作与反思不仅提升了教师的专业能力，也为幼儿提供了更为丰富的学习体验。

（四）学校与社区合作

学校可以与社区、企业或其他教育机构建立合作关系，共同开展跨学科项目。例如，社区可以提供实际案例供幼儿研究，企业可以支持相关的实地考察和实践活动。通过这种校外学习，幼儿能够将课堂知识应用于真实的社会情境，增强社会责任感和实际操作能力。

（五）课堂内外结合

多学科合作不仅限于课堂内的教学活动，还可以扩展到课外活动。例如，教师可以组织幼儿参加社区服务、科学博览会或艺术展览，让幼儿在实践中运用所学知识。幼儿能够通过观察、实践和反思，深化对知识的理解，提高综合运用能力。

（六）利用技术工具

现代科技为多学科合作提供了便利的工具和平台。教师可以利用在线学习平台、协作软件和数字化资源，促进幼儿在跨学科项目中的协作与交流。例如，使用在线文档共享工具，幼儿可以实时合作撰写报告，或者利用视频会议工具与其他班级或学校的幼儿进行跨校讨论。这种技术的运用能够增强幼儿的学习动力，使合作更加高效。

（七）多元评估机制

在多学科合作的实践中，评估方式应更加多元化，涵盖知识掌握、技能应用和团队合作等方面。教师可以通过观察、幼儿自评、同伴互评及教师评估等多种方式，对幼儿的学习成果进行综合评估。例如，在跨学科项目结束后，教师可以组织汇报会，幼儿通过展示自己的项目成果进行自我评估，同时接受同学和教师的反馈。这种多元评估机制有助于幼儿全面理解自己的学习情况，激励他们在未来的学习中不断进步。

第二节　特殊教育、心理学与幼儿园教师的合作

一、特殊教育与幼儿园教师的合作

（一）个性化教育方案的制定

特殊教育专家与幼儿园教师的合作可以共同制定个性化教育方案，以满足不同特殊需求幼儿的学习与发展。这种合作能够结合专业知识，帮助教师为每位幼儿量身定制教学策略和目标，确保他们在适合的环境中获得最佳的教育支持。

（二）教师培训与专业发展

特殊教育专家可以为幼儿园教师提供专业培训，提升他们对特殊需求儿童的理解和应对能力。通过这些培训，教师能够掌握更有效的教学方法和行为管理策略，从而增强对特殊需求幼儿的支持能力。

（三）资源共享与环境优化

特殊教育与幼儿园教师的合作还可以促进资源共享。特殊教育专家可以提供适合特殊需求儿童的教学资源和工具，帮助教师优化课堂环境。例如，提供视觉辅助工具、情绪调节设备等，有助于提高特殊需求幼儿的学习参与度和效果。

（四）家庭合作与支持

在特殊教育中，家庭的参与至关重要。特殊教育专家和幼儿园教师可以共同

与家长沟通，分享有关幼儿的教育策略和发展建议。通过家庭的积极参与，可以增强幼儿的学习效果，并为他们提供一致的支持。

二、 心理学与幼儿园教师的合作

（一）情感与行为支持

心理学家与幼儿园教师的合作能够为幼儿提供情感和行为支持。心理学家可以帮助教师识别幼儿的情感需求和行为问题，提供相应的支持策略。例如，在面对情绪困扰或社交障碍的幼儿时，教师可以运用心理学家的建议来进行干预和指导。

（二）心理健康教育的实施

通过合作，心理学家可以为幼儿园教师提供心理健康教育的相关知识和技能。教师能够在课堂中融入心理健康教育的内容，帮助幼儿学习情绪管理和社交技能。这种预防性教育能够降低心理问题的发生率，促进幼儿的全面发展。

（三）评估工具与数据分析

心理学家可以为幼儿园教师提供心理评估工具，帮助他们评估幼儿的心理状态和发展需求。通过分析这些数据，教师能够制定更为精准的教学方案，确保每位幼儿得到适当的心理支持。

（四）应对危机与心理干预

在面对危机情况时，心理学家能够为幼儿园教师提供专业的支持和干预措施。当幼儿经历重大生活变故或情绪危机时，心理学家可以与教师合作，制定应对策略，帮助幼儿渡过难关，恢复心理健康。

（五）建立积极的学习环境

心理学家与幼儿园教师的合作还可以促进积极的学习环境的建立。通过应用心理学原理，教师能够设计出鼓励性、支持性和包容性的课堂氛围。例如，教师可以通过正向强化和积极反馈来增强幼儿的自信心与参与感，这有助于提升整体的学习体验。

第三节　幼儿园教师团队中的角色分工与协作

一、幼儿园教师团队中的角色分工

（一）班级教师的主要职责

班级教师在幼儿园团队中扮演着核心角色，肩负着多重职责，主要包括日常教学、班级管理和与家长的沟通。作为幼儿的主要教育者，班级教师不仅负责实施课程，还需关注每位幼儿的个体差异和发展需求，以确保他们在学习中的全面成长。班级教师的首要职责是制定教学计划。这一计划应基于幼儿的发展水平和教育目标，涵盖各个学习领域，如语言、数学、科学和艺术等。在制定教学计划时，教师需要考虑幼儿的兴趣和能力，通过设计丰富多样的活动，激发幼儿的学习动机。例如，在语言学习中，班级教师可以安排讲故事、角色扮演和歌曲活动，以提升幼儿的语言表达能力和沟通技巧。

活动的设计不仅要符合教学计划，还要注重幼儿的参与性和互动性。通过创造性和趣味性的活动，教师能够吸引幼儿的注意力，鼓励他们积极参与。例如，班级教师可以通过小组合作游戏、探究式学习等方式，让幼儿在活动中主动探索和发现。这种参与式的学习方式，不仅提高了幼儿的学习兴趣，也促进了他们的社交技能和团队合作意识。与此同时，班级教师还需要进行班级管理，确保课堂环境的安全与和谐。教师在管理中应建立明确的规则和期望，引导幼儿理解和遵守。例如，通过设定课堂规则，教师能够帮助幼儿养成良好的行为习惯。在课堂管理过程中，教师需要灵活应对幼儿的行为问题，及时给予正向反馈与支持，以培养幼儿的自我管理能力和情感调节能力。

班级教师在日常教学中需要密切关注每位幼儿的学习和发展。教师能够识别幼儿的个体差异，了解他们的学习风格和情感需求。这种关注使教师能够根据每位幼儿的特定情况调整教学策略。例如，对于某些在学习上有困难的幼儿，教师可以提供个别指导或调整学习材料，确保每位幼儿都能在适合的环境中获得支持。教师需要定期与家长进行交流，分享幼儿在园的表现、学习进展和情感状态。这种沟通不仅能够让家长了解幼儿在学校的生活与学习，也能增强家园之间的合作关系。在与家长的互动中，教师应鼓励家长积极参与幼儿的学习过程，为家庭教育提供指导与建议。教师与家长能够形成合力，支持幼儿的全面发展。通过分析自己的教学实践和幼儿的反馈，教师能够识别自身的优势与改进空间，持续提升自己的专业能力。这种反思不仅能帮助教师更有效地调整教学策略，还能为其职业发展提供动力与方向。

（二）特殊教育教师的支持

特殊教育教师在幼儿园团队中发挥着至关重要的作用，主要负责支持那些有特殊需求的幼儿。他们通过专业的评估和个性化教育方案的制定，确保每位幼儿都能在适合的环境中学习与发展。这一角色的存在，极大地提升了教育的公平性和包容性。通过观察、测评和与家长的沟通，特殊教育教师能够深入了解每位幼儿的能力、学习风格和情感需求。这一评估过程不仅帮助教师识别出幼儿的优势和挑战，也为后续的个性化教育方案提供了科学依据。例如，特殊教育教师可能发现某位幼儿在社交技能方面存在困难，这将促使他们为该幼儿制定相应的支持策略。

特殊教育教师根据评估结果制定个性化教育方案。这些方案旨在满足每位幼儿的独特需求，包括具体的教学目标、适合的学习方法和必要的辅助工具。例如，对于有语言发展障碍的幼儿，特殊教育教师可能会设计一套以语言游戏为基础的教学活动，以帮助他们提高语言表达能力。这种个性化的方案确保每位幼儿都能在适合的环境中获得支持，推动他们的全面发展。通过定期的培训和工作坊，特殊教育教师能够帮助班级教师提升对特殊需求幼儿的理解与应对能力。这些培训内容通常包括特殊教育的基本知识、教学策略、行为管理技巧等。例如，特殊教育教师可以教授班级教师如何使用视觉辅助工具和情感调节策略，以更好地支持特殊需求幼儿的学习。班级教师能够获得实用的技巧和方法，从而增强自身的专业能力。

特殊教育教师不仅与班级教师保持紧密合作，还与家长、学校管理者及其他专业人士进行有效沟通。特殊教育教师可以定期与家长交流，分享幼儿的学习进展与建议，确保家校之间的合作与一致性。在这种多方合作的模式下，特殊教育教师能够为幼儿创造更为支持的环境，帮助他们在各个方面取得进步。特殊教育教师的支持也体现在为幼儿提供直接的个别指导与干预上。特殊教育教师可以根据幼儿的需求进行个别化教学，提供专门的支持和辅导。这种个别化的指导能够帮助幼儿克服学习障碍，增强他们的自信心和参与感。例如，特殊教育教师可以在课堂外为有特殊需求的幼儿提供一对一的辅导，帮助他们掌握关键知识与技能。教师需不断更新自己的专业知识和技能。通过参加培训、阅读专业文献和与同行交流，特殊教育教师能够不断提升自身的专业素养，以便更好地支持幼儿的发展。例如，关注新的教育理念和方法，了解最新的特殊教育政策，能够帮助特殊教育教师更好地适应和应对教育的挑战。

（三）心理辅导教师的角色

心理辅导教师不仅为教师提供心理健康教育的相关知识，还参与幼儿的情感问题干预。这种支持有助于教师识别幼儿的心理需求，并提供相应的应对策略，从而促进幼儿的心理发展和情感安全感。通过组织培训和讲座，心理辅导教师向班级教师普及心理健康教育的重要性，介绍如何识别幼儿的情感状态及潜在的心理问题。例如，心理辅导教师可以教授教师如何观察幼儿在课堂中的情感反应，了解他们的需求，并采取适当的应对措施。这种知识的传递能够帮助教师更好地支持幼儿，创建一个更加安全和关爱的学习环境。

在发现幼儿表现出情绪困扰或社交障碍时，心理辅导教师能够及时介入，提供专业的支持和指导。例如，他们可以与幼儿进行个别谈话，帮助幼儿表达情感，了解情绪的根源，并教导他们有效的情感调节技巧。通过这样的干预，心理辅导教师不仅能帮助幼儿缓解心理压力，还能提升他们的自我认识和社交能力。心理辅导教师还与班级教师密切合作，共同制定支持策略。这种合作有助于教师更全面地理解幼儿的情感需求。例如，当班级教师发现某位幼儿在社交活动中表现出焦虑时，心理辅导教师可以与教师讨论适合该幼儿的支持策略，提供具体的建议和工具。这种协作确保了幼儿在不同环境中获得一致的支持，从而促进他们的心理健康发展。

心理辅导教师的角色还包括建立良好的沟通机制，以促进家园合作。心理辅导教师可以帮助教师与家长沟通幼儿的心理健康状况，提供专业建议。例如，心理辅导教师可以组织家长讲座，分享关于幼儿情感发展的知识，帮助家长理解如何在家庭环境中支持幼儿的情感需求。这种家校合作模式能够增强家长的参与感，让他们在幼儿的心理发展中发挥积极作用。心理辅导教师在团队中还需进行持续的专业发展，以应对教育环境中的新挑战。他们应定期参加相关培训，了解心理健康领域的最新研究和实践。例如，心理辅导教师可以关注儿童心理健康新理论、新方法，以及针对特殊情境的干预策略。这种持续学习不仅提升了他们的专业能力，也确保他们能够为教师和幼儿提供更高质量的支持。心理辅导教师的角色在于创造一个开放和支持的环境，让幼儿感到安全。通过积极倾听和理解，心理辅导教师能够建立信任关系，使幼儿在面临情感困扰时愿意寻求帮助。这种支持性的环境能够增强幼儿的自信心和安全感，促进他们在情感和社交方面的发展。

（四）实习教师的支持

实习教师的参与不仅为教学活动带来了新鲜的视角和活力，同时也为自己的职业发展打下了坚实的基础。实习教师的工作涵盖了多个方面，包括课堂活动的参与、幼儿管理的协助以及在资深教师指导下的学习与实践。实习教师通过参与课堂活动，为幼儿园的教学提供了直接支持。在课堂上，实习教师可以协助班级教师组织和实施各种教学活动。例如，在语言学习活动中，实习教师可以帮助准备教学材料、组织小组讨论，甚至参与幼儿的互动。这样的参与不仅使实习教师能够接触到实际的教学流程，也使他们在实践中学习如何有效地与幼儿沟通和互动。

实习教师可以帮助班级教师监控课堂秩序，确保每位幼儿都能得到适当的关注和支持。例如，实习教师可以在活动中观察幼儿的行为，识别出需要帮助的幼儿，并在适当的时候提供支持。这种管理经验的积累对实习教师未来的职业生涯将产生深远影响，帮助他们更好地理解课堂管理的技巧与策略。实习教师在资深教师的指导下进行学习与实践，这种一对一的指导为他们的成长提供了宝贵的机会。资深教师可以分享他们的教学经验和专业知识，帮助实习教师理解教学理论与实践之间的关系。在观察资深教师的课堂时，实习教师能够学习到如何运用不同的教学方法、如何设计课程，以及如何有效地应对课堂中的突发情况。这种指导不仅加速了实习教师的成长，也使他们能够在实际教学中逐步建立自信。

实习教师通常是最新的教育理念和教学方法的学习者，能够为团队带来创新的思维和视角。通过与资深教师的合作，实习教师能够分享他们在教育课程或学术研究中获得的新信息和见解，促进团队内的知识更新和共享。这种交流不仅丰富了教师团队的专业发展，也为幼儿园创造了更加活跃和多元的教学氛围。在实习期间，教师不仅能够积累宝贵的实践经验，还能够建立起自己的职业网络。通过与同事、家长及专业人士的互动，实习教师可以获取关于职业发展的建议和资源。这种网络关系的建立对实习教师未来的就业和职业成长至关重要，能够为他们提供更多的机会和支持。实习教师还需进行自我反思与评估，以促进自身的成长。在参与教学的过程中，实习教师可以定期回顾自己的教学实践。这种反思不仅有助于他们识别自己的优势与改进空间，还能促使他们在今后的教学中更有针对性地提升自己。通过记录教学日志、寻求反馈和参与教研活动，实习教师能够不断调整和优化自己的教学策略。

二、 幼儿园教师团队中的角色协作

（一）跨角色合作的重要性

不同角色的教师通过有效的沟通与合作，共同致力于支持幼儿的全面发展，确保每位幼儿在学习过程中得到适当的关注和支持。班级教师通常负责日常教学，而特殊教育教师则专注于有特殊需求的幼儿。当两者紧密合作时，可以共同制定个性化的教学计划，确保特殊需求幼儿在课堂中获得平等的学习机会。例如，班级教师可以与特殊教育教师一起评估某位幼儿的学习能力和情感需求，针对性地调整教学活动，以适应该幼儿的特点。这种跨角色的合作不仅能够提升教育公平性，也使所有幼儿在一个包容的环境中成长。

心理辅导教师为幼儿提供心理健康支持，并帮助班级教师识别幼儿的情感和心理需求。当班级教师在日常教学中发现某些幼儿的情绪问题时，他们可以及时寻求心理辅导教师的帮助，共同制定应对策略。这种合作方式确保了幼儿在面对情感困扰时能够得到及时和有效支持，同时也为教师提供了更多的专业指导和资源。在一个多元化的教师团队中，各个角色的教师可以带来不同的专业知识和技能。通过合作，教师们能够分享各自的经验和见解，集思广益，共同解决教学中遇到的挑战。例如，艺术教师和班级教师可以共同设计跨学科的项目，结合艺术和其他学科的知识，以提升幼儿的学习兴趣和参与感。这种合作不仅提升了教学质量，也激发了教师的创造力和团队精神。

在团队合作中，教师们通过交流和反思，能够不断学习新知识和技能，提升自身的专业素养。例如，通过共同备课，班级教师与特殊教育教师可以相互学习对方的教学策略和方法，借鉴成功经验。这种互动与合作不仅使教师在专业能力上不断成长，也为团队创造了良好的学习氛围。教师与家长之间的沟通能够加强教育的一致性，共同为幼儿的成长提供支持。教师可以定期与家长交流幼儿在学校的表现，听取家长的反馈，共同探讨幼儿的学习策略。这样的沟通机制不仅增强了家庭对教育的参与感，也促进了教师与家长之间的信任关系，为幼儿的全面发展提供了保障。不同角色的教师共同致力于满足每位幼儿的个体需求，能够让幼儿在课堂中感受到被重视和接纳。这种积极的学习氛围能够提高幼儿的自信心和参与感，促进他们的社交技能和情感发展。教师的合作不仅对幼儿的学习产生积极影响，也为教师之间建立了更加紧密的关系，增强了团队的凝聚力。

（二）共同参与活动与项目

共同参与活动与项目是幼儿园教师团队协作的重要体现，能够有效促进不同学科知识的整合。通过共同设计和实施跨学科的活动，教师为幼儿提供丰富的学习体验，从而促进其全面发展。当班级教师与艺术教师合作设计以艺术为主题的学习项目时，幼儿在参与过程中能够体验到不同学科的魅力。例如，在一个关于自然环境的项目中，教师可以结合艺术和科学，鼓励幼儿通过绘画、手工制作和观察实验来探索自然现象。这种多样化的学习方式，不仅使幼儿更深入地理解科学概念，还激发了他们的创造力和表达能力。通过将不同学科的知识结合起来，幼儿能够在实际活动中运用所学的理论与技能。例如，在进行一个关于“社区与我”的项目时，教师可以让幼儿通过调研、访谈和绘图等方式，结合社会学、语言和艺术知识，探索社区的构成与功能。这种综合性学习，使幼儿能够在真实情境中运用多种知识，培养他们的批判性思维与问题解决能力。

团队教师在共同参与项目的过程中，能够相互学习和借鉴。班级教师与艺术教师的合作不仅是知识的共享，更是教学策略和方法的互补。在设计项目时，教师们可以交流各自的专业视角，分享成功的经验与教训。这种合作氛围使教师能够不断反思和改进自己的教学实践，提升团队的整体素质。例如，艺术教师可以为班级教师提供关于如何引导幼儿进行艺术创作的技巧，而班级教师则可以分享如何在课堂上有效管理幼儿的策略。在项目实施的过程中，教师们需要密切合作，协调各自的角色与任务。通过共同面对挑战与问题，教师之间的合作关系得到巩固。这种团队精神不仅提升了工作效率，也为教师之间建立了信任与支持的关系。例如，在一个大规模的年度展览项目中，教师们需要共同策划、布置和执行，从中体验团队合作的乐趣与成就感。

在参与这些活动时，幼儿不仅在知识上得到了提升，也在社交互动中学习到如何与同伴合作。例如，在小组合作绘画活动中，幼儿需要共同讨论、协调意见，从而培养了他们的沟通能力和团队意识。这种社交技能的培养，对幼儿未来的学习与生活都是非常重要的。在活动结束后，教师应共同回顾活动的过程和效果，分析哪些方面表现良好。这种反思机制不仅能帮助教师优化未来的活动设计，也能促进教师的专业成长与发展。

（三）相互支持与资源共享

相互支持与资源共享在幼儿园教师团队合作中至关重要，通过这种协作模式，教师能够有效提升教学质量和团队效率。教师们通过共享教学资源、材料以及工具，能够为团队成员提供便利，促使教学更加灵活高效，同时也增强了团队的整体工作效能。教师常常需要不同的教学工具、材料和资源来丰富课堂内容。通过创建一个集中存放教学资源的资源库，教师可以随时查阅并使用各种资料，无论是教学计划、教学案例，还是活动设计和评估工具。这样一来，教师无需花费大量时间准备重复的资料，而是能够直接从共享资源中获得所需信息。例如，班级教师可以参考艺术教师提供的绘画活动设计，迅速组织相关的课堂活动，从而提升教学的效率和灵活性。

教师在备课和活动设计时，常常会遇到重复工作的情况。通过资源共享，教师可以减少重复劳动，集中精力进行创新和优化。例如，教师可以在资源库中共享自己设计的游戏活动或课堂管理策略，其他教师在遇到相似情况时可以直接借鉴，而不必从头开始设计。这种合作方式不仅节省了时间，也使团队的教学资源更加丰富多样。当教师们分享各自的经验和材料时，实际上也是在进行知识的交流与传播。例如，特殊教育教师可以将适合特殊需求幼儿的个性化教学工具分享给班级教师，帮助他们更好地应对课堂上的多样性需求。同时，班级教师也可以反馈自己使用这些工具的效果，提出改进建议，从而共同完善教学方法。这种相互支持与共享的过程，不仅提升了教师的专业素养，也为幼儿提供了更有针对性的教学支持。

通过共享资料，教师们能够感受到集体合作的力量，并逐渐形成一种支持与信任的工作文化。例如，当某位教师在准备大型活动时，其他教师可以从资源库中提供相关的活动设计或管理经验，帮助同事顺利完成任务。这种团队合作不仅提升了工作效率，也加强了教师之间的沟通与联系。通过查看其他教师的教学设计，教师们可以获得新的灵感，并将这些灵感应用到自己的教学中。例如，班级教师在参考科学教师的实验活动设计后，可能会将科学实验的元素融入日常的语言教学中。这种跨学科的交流与资源共享，能够激发教师的创造力，使课堂更加丰富和有趣。教师团队可以指定一位成员负责资源库的管理与更新，确保资源库中的资料始终保持最新、最实用。同时，教师们也应定期对共享的资源进行评估，去除过时的材料，添加新的教学工具和方法。通过这种有组织的共享机制，教师团队能够始终保持高效的工作状态，确保教学资源能够为每位成员提供最大化的帮助。

（四）评估与反思机制的建立

在教师团队中，通过有效评估与反思，教师们能够全面了解活动的实施情况，进而分析各个环节的优点与缺点。这一机制的存在，使得教师们在具体实践中能够及时发现问题，并根据实际情况进行调整，从而优化教学策略，为今后的活动设计提供可靠的数据支持。评估与反思不仅仅是对教学过程的简单总结，更是深入分析教学活动成效的重要手段。教师们可以结合幼儿的反馈和实际表现，对教学目标的达成情况进行细致评估。通过对数据和案例的分析，教师团队能够明确哪些方法得到了预期的效果，哪些环节仍然存在不足，从而为教学内容的改进提供切实可行的建议。这种实事求是的评估方式，有助于教师更好地把握教学的重难点，持续提升教学水平。

通过集体反思，教师们可以分享彼此的教学经验，交流各自的观点和想法，在不断讨论与碰撞中迸发新的教学灵感。反思不仅帮助教师们总结已有的经验教训，也让他们对教学创新有了更为深刻理解。正是通过这种持续的反思，教师团队才能不断调整自身的教学思路，形成适应性更强、效果更佳的教学模式。通过相互反馈，教师们不仅可以发现自己在教学方法上的创新之处，也能意识到一些容易忽视的细节问题。这种积极的反馈机制，使得教师们能够不断修正自己的教学方法，提升个人专业能力，从而为幼儿创造更为优质的学习体验。通过相互学习，教师团队的整体水平得以提升，形成了一种互助互学的良性循环。

在集体评估与反思的过程中，教师们能够彼此理解对方在教学中的挑战与压力，从而建立更为紧密的合作关系。这种机制为教师们提供了一个表达意见的平台，使他们能够坦诚面对问题，共同商讨改进方案。在这种充满理解和支持的氛围中，教师们更愿意承担责任，共同为实现团队的教学目标而努力。评估与反思不仅帮助教师团队提升教学效果，也为团队文化的建设提供了良好的契机。在反思中，教师们能够共同制定团队的教学标准和改进措施，形成一套独特的团队文化。团队中的每位成员都能从中受益，不仅能提升自身的教学技巧，也能通过不断学习和反思，逐步形成一套符合实际的教学理念和实践方案。这种文化的建立，使得教师团队能够更加团结一致，在面对教学挑战时更具应对能力。

通过持续评估与反思，教师们能够在教学中不断成长，逐步形成以幼儿为中心的教学观念。这一机制促使教师们在每一次活动结束后，认真思考幼儿的收获和感受，进而不断优化教学方法。正是在这样的评估与反思中，教师团队不仅提升了自身的专业素养，也增强了整体的适应能力，为幼儿创造了更加丰富和多元的学习环境。

第四节　多学科合作对教师专业成长的促进作用

多学科合作在幼儿教育领域中发挥着越来越重要的作用，对幼儿教师的专业成长产生了积极的影响。通过与不同学科领域的专家进行合作，幼儿教师不仅能够拓宽自身的专业视野，还能在多样化的教育实践中提升教学能力。

一、拓宽专业视野，提升教学创新能力

在当今教育日益多元化的背景下，多学科合作为幼儿教师提供了广泛的学习机会，使他们能够在教学中不断创新和突破。通过跨学科的交流与合作，教师们

可以接触到心理学、艺术、科学、体育等领域的前沿理念和实践方法。这种合作不仅让教师在教学内容的丰富性上有所提升，还激发了他们的创造力和教学热情。特别是在面对新兴教育理念的挑战时，多学科合作为教师提供了新的思路和工具，使他们能够不断改进和优化教学设计，从而在课堂中呈现出更加多样化和生动的教学活动。多学科合作的另一个显著优势在于，它为幼儿教师提供了将不同学科知识融入教学实践的机会。通过与心理学专家的合作，教师能够深入了解儿童的认知和情感发展规律，从而更有针对性地调整教学策略。与艺术领域的合作，则让教师能够在教学中更多地运用视觉艺术、音乐和戏剧等形式，丰富教学手段，增加课堂的吸引力。这些学科的理念和方法，帮助教师设计出符合儿童发展特点的教学内容，让孩子们在充满趣味的环境中学习和成长，提升了教学的效果和质量。

在教学创新的过程中，多学科合作为教师提供了一个不断学习和反思的平台。教师们在与其他学科专家的互动中，能够不断更新自己的知识储备，掌握最新的教育技术和方法。这种跨学科的学习，促使教师们打破传统教学的思维定式，敢于尝试新的教学模式。例如，通过与科学领域的合作，教师可以将科学实验和探究性学习融入幼儿园课程，使孩子们在动手操作中获得对科学现象的直观理解。这样的教学创新，不仅提升了课堂的互动性和趣味性，还培养了孩子们的探究精神和动手能力。此外，多学科合作还使幼儿教师能够在教学中更加关注儿童的个体差异。教师们可以更好地理解不同孩子的学习风格和心理需求，从而设计出更加个性化的教学活动。体育学科的合作则为教师提供了新的思路，让他们能够通过游戏和运动促进儿童的身体发展和团队合作意识。通过多学科的结合，教师们能够设计出更符合儿童实际需求的教学内容，不仅提升了课堂的参与度，也使孩子们在各个方面得到全面发展。

在与各领域专家的合作中，教师们能够不断反思和总结自己的教学实践，形成更加成熟和系统的教学理念。通过与不同学科的对话，教师不仅开阔了视野，也拓展了自身的专业边界。这种不断学习和探索，让教师们在面对教学挑战时，更加自信和从容，也更加乐于创新和尝试。多学科合作为教师提供了丰富的教学资源，使他们在教学过程中能够灵活运用不同学科的知识，创造出多样化的教学模式，从而持续提升教学水平。

二、促进反思性教学，提升专业实践能力

幼儿教师在教学中不断进行反思和调整，从而提升专业实践能力。这种合作环境为教师们提供了一个多元的视角，让他们能够更加全面地审视自己的教学行为。通过与其他学科专家的互动，教师们不仅可以获取到丰富的教学反馈，还能得到关于改进教学方法的具体建议。这种来自不同学科的视角和建议，让教师能够从多维度出发，反思自身的教学方式是否满足了儿童的学习需求，从而实现教学质量的不断提升。多学科合作为教师提供了一个反思性教学的理想平台。与心理学、教育学等领域专家的合作，促使教师在每一次教学活动后进行深入反思，审视自己的教学是否符合儿童的心理发展规律。这样的反思不仅有助于发现教学中的不足，还帮助教师们更好地理解儿童在学习过程中的心理动态。例如，心理学专家的反馈可以让教师了解哪些教学策略更能激发儿童的学习兴趣，哪些内容更容易被儿童理解和接受。这种不断反思和调整，使教师在专业实践中逐步掌握更为科学有效的教学策略，提升了课堂的整体效果。

通过与科学、艺术等学科的专家合作，教师们可以将其他领域的知识和技能融入幼儿教学中，进行大胆的教学创新。例如，通过与科学教育专家的合作，教师能够设计出富有探究性和实践性的课堂活动，使孩子们在动手实验中体验科学的乐趣。这种跨学科的教学尝试，不仅为孩子们提供了丰富的学习体验，也让教师在实践中反思和调整自己的教学策略，逐步提升了专业实践能力。在多学科合作的过程中，教师们还学会了如何利用其他学科的资源来优化教学效果。与艺术学科的合作，启发教师们通过艺术创作、音乐律动等形式来调动孩子们的学习兴趣；而与体育学科的合作，则帮助教师设计出更多包含身体活动的教学环节，促进儿童的全面发展。每一次跨学科的教学尝试，都成为教师反思自身实践的机会，让他们在不断调整中找到最适合幼儿的教学方法。这种反思性教学，帮助教师不断改进教学内容和方式，更好地服务于幼儿的学习和成长。

反思性教学强调教师在教学过程中不断进行自我评估，并根据评估结果做出相应调整。在多学科合作的支持下，教师们不仅有机会与各领域的专家交流，也能够获取第一手的教学数据和反馈，从而更加精确地调整教学策略。例如，通过与教育技术领域的合作，教师们可以利用数据分析工具，对课堂活动的效果进行量化评估，发现哪些教学环节需要改进。这种基于数据的反思，使得教师能够更

加科学地进行教学调整，逐步提升课堂的针对性和有效性。通过与其他学科专家的共同探讨，教师们能够更加客观地审视自身教学中的问题，并在团队的协作中找到解决方案。这种合作氛围，促进了教师之间的相互学习和经验共享，使得反思不再是单一的个人行为，而成为团队成长的一部分。教师们在与不同学科的互动中，不断反思和改进教学，形成了一种积极的专业学习和成长文化。

三、增强沟通与合作能力，促进团队协作精神

在多学科合作日益普及的幼儿教育环境中，教师与各领域专家的频繁互动极大地提升了他们的沟通与合作能力。这种合作要求教师们在教学过程中不断进行跨学科的沟通与协调，促使他们在合作中学会如何更好地表达自己的想法，同时倾听他人的意见。通过与心理学、艺术、科学等不同领域专家的协作，教师们不仅了解了各学科的独特知识，还学习到了如何在多元观点中找到最佳的结合点，为幼儿园团队的整体教学质量提升打下了坚实的基础。多学科合作的过程中，教师们的沟通能力得到了显著锻炼和提高。与专家的互动使教师们必须准确表达自己的教学需求和疑惑，同时接收并理解来自不同领域的反馈。这种双向沟通的频率和深度，不仅让教师们更加熟练地处理专业交流，还让他们能够在信息传递和观点分享中不断调整自己的表达方式，以适应不同学科背景的专家。这种沟通能力的提升，使教师们在多样化的团队中更具主动性和表达力，能够积极参与到教学活动的设计和调整中，确保合作顺畅进行。

与不同学科的专家合作也为教师们提供了宝贵的学习和适应机会。在与艺术家、心理学家和科学家的合作过程中，教师们不仅要了解各领域的专业术语和工作方式，还要学会如何在实际教学中融入这些学科的特点。这种学习过程要求教师们具备高度的适应性和包容性，使他们能够在合作中不断调整自己的角色和定位。正是在这些持续的调整和适应中，教师们的沟通能力得到了锻炼，变得更加灵活和开放，为今后的多学科合作奠定了坚实的基础。在与其他领域的专家合作时，教师们逐渐意识到，只有通过团队的力量才能设计出更符合幼儿需求的教学活动。教师们在合作中学会了如何倾听别人的意见，如何在不同观点之间找到平衡，并在团队中发挥自己的优势。这种合作精神不仅使教师们在专业上得以不断成长，也为幼儿园团队注入了新的活力和动力。教师们在团队中相互支持、彼此激励，为幼儿园整体教学效果的提升贡献力量。

每一次跨学科的合作都为教师们提供了与他人紧密协作的机会，让他们在共同制定教学方案、分析教学问题时，逐步掌握了团队合作的核心技巧。这种实际的合作体验，使教师们懂得如何在团队中定位自己的角色，并在集体决策中做出贡献。正是通过这些真实的合作情境，教师们的团队协作能力不断增强，不仅能够更加高效地完成教学任务，也能更好地为团队提供支持。在与不同领域的专家合作中，教师们不断反思和优化自己的教学策略，同时也获得了跨学科的知识和方法。这种合作体验使教师们能够在团队中不断吸收新知识、探索新方法，从而提升自身的专业素养。通过团队的相互学习和合作，教师们的视野更加开阔，教学能力也得到了不断提升。团队协作精神的培养，使得教师们在面对复杂的教育问题时，能够更加从容和自信地应对。

四、提升问题解决能力，推动专业成长

在多学科合作的环境下，幼儿教师有了更多机会与不同领域的专家共同探讨和解决教育中的实际问题。教师们不仅能够借鉴其他学科的专业知识，还能从多样化的视角出发，找到创新的解决方案。与心理学、科学、艺术等不同领域专家的合作，帮助教师们打破了传统的思维限制，使他们在面对教育中的复杂问题时，能够采用更加系统化的思考方式。这种跨学科的互动，为教师们提供了丰富的思考资源，让他们能够更加灵活地应对教育中的各种挑战。在与各领域专家的交流中，教师们能够了解到许多原本不熟悉的知识和方法，从而扩展了他们解决问题的工具箱。比如，教师们学会了如何将科学探究的方法融入幼儿教学，帮助孩子们通过实验和观察理解自然现象。这种合作不仅解决了课堂教学中的实际问题，也提升了教师的专业能力，让他们在不断尝试和调整中找到更加有效的教学策略。通过跨学科的合作，教师们的思维变得更加开放和多元，他们能够在教育实践中不断探索新的解决路径。

多学科合作的另一个重要作用在于，它鼓励教师们将理论与实践紧密结合，真正落实问题解决的能力。在与其他学科的专家合作时，教师们不再仅仅依靠单一的教育学理论，而是结合其他学科的实践经验，共同探讨和验证解决问题的方法。例如，在面对幼儿行为管理问题时，教师们可以与心理学专家合作，了解儿童行为背后的心理动因，从而设计出更为合适的干预措施。这种实用性强的合作方式，使得教师们的解决问题能力得到了显著提升，他们能够在第一时间发现问

题，并迅速采取有效的应对措施。教师们逐渐养成了从多个角度分析问题的习惯。通过与不同背景的专家合作，教师们学会了如何从科学、艺术、心理等不同视角出发，综合考虑问题的多样性。这种多角度思考不仅帮助教师们找到更为全面的解决方案，也让他们在面对复杂的教育问题时能够更加从容和自信。教师们不再局限于单一的教学方法，而是能够根据实际情况灵活调整，采用更为综合的策略。这种多样化的思考方式，使得教师们在解决问题的过程中不断提升自身的专业素养，为他们的持续成长提供了有力支持。

在与其他学科的合作中，教师们不断接触新的理念和技术，这些新知识为他们提供了更多解决问题的可能性。教师们在合作中往往需要面对一些他们未曾遇到过的问题，这些问题促使他们不断探索和尝试新的方法。教师们逐步学会了如何灵活运用多学科知识，创造性地解决实际问题。这种创新精神不仅使得教师们的专业能力不断提高，也激励他们在日常教学中更加主动地去发现和解决问题。多学科合作的持续推进，还推动了教师们对自身专业发展的反思与规划。通过与各领域专家的频繁互动，教师们能够更清晰地认识到自己的优势和不足，从而制定出更具针对性的成长计划。教师们在解决问题的过程中，不断总结经验教训，积累了丰富的实践案例，这些宝贵的经验不仅提升了他们的教学水平，也为今后的专业发展提供了方向和动力。多学科合作让教师们在教学的每一个环节都能进行深度反思，使他们在解决问题的同时也在不断成长。

五、 丰富教学资源， 提升课程设计能力

多学科合作为教师提供了丰富而多样的教学资源，使他们能够在课程设计中更加灵活创新。与科学、艺术、语言等领域的专家合作，教师们得以接触到各类先进的教学材料和方法。这些资源不仅拓宽了教师的教学视野，也为他们在设计课程时提供了源源不断的灵感和支持。通过整合不同学科的知识和资源，教师们可以设计出更加符合幼儿兴趣和发展需要的课程，提升了教学的吸引力和效果。多学科合作带来的资源共享，为教师提供了许多传统课堂中难以获得的教学材料。例如，教师们可以获得各种科学实验材料、探索工具和技术支持，将复杂的科学概念转化为幼儿能够理解的实践活动。这种实践性强的教学方法，不仅激发了幼儿的学习兴趣，还让他们在亲身参与中获得了对科学的初步认识。同样，艺术领域的合作也为教师带来了丰富的视觉、音乐和表演资源，使得课程内容更加

多样化和生动有趣。教师们可以利用这些资源设计出充满创意的教学活动，为幼儿营造一个充满想象力的学习环境。

教师们还能够获取到大量最新的教学方法和技术。与语言学专家的合作，使教师能够引入更加多样化的语言教学材料，如双语故事书、互动语言游戏等，帮助幼儿在轻松愉快的氛围中学习语言。这些新颖的教学方法，为教师的课程设计注入了新的活力，使得课堂教学更加贴近幼儿的学习特点。教师们通过不断尝试和应用这些方法，逐步提升了课程的有效性，同时也增强了他们在课程设计上的创新能力。教师们可以在课程设计时更加全面地考虑幼儿的兴趣和发展需要。与不同领域专家的合作，使教师们能够了解幼儿在各个方面的学习特点和兴趣点，并据此调整和优化课程内容。例如，通过与心理学专家的交流，教师们能够更好地理解幼儿的情感和认知发展，从而在课程设计中融入更加人性化的教学元素。这样的设计不仅提升了课程的吸引力，也使得教学更加符合幼儿的实际发展需求，有助于他们在轻松愉悦的环境中健康成长。

多学科合作还鼓励教师们在课程设计中打破学科界限，创造出跨学科的综合课程。通过将科学、艺术、语言等元素融入同一课程中，教师们能够为幼儿提供更加丰富的学习体验。例如，在一个结合科学与艺术的课程中，教师可以引导幼儿通过绘画表现植物的生长过程，结合科学观察与艺术创作，让孩子们在互动中学习知识。这种跨学科的课程设计，不仅培养了幼儿的综合能力，也为教师提供了展示创新教学理念的平台，推动了他们在课程设计上的不断进步。通过与其他学科的互动，教师们可以不断学习新的教学资源和课程设计技巧。在合作中，教师们不仅是资源的使用者，也是知识的创造者，他们在整合资源和设计课程的过程中，逐渐形成了自己独特的教学风格。这种在实践中不断探索和创新的过程，使得教师的专业能力得到了显著提升，他们能够更加自如地应对课程设计中的各种挑战。

六、推动教师自我反思与专业发展规划

在多学科合作的环境中，幼儿教师的自我反思与专业发展得到了显著推动。通过与不同领域的专家进行深入交流，教师们不断接触到新的教学理念和方法，这些宝贵的学习经历促使他们对自身的教学实践进行反思。在与各学科的互动中，教师们能够更清晰地看到自身的优势和不足，这种自我认识为他们的专业成

长指明了方向。多学科合作不仅激发了教师们对自身专业发展的深刻思考，也促使他们主动寻求提升的途径和资源，为职业生涯的进一步发展奠定了基础。多学科合作为教师提供了一个开放而多元的学习平台，让他们能够接触到不同学科的知识和技能。这种跨学科的学习体验，使教师们在与专家的合作中不断发现自己的短板和改进空间。比如，与心理学专家的交流可以让教师认识到在处理幼儿情绪问题时的不足，而与艺术学科的合作又能激发他们在创意教学方面的潜力。这些多样化的合作体验，不仅拓宽了教师的视野，也促使他们对自身的教学方法进行反思，从而不断优化和提升自身的专业能力。

通过与其他学科专家的深入交流，教师们可以了解当前幼儿教育的最新趋势和发展动向，这为他们的职业规划提供了重要的参考。在这种合作氛围中，教师们得以不断更新自己的知识结构，并根据实际教学中的反馈，制定更加切实可行的专业发展目标。教师们在这一过程中逐渐形成了自己的教育理念，明确了未来的专业发展路径，为职业生涯的长远发展做好了准备。教师们在合作中不断意识到，仅凭单一学科的知识已不足以应对当今复杂的教学需求，这促使他们积极参与各类专业培训和进修课程。教师们通过参加各类研讨会、培训班，甚至是跨学科的交流项目，不断提升自己的专业素养。这种主动学习的态度，使教师们能够不断充实自己，并在实际教学中应用新的知识和技能，从而实现专业能力的持续提升。

在多学科合作的推动下，教师们的教育理念也在不断成熟。通过与科学、艺术、心理等学科的互动，教师们逐步形成了一套更加综合和系统的教学方法。这种教学理念不仅融合了各学科的优势，也体现了教师对幼儿个体发展的深刻理解。教师们在实际教学中不断验证和调整这些方法，使得他们的教学更加具有针对性和有效性。这种不断优化和完善的过程，使教师们在专业上不断成长，为他们在教育领域的长远发展积累了宝贵的经验和资源。教师们不仅获得了知识和技能，还建立了广泛的人际关系网。这些专业关系，为教师们提供了持续的支持和学习资源，使他们在职业发展的道路上能够得到更多帮助和指导。教师们通过这个网络，不仅能够及时获取最新的教育信息，还可以与同行进行经验分享和共同成长，这为他们的专业发展提供了强有力的保障。

第九章 幼儿园教师培训与融合教育能力提升

第一节 融合教育的教师培训模式

通过系统化的培训模式，教师能够掌握融合教育的核心理念与实践技能，从而有效支持有特殊需求的儿童在普通教育环境中的学习和发展。以下从多个方面论述幼儿园融合教育的教师培训模式。

一、理论基础培训

理论基础培训是幼儿园融合教育教师培训的关键环节，通过对融合教育的基本理念、政策背景和法律法规的学习，教师能够形成正确的教育观念，为实际教学奠定扎实的基础。

（一）理解融合教育的核心理念

融合教育强调所有儿童都应在同一个课堂中共同学习，尊重每个个体的差异，提供适应个体需求的教育支持。在理论培训中，教师需要深入了解融合教育的核心理念，如“无障碍学习”“个性化支持”“尊重多样性”等。这些理念的学习有助于教师树立平等、包容的教育观念，使他们意识到每个儿童都有平等的受教育权利，无论他们是否有特殊需求。通过对这些核心理念的理解，教师能够在教学中更好地贯彻融合教育的精神，在课堂上营造一个包容、开放的学习环境。

（二）熟悉相关政策背景和法律法规

融合教育的实施不仅是教育理念的体现，更是国家政策和法律的要求。理论培训的重要内容之一是让教师熟悉相关政策背景和法律法规，例如《残疾人权利公约》《特殊教育促进法》等。了解这些政策和法律能够帮助教师认识到融合教育的法理依据和社会责任，从而增强他们在实施融合教育中的责任感和使命感。此外，教师熟悉这些法律法规，也能够更好地为特殊需求儿童争取合理的教育支持，确保在教学过程中符合法律规定，保护每个儿童的权益。

（三）掌握融合教育的理论框架与发展趋势

理论基础培训还包括对融合教育的理论框架的学习，如维果茨基的社会建构主义、加德纳的多元智能理论等，这些理论为融合教育提供了科学的指导。在培训过程中，教师需要了解这些理论的核心内容和应用方式，从而更好地理解融合教育的教学策略和方法。此外，教师还应关注融合教育的发展趋势，如个性化学习、科技辅助教育等新兴领域的发展，这些趋势代表了未来融合教育的方向。通过了解和掌握这些理论和趋势，教师更加科学地进行融合教育实践，为儿童提供更优质的教育服务。

二、 特殊需求儿童的认知与支持

教师对特殊需求儿童的了解和支持是成功开展教学的关键。通过系统培训，教师可以掌握必要的知识和技能，为特殊需求儿童提供个性化的教育支持。

（一）了解特殊需求儿童的多样性及其特点

培训的首要内容是帮助教师认识和了解特殊需求儿童的多样性，包括各种障碍类型，如自闭症谱系障碍、智力障碍、语言障碍、注意缺陷多动障碍（ADHD）等。每种障碍类型都具有不同的特征和表现，对儿童的学习、社交和行为产生不同程度的影响。通过详细学习这些障碍的定义、表现形式及其对儿童发展的影响，教师能够更好地理解特殊需求儿童的独特性和挑战。了解这些特点使教师在课堂上能够迅速识别出儿童的特殊需求，以适应不同儿童的学习方式，确保他们能够获得有效的学习支持。

（二）掌握为特殊需求儿童提供支持的实用技能

在了解特殊需求儿童的基础上，教师还需要学习一系列实用的支持技能，确保他们能够在日常教学中为这些儿童提供适当的帮助。培训内容应包括行为管理策略、沟通技巧、感官整合活动等方面的知识。例如，对于自闭症儿童，教师需要掌握如何通过视觉提示、任务分解等方式帮助他们理解指令和任务；对于语言障碍的儿童，教师则需要学习如何运用多感官教学法增强他们的语言表达能力。这些技能的掌握，使教师能够在课堂中采取针对性支持措施，帮助特殊需求儿童克服学习和社交中的障碍，逐步融入集体活动中。

（三）设计个性化教育计划（IEP）和实施支持策略

个性化教育计划（IEP）是为特殊需求儿童提供个别化支持的核心工具。培训应指导教师如何根据儿童的评估结果，设计出符合其发展特点的个性化教育计划。IEP 的制定需要考虑到儿童的认知、社交、情感和行为需求，为每个儿童量身定制学习目标和支持措施。教师需要学会如何设置短期和长期目标、选择适合的教学方法，并定期评估计划的实施效果。通过 IEP 的有效实施，教师能够在日常教学中灵活调整策略，确保每个特殊需求儿童都能够在适应自身节奏的情况下，获得充分的学习和发展机会。

三、　课堂管理与互动技巧

课堂管理和互动技巧对于教师来说至关重要。有效的课堂管理不仅能够创造一个和谐、包容的学习氛围，还能够促进特殊需求儿童与普通儿童之间的交流与互动。通过系统化的培训，教师能够掌握一系列管理和互动的策略，以支持多样化课堂的顺利运行。

（一）营造包容和谐的学习氛围

培训应指导教师如何在课堂中建立一种包容和尊重的氛围，使每个儿童都感受到安全和被接纳。教师需要学习如何通过积极的语言、鼓励性的反馈以及公平的行为管理来营造和谐的课堂环境。例如，通过设定明确的课堂规则和期望，教师可以帮助所有儿童了解行为规范，并确保特殊需求儿童在课堂中感到被尊重和支持。此外，教师还应掌握情感支持的技巧，如给予情绪指导和安抚，帮助特殊需求儿童在面对挑战时感受到老师和同学的关怀。这种包容的课堂氛围不仅能减少不必要的冲突，还能增强所有儿童的课堂参与度和积极性。

（二）促进特殊需求儿童与普通儿童的互动

培训还应重点关注如何在课堂上促进特殊需求儿童与普通儿童之间的互动。教师需要学习一系列互动策略，如同伴学习、小组合作和角色扮演等，这些方法可以有效增进儿童之间的沟通与理解。例如，教师可以将特殊需求儿童与普通儿童搭配成学习伙伴，通过合作任务促进他们之间的互动和支持。这样的安排不仅可以帮助特殊需求儿童在课堂中建立自信，也让普通儿童学会接纳和支持有特殊需求的同伴。此外，教师还应掌握如何引导儿童进行积极的互动，如通过提问、引导对话和情景模拟等方式，增强他们之间的社交技能和情感交流，营造一个相互理解和支持的学习社区。

（三）应对课堂行为问题和维护秩序

在多样化的课堂中，行为问题时有发生，教师需要具备处理这些问题的能力，同时不影响课堂整体秩序。培训应包括具体的行为管理策略，如正向强化、设定行为预期、及时反馈和奖励机制等。教师需要学习如何通过预防性管理措施，减少行为问题的发生，如为特殊需求儿童提供清晰的行为预期和具体的行为替代策略。对于突发的行为问题，教师需要迅速而冷静地应对，采取合适的干预措施，如使用情绪调节技巧、给予适当的休息时间等，以帮助儿童重回正轨。教师还应确保不会因为个别儿童的行为问题而忽视其他儿童的学习需求，通过灵活的应对策略，既维护课堂秩序，又能继续支持有特殊需求的儿童。

四、 协作与沟通能力的提升

在融合教育的实施过程中，团队协作和有效沟通是关键因素。教师需要具备与家长、特教专家及其他专业人员协作的能力，以确保为特殊需求儿童提供全方位的支持。通过有针对性培训，教师可以学习并掌握必要的协作技巧，提升与各方的沟通能力。

（一）与特教专家和其他专业人员的合作

教师常常需要与特教专家、心理咨询师、语言治疗师等专业人员合作，共同制定和实施个性化教育计划（IEP）。培训应帮助教师掌握与这些专业人员合作的技巧，包括如何进行有效的信息交流、如何分享和分析评估数据，以及如何共同讨论并调整教育策略。这种跨专业的合作要求教师具备开放的心态和积极的参与意识，能够从不同专业人员的建议中获取对儿童支持的最佳方案。通过培训，教师可以学习到如何有效组织团队会议，如何清晰表达教学需求，以及如何在多学科团队中协调各方意见，确保为特殊需求儿童提供全面、持续的支持。

（二）家校沟通的策略与技巧

家校沟通在融合教育中扮演着重要角色，教师需要学会如何与家长建立信任关系，并在合作中为特殊需求儿童的成长提供支持。培训内容应包括如何有效倾听家长的意见、如何与家长分享儿童在校的学习表现，以及如何共同制定家庭支持计划。教师还需要学习如何将专业建议通俗易懂地传达给家长，帮助他们在家庭环境中实施相应的支持措施。此外，培训还应教授教师如何应对家长可能存在的焦虑或质疑，提供积极的情感支持，建立一种建设性的家校合作关系。通过良好的家校沟通，教师不仅可以及时了解儿童在家的表现，还能够与家长共同探讨如何更好地支持孩子的全面发展。

（三）建立有效的团队协作机制

教师在融合教育中不仅需要与专业人员和家长合作，也需要在幼儿园内部建立有效的团队协作机制。培训应着重提升教师在团队合作中的角色认知和协作能力，帮助他们学会如何在团队中表达自己的观点，同时尊重和接受其他团队成员的意见。教师需要学习如何在团队中明确任务分工、合理安排时间，以及如何在遇到问题时迅速与团队成员沟通。培训还可以包括团队建设的内容，如如何组织和主持团队会议、如何在团队中营造积极的合作氛围等。这种培训有助于教师在实际工作中更加高效地与同事协作，形成一个团结互助的工作团队，为特殊需求儿童的教育提供坚实的团队支持。

五、 案例分析与实践培训

实践培训是教师在融合教育中不断成长和提升的重要环节，通过案例分析和实际操作，教师能够更好地将理论知识转化为教学实践。实践培训以工作坊、模拟课堂、现场观摩等多样化的形式进行，为教师提供了真实的情境体验，帮助他们深入理解和应用融合教育的策略。以下从三个方面论述案例分析与实践培训的具体内容和重要性。

（一）通过案例分析深入理解特殊需求儿童的学习特点

案例分析是实践培训的重要组成部分，教师通过对具体案例的研究和讨论，能够深入了解特殊需求儿童的学习特点和行为表现。在案例分析过程中，教师可以看到不同障碍类型儿童在课堂中的真实表现，如自闭症儿童的社交障碍、注意缺陷多动障碍儿童的注意力问题等。这些案例不仅提供了儿童在课堂中的实际情况，也展示了教师如何应对这些挑战的具体策略。通过分析成功与失败的案例，教师可以学习如何灵活应用不同的教学策略，避免在实际教学中重复常见错误，从而提升自己的教学效能。案例分析的过程，帮助教师建立起对特殊需求儿童更深刻的认知，为后续的教学实践奠定坚实的基础。

（二）模拟课堂与现场观摩：将理论知识转化为实际操作

模拟课堂和现场观摩是实践培训中非常有效的方式，它们为教师提供了将理论知识应用到实际教学中的机会。在模拟课堂中，教师可以扮演不同的角色，体验教学中的各种情境，并在同伴反馈中不断改进自己的教学方法。这种情景模拟让教师能够在低风险环境中尝试新的策略，增加了他们在实际课堂中应用的信心和技巧。现场观摩则提供了观察经验丰富教师如何处理实际课堂情境的机会。通过观摩其他教师的课堂，教师可以看到各种教学方法和管理技巧的现场应用，学习如何灵活处理课堂中的突发情况，以及如何在教学中平衡对特殊需求儿童和普通儿童的关注。这种实景体验的培训方式，有助于教师更好地掌握教学技巧，提升课堂管理和互动能力。

（三）工作坊形式的培训：动手实践与即时反馈

工作坊是一种强调动手实践和即时反馈的培训形式，为教师提供了一个深入学习和交流的平台。教师可以与同行和专家共同探讨融合教育的具体策略，并在实际操作中进行练习。工作坊的特点是强调参与和互动，教师们不仅可以展示自己的教学设计，还能直接从专家和同伴处获得反馈，及时调整和改进自己的教学方法。通过工作坊，教师能够更加主动地参与到培训过程中，在实际操作中逐步熟练应用各种融合教育策略，增强应对课堂挑战的能力。此外，工作坊还为教师提供了分享经验和相互学习的机会，促进他们在专业社群中的成长与交流。

六、持续性培训与职业发展

为了保持幼儿园教师在融合教育中的专业能力，持续性培训是必不可少的。通过定期的进修和学习，教师可以不断更新自己的知识和技能，跟上融合教育领域的最新发展动态。持续性培训不仅提高了教师的专业素养，也为他们在职业生涯中的成长和发展提供了坚实的支持。以下从三个方面论述持续性培训对教师职业发展的重要性。

（一）定期进修培训，掌握最新研究成果与实践发展

持续性培训的一个重要内容是定期进修培训，让教师能够掌握融合教育领域的最新研究成果和实践发展。融合教育作为一个不断演变的教育领域，新的教学方法、技术工具和教育理念层出不穷。通过定期的进修，教师可以及时了解这些新兴的理论和技术，如科技辅助教学、个性化学习平台等，并学习如何将它们应用到实际课堂中。这种进修培训可以采取多种形式，如短期课程、在线学习、专题讲座等，让教师能够灵活选择适合自己的学习方式。在进修培训中，教师不仅是知识的学习者，也是实践者，通过学习不断反思和优化自己的教学策略，以应对日益复杂的教育需求。

（二）参与专业学习社区和研讨会，提升专业素养和交流能力

持续性培训不仅仅是个体学习的过程，还包括参与到专业学习社区和研讨会中，与同行和专家进行深度交流。在这些社区和会议中，教师可以分享自己的教学经验和困惑，学习其他教师的成功案例和创新做法。这样的互动交流，不仅能够扩展教师的专业视野，也有助于他们在讨论和合作中提升解决实际问题的能力。通过参与这些专业社群，教师能够接触到不同教育背景的同行，借鉴多元化的教学方法，从而进一步丰富自己的教学策略。此外，研讨会常常邀请领域内的专家进行主题演讲，分享前沿的研究成果和教育实践，为教师带来新的思考和启发。通过这些持续性学习与交流，教师的专业素养不断提升，职业技能得以不断更新。

（三）建立职业发展规划，持续提升专业能力和教育水平

持续性培训还帮助教师在职业发展中逐步成长，促使他们建立清晰的职业发展规划。通过不断学习和实践，教师能够明确自己的职业目标，识别出需要进一步提升的专业能力，并制定相应的发展计划。例如，教师可以通过培训和进修，考取更高等级的教师资格证书，或者在某个特殊教育领域中深入发展，成为专家型教师。职业发展规划不仅推动了教师的个人成长，也增强了他们在融合教育中的专业影响力，使他们能够在学校和教育社区中发挥更大的作用。建立职业发展规划的过程，促使教师不断进行自我反思和学习，使其始终保持积极进取的态度，为教育事业的发展贡献更大力量。

第二节　基于实践的教师培训与融合教育

一、 实践导向的培训模式设计

（一）情景模拟与实景演练

情景模拟与实景演练是实践导向培训模式的重要组成部分，通过构建接近真实的教学情境，帮助教师在模拟的环境中学习并应用融合教育的策略。在情景模拟中，教师可以面对多种典型的教学挑战，如如何处理班级中有特殊教育需要的幼儿、如何调整教学内容以适应不同能力的学生等。这种模拟环境不仅让教师能够安全地尝试和调整教学方法，还能通过观察和参与其他教师的教学模拟，获得多角度的学习体验。实景演练则通过安排教师在实际幼儿园中进行短期实习或教学实验，让他们在真实环境中直接应用所学知识，并在现场获得反馈。这种方式能够迅速提升教师的实践能力和应变能力，使其更好地应对未来的教学挑战。

（二）案例分析与问题解决

案例分析在实践导向的培训模式中具有重要作用，它能够帮助教师将理论知

识转化为实际的教学解决方案。在案例分析中，教师可以学习如何在复杂的教学环境中进行决策，例如应对行为问题、制定个性化教学计划或处理家长沟通等情境。通过对具体案例的深入分析，教师能够理解每个教育决策背后的逻辑与方法，并学习如何运用多种策略解决实际问题。同时，案例讨论还为教师提供了一个交流和反思的平台，他们可以在讨论中提出自己的见解，借鉴他人的经验，从而形成一套符合自身教学风格的融合教育策略。问题解决环节则鼓励教师通过合作和探讨，集思广益，找到应对教学难题的创新办法。

（三）观察与反思的实践环节

观察与反思是将实践经验内化为专业能力的重要步骤。在培训中，教师可以通过观察示范课、同伴教学或专家指导课程，学会如何识别教学中的亮点与不足。通过有目的观察，教师能够更好地理解有效融合教育策略，并逐步将这些策略融入自己的教学实践中。反思环节则是对教学过程的深入剖析，教师通过撰写教学日志、参与反思性研讨和接受同行或专家的反馈，发现自己在教学中的问题和改进方向。这种反思不仅帮助教师调整当前的教学行为，还为未来的教学提供了有益的指导。通过不断观察和反思，教师可以在融合教育的实践中不断提升自我，使之更加适应幼儿的多样化需求。

二、融合教育理念的渗透与应用

（一）理论知识的深入理解与实用性转化

在融合教育的培训过程中，理论知识的深入理解是教师掌握融合教育理念的基础，但更重要的是如何将这些理论转化为具体的教学实践。培训应强调融合教育的核心理念，如“以学生为中心”“教育公平”和“个别化教学”等，帮助教师认识到融合教育不仅是一个教育方法，更是对每个儿童权利的尊重与保障。培训课程应通过讲座、研讨和阅读专业文献等方式，帮助教师掌握融合教育的最新理论与研究成果。此外，培训还需指导教师将这些理论应用到实际教学中，鼓励教师在教学设计时主动考虑不同儿童的需求，通过合理调整教学内容和方法，确保所有儿童都能有效参与课堂学习。

（二）个别化教学策略的应用与优化

个别化教学是融合教育中至关重要的实施策略，旨在根据每个儿童的学习能力、兴趣和需求进行教学调整，使每个儿童都能在集体学习中受益。培训中，应重点介绍各种个别化教学策略，如差异化教学、协作学习和支持性技术应用等，帮助教师灵活运用多样化的教学手段。此外，通过案例分析和课堂实战演练，教师可以学习如何评估儿童的需求、制定适合的教学计划，并根据课堂反馈不断调整和优化教学策略。培训课程还应提供实例和具体的操作步骤，如如何修改教学材料、调整课堂节奏和设计多样化的互动活动，使得教师能够在具体情境中有效实施个别化教学，从而增强儿童的学习体验和课堂参与感。

（三）实践案例的分析与教学经验的积累

通过对真实融合教育案例的分析，教师可以更深入地理解融合教育的实施过程，并借鉴成功经验来优化自身的教学实践。在培训中，案例分析不仅是理论知识的补充，更是帮助教师建立实践联系的重要手段。通过对案例中各种教学情境的讨论，教师可以学习到如何处理融合教育中的常见问题，如课堂管理、差异化教学和与家长的沟通等。教师还可以通过分组讨论和情景模拟，进一步探索案例中的关键决策点和潜在改进方案。此外，培训还应鼓励教师将所学应用于实际课堂中，通过反思和同伴反馈不断改进自己的教学方法，逐步形成符合自己教学风格的融合教育策略。这样，教师不仅能够积累宝贵的教学经验，还能在不断实践中深化对融合教育理念的理解和应用。

三、实践反思与专业成长的结合

（一）教学日志与自我反思

教学日志是教师进行自我反思的重要工具，通过记录每日的教学活动、学生反馈和自身感受，教师能够清晰地看到自己在教学中的表现和遇到的问题。教学日志不仅是记录教学过程，更是分析教学策略有效性的依据。教师可以在日志中详细记录针对特殊教育需要儿童的教学调整、课堂管理中的挑战以及个别化教学的实施情况。通过定期回顾和反思这些记录，教师能够总结出哪些策略是有效的，从而为未来的教学提供方向。自我反思鼓励教师从不同的视角审视自己的教学行为，找出潜在的改进点，并在实践中不断验证和调整，使教学更加符合学生的实际需求。

（二）视频分析与同伴反馈

视频分析是实践反思中具有高度直观性和实效性的方法，通过观看自己的课堂录像，教师可以更加客观地审视自己的教学行为和学生的反应。视频分析不仅可以帮助教师发现课堂中的问题，如教学语言的使用、课堂节奏的把控以及师生互动的质量，还能够直观地展示教师在个别化教学中的表现。此外，教师可以邀请同伴或专家参与视频分析，通过他人的视角获得更加多样化的反馈。同伴反馈不仅是对教学行为的评价，也是经验和策略的分享。通过集体讨论和案例剖析，教师可以学习到多种应对融合教育挑战的方法，借鉴同伴的成功经验，从而在反思中获得成长和启发。

（三）专业对话与经验交流

专业对话和经验交流是教师反思与成长的重要途径，通过与同行和专家的互动，教师能够不断更新自己的知识体系和教学理念。培训中可以组织定期的经验交流会、教学沙龙或学习小组，搭建教师间相互学习和支持的平台。在这些交流活动中，教师可以分享自己在融合教育中的教学心得和遇到的困难，通过探讨教学案例、反思教学效果，激发新的教学思路。交流不仅是个人经验的展示，也是团队智慧的凝聚，在相互启发中，教师能够发现自己未曾意识到的问题，并学习到新的教学方法。同时，跨学科的对话也可以为融合教育带来新的视角，帮助教师在反思中获得全面的成长，从而提升自身的专业素养和教学能力。

四、个性化支持与指导

（一）导师制与一对一指导

在幼儿教师培训中，导师制和一对一指导是实现个性化支持的重要方式，通过专属的指导关系，教师能够获得更具针对性的反馈和建议。导师可以是具有丰富融合教育经验的资深教师或专家，他们能够根据指导教师的具体教学情境和需求，提供定制化的解决方案。例如，当教师在应对有特殊教育需求的儿童时遇到困难，导师可以结合实际案例，提供具体的教学策略和调整建议。一对一指导不仅帮助教师解决具体问题，还能够为他们提供心理支持和专业引导，使教师在面对挑战时更具信心和应对能力。这种个性化的指导模式能有效提升教师的专业素养，让他们在培训过程中获得切实成长与提升。

（二）差异化学习资源与适应性课程

针对不同教师的背景、经验和学习需求，提供差异化的学习资源和适应性课程是实现个性化支持的关键。可以通过线上学习平台、教学资源库和案例库，为教师提供多样化的学习材料，使他们能够自主选择最适合自己发展的内容。例如，针对新入职的教师，可以提供融合教育的基础理论和实操课程；而对于已有一定经验的教师，则可以提供高级课程，如融合教育的创新教学方法和前沿研究成果。此外，适应性课程还可以通过模块化设计，让教师按照自己的学习进度灵活选择学习内容，确保每位教师都能在培训中找到适合自己的发展路径，从而获得更高效的学习体验。

（三）持续的专业支持与资源共享

培训不仅是一个短期的过程，更需要为教师提供持续的专业支持，以确保他们在培训结束后依然能够获得必要的指导和资源。为此，可以建立在线的学习社区或支持平台，教师可以在平台上获取最新的教学资源、参与线上讨论以及向专家咨询教学问题。这样的资源共享平台还可以促使教师之间进行经验交流和教学探讨，形成互帮互助的学习氛围。此外，通过定期举办线上研讨会、主题培训和教学工作坊，为教师提供不断更新的学习机会，让他们随时保持与融合教育前沿发展的接轨。持续的专业支持不仅帮助教师巩固和深化培训中的学习成果，也为他们在实际教学中的持续改进和创新提供了强有力的后盾。

五、 多学科协作与资源共享

（一）多学科专家参与的跨界培训

幼儿教师需要具备多学科的知识和技能，以有效应对课堂中多样化的需求。为此，培训中应引入特教专家、心理学家、语言治疗师等多领域的专业人员，共同设计和实施跨界培训课程。这些专家可以为教师提供丰富的专业知识，如特殊教育需求儿童的识别与干预、儿童心理发展特点、行为管理策略以及语言沟通技巧等。这种多学科的参与不仅能够帮助教师更全面地了解儿童的多元化需求，还能提供具体的应对策略，使教师在实际教学中更具针对性和有效性。通过专家的专业分享，教师能够学习到融合教育的多种视角，从而在教学设计和实践中更好地整合不同学科的知识，为每个儿童提供更个性化的支持。

（二）建立资源共享平台与社区

资源共享平台是促进多学科协作和经验交流的重要工具，能够为教师提供持续的专业支持和丰富的教学资源。在这样的平台上，教师可以上传和下载教学材料、案例分析和实用工具，并与其他教师进行交流和互动。平台可以包括多学科的教学资源库、融合教育的优秀案例集锦以及专家在线咨询等功能，使教师能够随时获取需要的支持。同时，资源共享平台还可以通过组织线上学习小组、研讨会和主题培训，鼓励教师进行跨学科的学习和经验分享。这样的共享与互动不仅促进了教师的专业成长，也推动了融合教育的不断创新与改进，为教师提供了一个持续学习和发展的空间。

（三）跨学科协作提升问题解决能力

多学科协作能够有效提升教师在融合教育中解决复杂问题的能力。在跨学科协作中，教师可以与不同领域的专家共同探讨融合教育中的实际问题，如如何应对有行为问题的儿童、如何设计多样化的教学活动来满足不同学生的学习需求等。通过跨学科的交流和团队合作，教师能够获得更丰富的教学策略和应对方案，并在专家的指导下不断优化自己的教学实践。此外，跨学科的协作还能够培养教师的创新思维，使他们在面对教学挑战时更加灵活和自信。通过多学科的支持，教师不仅拓宽了专业视野，还提升了在融合教育情境下处理复杂问题的综合能力，从而更好地服务于儿童的全面发展。

第三节 融合教育培训中的问题与改进策略

一、 幼儿园教师融合教育培训中的问题

（一）培训内容缺乏针对性与实用性

许多培训课程仍然停留在理论层面，侧重于对融合教育理念和理论框架的讲解，但这些理论在实际教学中如何应用却未得到充分指导。教师在培训中往往只是被动接受知识，缺少将理论与实际教学情境相结合的机会。这种理论与实践脱节的现象导致教师在面对实际教学中的复杂问题时，难以找到具体的解决方案。例如，许多培训课程虽然讲解了融合教育的核心理念，但并没有提供足够的案例或操作步骤，帮助教师在课堂上如何应对有特殊教育需求的幼儿。教师在实际教学中需要面对不同类型的儿童，每个儿童的需求各异，而培训内容却往往以一刀切的方式进行，忽略了个别化教学策略的实操性指导。当前的培训课程较少涉及具体的教学方法和技巧，如如何调整课程内容以适应有特殊需求的儿童，或如何在课堂中应用协作学习和差异化教学策略。这种实用性内容的缺失使得教师在实际教学中难以将理论知识转化为实际操作。培训课程中虽然也会提及个别化教学的重要性，但很少提供详细的操作流程和案例分析，教师对个性化教学的理解更多停留在概念层面，难以在实际教学中实现真正的个性化。此外，针对教学中的突发情况，如如何处理儿童在课堂中的行为问题、如何与家长进行有效沟通等方面的具体操作指导，培训中也缺乏相应的情景模拟和演练环节。

许多培训课程是按照固定的模块和统一的进度进行，未能充分考虑教师的多样化背景和实际需求。例如，对于新手教师和已有经验的教师，培训内容没有明显区分和调整，导致部分教师在培训中难以找到与自己教学实际相关的内容。培训的形式多以理论讲座和传统的面授为主，缺乏互动性和参与感，教师在学习过程中缺少动手实践和反思的机会。由于缺乏实际操作的培训环节，教师在培训结

束后往往对理论有所掌握，但在面对真实教学情境时依旧感到困惑。现有的培训模式更多是单向的知识传递，而非双向互动和体验式学习，教师难以通过培训有效提升实践能力。针对性和实用性不足的问题不仅影响了教师在融合教育中的教学效果，也削弱了培训的整体成效。教师在培训中获得的知识与实际教学需求之间的差距，导致他们在实际工作中仍然依赖于以往的教学经验，而无法有效实施融合教育的策略。教师在面对融合教育的挑战时，常常感到缺乏系统指导和支持，培训内容未能真正满足他们在实际教学中的需求。培训结束后，教师很难将所学的理论内化为具体的教学行为，导致融合教育理念的贯彻落实在实际教学中大打折扣。这种缺乏针对性和实用性的培训模式使得教师的专业成长受限，无法充分发挥融合教育应有的作用。因此，如何提升培训内容的针对性和实用性，使其真正服务于教师的教学实际，是亟待解决的关键问题。优化培训设计、加强实践指导和个性化支持，将是提升教师融合教育能力的重要途径。

（二）缺乏多学科专家的参与支持

教师在面对融合教育的复杂性和多样化需求时，单一的教育学知识已不足以应对，他们需要掌握更多来自特教、心理学、语言治疗、行为管理等领域的专业技能。然而，现有的培训体系往往局限于教育理论的传授，缺少多学科专家的深度参与，无法为教师提供系统化、跨学科的专业指导。这种局限性使得培训内容无法触及融合教育的核心需求，教师在实际教学中难以获得多方面的支持，缺乏对不同学科知识的整合与应用能力，从而在面对有特殊需求的儿童时感到力不从心。多学科知识的匮乏不仅影响了教师对融合教育的理解深度，更直接影响到他们在课堂中的教学效果和儿童的发展质量。此外，缺少多学科专家的参与也使得培训视角单一，教师难以获得丰富的教学策略和多元化的应对方法。不同儿童的需求千差万别，涉及情绪管理、行为调控、语言发展等多个方面，仅靠传统的教学方法难以满足这些多样化的需求。而在目前的培训中，由于缺少特教专家和心理学家的系统指导，教师在面对情绪障碍、行为问题或沟通障碍的儿童时，往往缺乏科学的评估方法和有效的干预策略。培训内容过于单一的学科视角，忽略了对教师多学科思维的培养，使得教师在遇到复杂的课堂情境时，难以灵活应对，缺少创新的教学解决方案。教师不仅需要基础的教育学知识，还需要掌握特教的个别化教育计划设计、心理学的情绪行为评估和管理策略，以及语言治疗的沟通技巧等跨学科技能，以便在融合教育中实现真正的个性化支持。

在实践中，缺乏多学科专家支持的培训使得教师无法进行系统的实操练习。许多培训只是简单地讲授理论知识，而没有结合实际案例和场景进行深度分析和模拟演练。多学科专家的缺席使得教师无法在真实的情境中进行多学科合作的实训，无法体验到跨领域的教学策略如何在课堂中整合应用。例如，面对有行为问题的幼儿，教师如果没有行为管理专家的指导，很难通过观察和分析找到行为背后的原因，更无法制定有效的干预计划。再比如，针对有语言发育迟缓的儿童，教师如果没有语言治疗师的专业支持，难以设计有效的沟通活动来促进儿童的语言发展。这些问题使得教师在实际教学中陷入困境，难以提供符合儿童需求的有效支持。在没有多学科交流与合作的培训环境中，教师无法与其他专业领域的专家进行有效互动与学习，限制了他们对融合教育中跨学科知识的理解和运用。教师之间的学习交流仅限于教育领域内部的知识和经验分享，难以获得来自特教、心理学和其他相关学科的前沿信息和实践技巧。这样的培训环境使得教师难以形成多角度的思考方式，在实际教学中只能依靠单一的教学策略来应对复杂的儿童需求。多学科协作是融合教育成功的关键，而多学科专家的缺席使得这一协作难以在教师的培训过程中实现，进一步削弱了教师的专业发展和教学效能。

（三）培训形式单一，缺乏实践机会

现有的培训多以讲座和理论课程为主要形式，内容上往往是单向的信息传递，缺少互动环节，导致教师在学习过程中处于被动状态。虽然这些讲座和理论课程能够帮助教师了解融合教育的基本理念和框架，但缺少实际操作的机会，使得教师难以将所学知识内化为教学实践中的实际技能。培训的单向性使得教师无法充分参与其中，缺乏实践环节的设计，导致他们在面对复杂的课堂情境时无从下手。这种缺乏互动的学习方式限制了教师的学习效果，也使得他们在培训结束后难以进行有效教学转化。对于融合教育这种需要高互动、高实践的教学方式而言，单一的培训形式远远不能满足教师的成长需求。此外，当前的培训模式缺乏真实情境下的演练机会，使得教师难以在培训过程中进行必要的实践练习和反思。许多培训课程只是简单的理论讲解，缺少情景模拟、案例分析和课堂演练等

实际操作环节，教师在培训中难以体验和应对融合教育中的真实挑战。没有机会在模拟情境中进行实践，教师无法验证所学方法的实际效果，也无法及时调整和改进自己的教学策略。尤其是在处理有特殊教育需求的幼儿时，教师更需要在安全的模拟环境中进行多次练习，以积累应对各种情况的经验。然而，现有的培训内容大多停留在纸面上，缺少实践操作的指导和反馈，教师在面对复杂的教学问题时往往感到手足无措。

缺乏实践机会的同时，培训结束后的持续支持也十分欠缺，使得教师在培训后的实际教学中无法获得及时的反馈和改进建议。许多培训机构在完成课程后，便与教师的联系戛然而止，未能建立后续的支持机制。教师在实际教学中遇到困难时，无法通过咨询或辅导获得专业建议，只能依靠个人摸索，这不仅降低了培训的效能，也影响了教师的信心和教学积极性。有效的培训应包括持续跟踪和支持，通过定期的反馈和调整帮助教师不断改进教学方法。然而，目前的培训缺乏这样的长期机制，教师在培训结束后失去了继续学习和成长的途径，未能形成专业发展的闭环，导致培训的效果难以长期维持。传统的培训多是单向授课，教师之间缺少交流和讨论的机会，无法从同伴的经验中获得启发。融合教育需要教师具备多样化的教学策略，而这些策略往往通过教师间的分享与合作得以丰富和完善。缺少实践交流的平台，教师在培训过程中难以学习到其他教师的成功经验和创新方法，培训的学习效果也因此受到局限。参与性不足的培训形式无法激发教师的主动学习意识，教师在培训中难以保持学习的积极性，无法充分利用培训的资源和机会去提升自己的教学能力。

二、 幼儿园教师融合教育培训的改进策略

（一）强化实践导向的培训内容设计

传统的培训多侧重于理论讲解，而忽视了对实践技能的培养，导致教师在实际教学中无法有效应对复杂的课堂情境。为了增强培训的实用性，必须将更多实践导向的内容融入培训课程之中，让教师在近似真实的教学环境中进行练习。例如，通过情景模拟，教师可以体验和处理实际教学中常见的问题，如如何应对课堂中的突发行为、如何设计个性化教学活动等。这种模拟不仅能帮助教师巩固理

论知识，还能让他们在安全的环境中尝试不同的教学策略，从而积累宝贵的经验。这种接近真实的教学演练可以帮助教师在培训中打破理论与实践的壁垒，使得他们在面对真实课堂时更加从容应对。案例分析不仅提供了丰富的教学情境，更展示了不同策略在实际教学中的应用效果。教师可以通过这些案例学习如何制定个别化教育计划、如何调整课堂节奏，以及如何处理学生之间的互动问题。这种基于真实情境的分析能够帮助教师将抽象的理论转化为具体的操作步骤，从而提高他们在实际教学中的应变能力和决策水平。与此同时，案例讨论也为教师提供了一个相互学习和交流的平台，他们可以通过分享自己的见解和反思，形成更为多样化的教学策略。

在培训中增设互动环节，如角色扮演和小组讨论，也是一种行之有效的实践导向策略。教师可以模拟学生、家长或同事的角色，体验不同视角下的融合教育问题。这种身临其境的体验可以帮助教师更好地理解不同主体的需求和感受，从而在实际教学中更加灵活地调整自己的行为和教学方法。小组讨论则可以促使教师在团队中交流想法，共同探讨教学中的难点和改进措施。互动性强的培训方式不仅能够激发教师的学习兴趣，还能培养他们的协作能力和创新思维，让他们在实际教学中能够更加有效地应对多样化的课堂情境。通过这些互动环节，教师不仅是知识的接收者，更成为学习的主动参与者和实践者。教师可以通过观看并分析自己的课堂录像或同行的示范课，发现教学中的亮点和不足。录像分析使得教学反思更加直观具体，教师能够从中观察到自己的教学风格、课堂管理策略以及与学生的互动效果。这种可视化的反思方式能够有效提升教师的自我认知和改进能力，他们可以在反复观看和讨论中不断调整自己的教学行为，使之更加符合融合教育的需求。此外，教师还可以通过录像中的成功案例，学习到他人有效的教学方法和策略，并将其应用于自己的教学实践中。这种通过真实课堂的观察和分析，能够帮助教师更全面地理解融合教育的实际操作，从而在培训后更有信心地实施融合教育。

实践导向的培训内容设计不仅提高了培训的实用性，更能激发教师的学习积极性和专业成长的内驱力。通过情景模拟、案例分析、互动环节和课堂录像等多种实践导向的方式，教师可以在培训中获得更加丰富的体验和实操机会，将所学知识真正转化为教学中的实际能力。这种以实践为核心的培训方式不仅打破了理论与实践的壁垒，还为教师提供了持续反思和改进的空间，使他们能够不断提升自身的教学水平和应对能力。总之，实践导向的培训内容设计是促进教师专业发展的关键，应在幼儿园教师的融合教育培训中得到更广泛和深入应用。

（二）加强多学科专家的深度参与

教师不仅需要具备传统的教育学知识，还需要掌握特教、心理学、行为管理和语言治疗等多个领域的专业技能，这就需要多学科专家的深度介入。邀请特教专家、心理学家、语言治疗师等多学科专业人士参与培训，可以为教师提供更加全面和系统的知识支持。这些专家能够通过讲座、工作坊等形式，为教师传授具体的融合教育策略和技巧，帮助他们应对课堂上各种复杂的情境。专家们的介入不仅是知识的传递，更是实际教学经验的分享，能够让教师在培训中获得直接的、实用的指导，从而在面对特殊教育需求儿童时更加从容。除了传统的讲座形式，工作坊和一对一指导是多学科专家参与培训的重要方式，通过这种直接互动的培训形式，教师可以获得针对性更强的帮助。专家们可以带领教师进行情景模拟、案例分析和实操演练，帮助教师理解如何将多学科知识整合到日常教学中。例如，特教专家可以示范如何制定个别化教育计划，心理学家可以讲解如何进行行为干预，语言治疗师则可以演示如何设计促进沟通和语言发展的活动。通过这些实操环节，教师不仅是被动学习者，更成为积极的参与者和实践者，他们能够亲身体验并操作多学科的教育策略，从而在实际教学中更好地应用这些知识和技能。

教师在日常教学中常常会遇到各种新问题和新挑战，专家支持网络能够为他们提供及时的专业指导。通过在线咨询和答疑服务，教师可以随时向特教专家、心理学家等寻求帮助，获得关于个别儿童问题的具体建议和解决方案。这种实时的、多学科的支持能够帮助教师迅速应对课堂中的难题，避免困境长期积累而影响教学效果。专家网络不仅是知识的延伸，更是一个动态的资源平台，通过持续的互动和反馈，教师可以不断更新自己的知识储备和教学策略，保持与融合教育前沿发展的紧密联系。多学科专家的深度参与还可以通过定期举办研讨会和学习小组来实现，进一步强化教师的跨学科学习能力。专家们可以与教师一起探讨实际教学案例，分析各种教学策略的效果，并提出改进建议。这样的交流不仅使教师能够从多学科视角理解教学问题，也能够激发他们的创新思维和解决问题的能力。通过专家的指导，教师能够学会如何将特教的个别化策略、心理学的情绪管理技巧和语言治疗的沟通促进方法有机结合，从而在实际课堂中提供更全面、更有效的支持。多学科的互动还可以帮助教师构建一个更加立体的知识体系，让他们在面临复杂的教育情境时，不再只是依赖单一的教育理论，而是能够运用多种学科的知识进行综合应对。

这样的多学科协作不仅提升了教师在融合教育中的综合应对能力，也为教师的持续专业发展提供了坚实的后盾。多学科专家的参与让教师在培训中获得了更丰富的学习体验，使他们能够从多个角度认识和解决教学中的问题。教师能够逐渐掌握应对特殊教育需求儿童的多样化策略，提高他们在课堂中的自信心和教学效果。此外，专家们的持续支持也为教师的日常教学提供了源源不断的资源和建议，帮助他们不断优化教学方法，适应不断变化的教育需求。多学科专家的深度参与，最终能够帮助教师实现从理论到实践的转化，使他们在融合教育的道路上走得更稳、更远。

（三）多样化培训形式与持续跟踪支持

传统的培训方式通常依赖于面授讲座和集中培训，缺乏灵活性和互动性，导致教师在学习过程中难以保持积极性和参与度。为此，培训形式应更加多样化，通过结合线上和线下的互动教学模式，使教师能够根据自己的时间安排和学习需求，灵活选择学习内容。在线上培训中，可以通过直播课程、线上研讨会等形式，让教师在家中就能够与专家互动、与同行交流，打破时间和空间的限制。这种混合式学习平台不仅丰富了教师的学习体验，还为他们提供了更多与外界沟通的机会，使得学习不再局限于单一的课堂，而是可以随时随地进行。教师可以根据自己的兴趣和实际需求，自主选择学习课程，针对性地提升自己的专业技能。不同于传统的统一培训内容，线上平台上的课程设置更加丰富多样，包括特教策略、心理学应用、行为管理技巧等多学科内容，教师可以根据自身教学中遇到的问题，选择最合适的学习材料进行深度学习。此外，平台还支持在线讨论，教师可以在学习过程中随时与同行交流，分享彼此的经验和见解，从而在互相学习中获得灵感和新的解决方案。这样的交流互动不仅能够激发教师的学习动力，还能帮助他们在面对教学难题时找到更好的应对方法。

传统的培训往往在课程结束后便失去了对教师的后续支持，这种一次性学习难以促成教师的长期成长。为了弥补这一不足，应建立定期的复训机制，帮助教师不断复习和巩固所学知识。通过复训，教师可以在重新学习中发现自己在实际教学中的不足，并得到及时改进建议。此外，定期的教学反馈也是跟踪支持的重要组成部分，通过教学观摩、同行互评和专家指导，教师能够获得来自外部的客观反馈，从而不断优化自己的教学策略。同行观察还可以让教师在实践中相互学习，通过观察他人的教学过程，获取新的思路和方法，这种相互学习与反思的过程，有助于教师持续改进和提升自己的专业能力。资源共享平台不仅是教师获取教学工具和资料的地方，也是一个不断学习和交流的社区。平台上可以提供各类教学案例、融合教育策略指南、课堂管理技巧以及其他多学科的学习资源，教师可以在日常教学中随时查阅和使用这些资源，以提升自己的教学水平。资源平台的共享性还能够鼓励教师上传自己的教学资料和实践经验，与其他教师分享，形成良性的互动和资源循环。这种知识和经验的互通有无，不仅扩大了教师的视野，也为他们在融合教育的实施中提供了更多可借鉴的实践路径。

多样化的培训形式与持续的跟踪支持，能够从根本上改变传统培训的不足，使教师的学习不再是一次性行为，而是一个持续的、动态的过程。教师通过多样化的培训形式能够获得更多元的学习体验，通过持续跟踪支持机制则能够在教学实践中不断得到改进的机会。线上线下结合的培训模式为教师提供了更广阔的学习空间，持续的复训和反馈机制则为教师的成长提供了必要的保障。资源共享平台的建立，进一步丰富了教师的日常教学工具，使他们能够在日常工作中不断获得新知识和新技能补充。这样的一体化培训与支持体系，将有效提升教师在融合教育中的教学水平，为幼儿园教育的创新与发展提供坚实的专业支撑。

第四节　教师专业发展与融合教育能力提升的路径

一、系统化的专业培训与学习

教师需要不断更新自己的专业知识和技能。系统化的培训应涵盖融合教育的理论、实际操作技巧以及多学科知识的学习，如特教、心理学、语言治疗等。培训内容不仅要丰富，还应具有层次性，从基础理论到高级实践逐步推进，帮助教师从入门到精通。通过分阶段、分模块培训，教师能够逐步掌握融合教育的各项核心技能，并在实际教学中灵活应用。此外，培训过程中应注重互动和实操，利用情景模拟、案例分析等方式，让教师在真实或接近真实的环境中进行演练，以巩固所学知识，增强实际操作能力。

二、建立多学科协作与专家支持机制

幼儿教师面临的教学问题往往复杂多样，需要特教、心理学、行为管理等多领域的专业支持。通过建立多学科协作机制，教师可以与特教专家、心理学家、语言治疗师等进行定期交流，共同探讨融合教育中的实际问题。专家支持机制不仅提供专业的理论指导，还可以通过一对一的教学指导和现场观摩，帮助教师在实际教学情境中应用所学知识。此外，专家还可以提供实时的在线咨询服务，为教师在日常教学中遇到的突发问题提供及时的解决方案。这种多学科的持续支持，不仅能够提升教师在课堂中的应对能力，还能促进他们不断反思和改进教学方法，实现专业的不断提升。

三、搭建资源共享与交流平台

教师通过共享平台可以获取最新的教学资源、融合教育的优秀案例和多学科的学习材料，为日常教学提供丰富的支持。资源平台还可以汇集各地教师的实践经验和教学成果，教师可以在平台上学习其他同行的成功经验，探索新的教学方

法和策略。此外，交流平台也是教师之间相互学习的重要渠道，通过在线讨论、主题研讨会等形式，教师可以分享自己的教学困惑和心得，从同行的建议中获得新的启发。平台的交流互动能够打破地域和时间的限制，为教师提供一个持续学习和提升的空间，激发他们在融合教育中的创新意识。

四、实践反思与持续改进

教师在日常教学中，应保持反思的习惯，通过教学日志、课堂录像和同行观察等方式，深入剖析自己的教学行为，找出存在的问题和改进方向。反思不仅是对过去教学的总结，更是对未来教学的指导，教师可以根据反思结果制定改进计划，在下一次的教学中进行尝试和调整。同时，学校和培训机构应为教师提供反思的平台和机会，如组织教学观摩、同行互评和专家反馈等活动，帮助教师在多维度的反馈中认识自己的优缺点，持续改进教学实践。反思的过程是教师不断成长的过程，只有在持续反思与改进中，教师的融合教育能力才能得到真正提升。

五、参与教育科研与实践创新

教师在教学实践中应主动参与课题研究和教学实验，通过科学研究来探索和验证新的教学策略和方法。教育科研能够帮助教师深入理解融合教育的理论与实践，并通过数据和案例分析提升自己的教学决策能力。教师还可以与科研机构或高校合作，参与更大规模的融合教育项目，获取更多专业支持和资源。实践创新则鼓励教师在教学中不断尝试新的方法，如采用新型的个别化教育技术、创新的课堂管理方式等，通过实践中的探索和积累，找到最适合自己和学生的教学模式。科研与创新不仅提升了教师的专业能力，也推动了融合教育的发展，为更多儿童的全面成长提供了科学支持。

参考文献

［1］中华人民共和国教育部．“十四五”学前教育发展提升行动计划［Z］．2021．

［2］李媛媛，赵巧云．我国学前融合教育师资培养探析［J］．现代特殊教育（高等教育研究），2019（22）：48．

［3］蔡卓倪．有关学前融合教育现状的调查与思考——以四川省成都市为例［J］．幼儿教育（教育科学），2012（Z3）：70-72．

［4］吴扬．幼儿园教师融合教育素养的调查研究［J］．中国特殊教育，2017（11）：11．

［5］魏勇刚，杨明月，雷雅娴，等．我国学前融合教育师资队伍建设的实践样态和改善路径［J］．学前教育研究，2022（8）：19-23．

［6］张世英．我国学前融合教育师资培养现状的分析与思考［J］．现代特殊教育（高等教育研究），2018（11）：46．

［7］毛杰．凝心聚力，促进公平，谱写河南学前融合教育发展新篇章［J］．现代特殊教育，2021：16．

［8］中华人民共和国教育部．幼儿园教师专业标准（试行）［Z］．2012．

［9］崔志月．幼儿园教师融合教育素养的研究［D］．武汉：华中师范大学，2016：60-62．

［10］亓娟．皖北地区幼儿教师融合教育素养的调查研究［D］．淮北：淮北师范大学，2017：41-42．

［11］龚妍心．学前融合班集体教学活动中教师教学支持的问题及对策研究［D］．兰州：西北师范大学，2022：50-51．

［12］张丽莉，刘新学．学前融合教育教师专业素养调查研究［J］．教育理论与实践，2022（42）：32-35．

［13］吴扬．幼儿园教师融合教育素养的调查研究［J］．中国特殊教育，2017（11）：11．

[14] 郭秋霞，邬思勇. 幼儿教师学前融合教育观念与态度的调查研究 [J]. 教育观察，2023 (9)：114-115.

[15] 左瑞勇，彭泽梅，吴从容. 重庆市幼儿园教师全纳教育素养调查研究 [J]. 幼儿教育，2008 (8)：55.

[16] 田静双. 融合教育理念下高校学前教育专业课程设置研究 [J]. 黑龙加教师发展学院学报，2023 (3)：69.

[17] 李媛媛. 我国学前融合教育师资培养探析 [J]. 现代特殊教育 (高等教育研究)，2019 (22)：50.

[18] 余晓，王玲. 幼儿园教师融合教育素养提升路径探索 [J]. 成都师范学院学报，2023 (1)：106.

[19] 王琳琳. 推进学前融合教育教师专业化发展的困境与建议. [J]. 现代特殊教育，2017 (10)：73-74.

[20] 石茂林. 学前融合教育的内涵、困惑和策略. [J]. 教育与教学研究，2012 (12)：124.

[21] 孙玉梅. 幼教工作者对特殊幼儿融合教育问题的态度和意见的调查研究 [J]. 中国特殊教育，2007 (12)：11.

[22] 周春艳. 学前教育专业大学生融合教育素养的培养：困境与对策. [J]. 现代特殊教育，2017 (2)：55-56.